선생님이 강력 추 천하는

수학

개념 PLUS +
단원평가

4-1

개념+단원평가 와
내 교과서 비교하기

단원 찾는 방법

- 내 교과서 출판사명을 확인하고 공부할 범위의 페이지를 확인하세요.
- 다음 표에서 내 교과서의 공부할 페이지와 개념+단원평가 수학 페이지를 비교하면 됩니다.
  예를 들어 아이스크림 미디어 63~86쪽이면 개념+단원평가 54~75쪽을 공부하시면 됩니다.

Search
단원찾기

단원	개념+단원평가	아이스크림 미디어	천재교과서 (박만구)	미래엔	천재교과서 (한대희)	비상교육	동아출판 (안병곤)	동아출판 (박교식)	금성출판사	대교	와이비엠
1. 큰 수	8~29	9~34	10~31	9~34	8~33	8~31	8~35	8~31	8~37	6~31	8~33
2. 각도	30~53	35~62	32~57	35~62	34~61	32~59	36~63	32~57	38~67	32~59	34~61
3. 곱셈과 나눗셈	54~75	63~86	58~79	63~86	62~83	60~79	64~87	58~77	68~99	60~85	62~85
4. 평면도형의 이동	76~97	87~110	80~105	87~112	84~109	80~105	88~109	78~103	100~129	86~115	86~113
5. 막대그래프	98~117	111~132	106~123	113~132	110~129	106~129	110~131	104~125	130~151	116~135	114~135
6. 규칙 찾기	118~139	133~156	124~143	133~154	130~151	130~147	132~153	126~149	152~175	136~159	136~159

여러분의 꿈을 응원합니다!!!

민들레에게는
하얀 씨앗을 더 멀리 퍼뜨리고 싶은 꿈이 있고,

연어에게는
고향으로 돌아가 알알이 붉은 알을 낳고 싶은 꿈이 있습니다.

여러분도 가지각색의 아름다운 꿈을 가지고 있지요?
꿈을 향한 마음으로
좋은 결과를 얻기 위해 달려 보아요.

여러분의 아름답고 소중한 꿈을 응원합니다.

구성과 특징

1단계

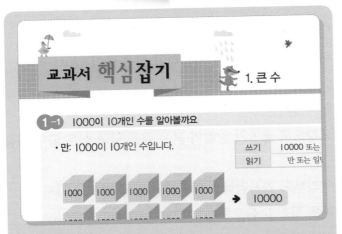

교과서 핵심 잡기

교과서 핵심 정리와 핵심 문제로 개념을 확실히 잡을 수 있습니다.

수학 익힘 풀기

차시마다 꼭 풀어야 할 익힘 문제로 기본 실력을 다질 수 있습니다.

2단계

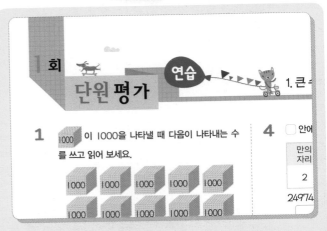

단원 평가

각 단원별로 4회씩 문제를 풀면서 단원 평가를 완벽하게 대비할 수 있습니다.

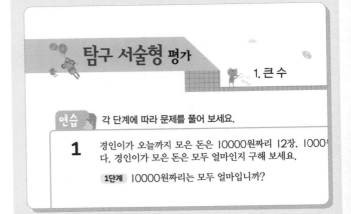

탐구 서술형 평가

각 단원의 대표적인 서술형 문제를 3단계에 걸쳐 단계별로 익힐 수 있습니다.

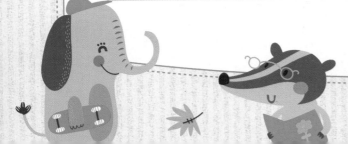

3단계

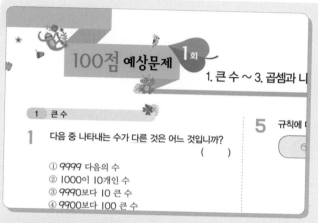

100점 예상문제

여러 단원을 묶은 문제 구성으로 여러 가지 학교 시험 형태에 완벽하게 대비할 수 있습니다.

별책 부록

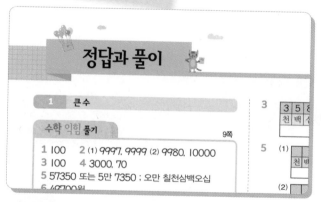

정답과 풀이

틀린 문제를 점검하고 왜 틀렸는지 확인할 수 있습니다.

특별 부록

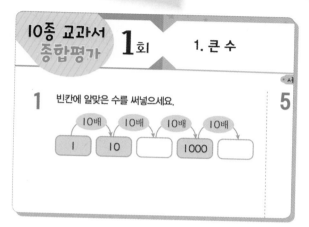

교과서 종합평가

수학 10종 검정 교과서를 완벽 분석한 종합평가를 2회씩 단원별로 풀어 볼 수 있습니다.

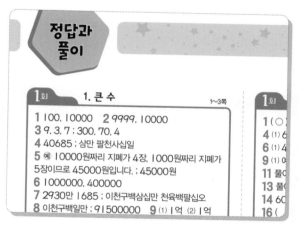

정답과 풀이

문제와 정답을 한 권에 수록하여 별책으로 활용할 수 있습니다.

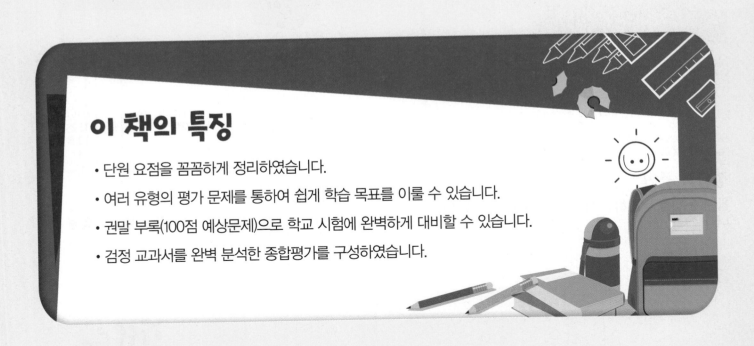

이 책의 특징

• 단원 요점을 꼼꼼하게 정리하였습니다.

• 여러 유형의 평가 문제를 통하여 쉽게 학습 목표를 이룰 수 있습니다.

• 권말 부록(100점 예상문제)으로 학교 시험에 완벽하게 대비할 수 있습니다.

• 검정 교과서를 완벽 분석한 종합평가를 구성하였습니다.

차례

4·1

3~4학년군

요점 정리
+ 단원 평가

수학 4-1

3~4
학년군

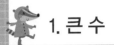
1-1 1000이 10개인 수를 알아볼까요

• **만**: 1000이 10개인 수입니다.

쓰기	10000 또는 1만
읽기	만 또는 일만

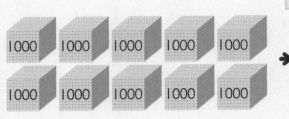

→ 10000

• **만의 크기**

10000은
- 9000보다 1000만큼 더 큰 수
- 9900보다 100만큼 더 큰 수
- 9990보다 10만큼 더 큰 수
- 9999보다 1만큼 더 큰 수

• **10000이 ▲개인 수**

쓰기	▲0000 또는 ▲만
읽기	▲만

(▲0000 → 숫자, ▲만 → 한글)

• **10000까지 뛰어 세기**

① 1씩 뛰어 세기 → 일의 자리 숫자가 1씩 커집니다.

| 9996 | — | 9997 | — | 9998 | — | 9999 | — | 10000 |

② 10씩 뛰어 세기 → 십의 자리 숫자가 1씩 커집니다.

| 9960 | — | 9970 | — | 9980 | — | 9990 | — | 10000 |

③ 100씩 뛰어세기 → 백의 자리 숫자가 1씩 커집니다.

| 9600 | — | 9700 | — | 9800 | — | 9900 | — | 10000 |

🐚 **다음과 같이 하면 얼마가 되는지 써 보세요.**

(   )

풀이

9000원보다 1000원 많으면 10000원입니다.

답 10000원 또는 1만 원

1-2 다섯 자리의 수를 알아볼까요

• **23456**: 10000이 2개, 1000이 3개, 100이 4개, 10이 5개, 1이 6개인 수입니다.

만의 자리	천의 자리	백의 자리	십의 자리	일의 자리
2	3	4	5	6
20000	3000	400	50	6

→ 23456=20000+3000+400+50+6

쓰기	23456 또는 2만 3456
읽기	이만 삼천사백오십육

• **다섯 자리 수 쓰기와 읽기**

만의 자리	천의 자리	백의 자리	십의 자리	일의 자리
▲	●	■	◆	★

쓰기	▲●■◆★ 또는 ▲만 ●■◆★
읽기	▲만 ●천■백◆십★

1-1 1000이 10개인 수를 알아볼까요

1 빈칸에 알맞은 수를 써넣어 10000을 만들어 보세요.

9900

2 규칙에 따라 빈칸에 알맞은 수를 써넣으세요.

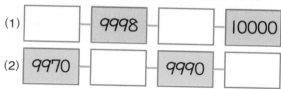

(1) ☐ — 9998 — ☐ — 10000

(2) 9970 — ☐ — 9990 — ☐

3 경혜는 돼지 저금통에 10000원을 모으려고 합니다. 다음 돈으로 모으려면 얼마만큼 필요한지 써넣으세요.

☐ 개

1-2 다섯 자리 수를 알아볼까요

4 각 자리의 숫자가 나타내는 값을 써넣으세요.

만의 자리	천의 자리	백의 자리	십의 자리	일의 자리
6	3	5	7	2
60000		500		2

5 다음 수를 쓰고 읽어 보세요.

10000이 5개,
1000이 7개,
100이 3개,
10이 5개인 수.

쓰기	
읽기	

6 다음의 돈은 모두 얼마인지 써 보세요.

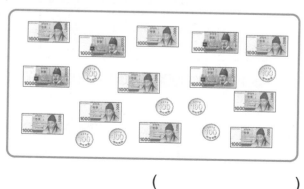

(   )

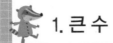
1-3 십만, 백만, 천만을 알아볼까요

- 15340000: 10000이 1534개인 수입니다.

1	5	3	4	0	0	0	0
천	백	십	일	천	백	십	일
			만				

➡ 15340000=10000000+5000000+300000+40000

쓰기	15340000 또는 1534만
읽기	천오백삼십사만

- 10000이 10개이면

쓰기	100000	10만
읽기	십만	

- 10000이 100개이면

쓰기	1000000	100만
읽기	백만	

- 10000이 1000개이면

쓰기	10000000	1000만
읽기	천만	

1-4 억과 조를 알아볼까요

- 억: 1000만이 10개인 수입니다.

쓰기	100000000 또는 1억
읽기	억 또는 일억

- 3564억: 1억이 3564개인 수입니다.

3	5	6	4	0	0	0	0	0	0	0	0
천	백	십	일	천	백	십	일	천	백	십	일
			억				만				

➡ 356400000000=300000000000+50000000000
+6000000000+400000000

쓰기	356400000000 또는 3564억
읽기	삼천오백육십사억

- 조: 1000억이 10개인 수입니다.

쓰기	1000000000000 또는 1조
읽기	조 또는 일조

- 1756조: 1조가 1756개인 수입니다.

1	7	5	6	0	0	0	0	0	0	0	0	0	0	0	0
천	백	십	일	천	백	십	일	천	백	십	일	천	백	십	일
			조				억				만				

➡ 1756000000000000=1000000000000000+700000000000000
+50000000000000+6000000000000

쓰기	1756000000000000 또는 1756조
읽기	일천칠백오십육조

- 100000000이 10개이면

쓰기	1000000000 10억
읽기	십억

- 100000000이 100개이면

쓰기	10000000000 100억
읽기	백억

- 100000000이 1000개이면

쓰기	100000000000 1000억
읽기	천억

- 100000000000이 10개이면

쓰기	1000000000000 10조
읽기	십조

- 100000000000이 100개이면

쓰기	10000000000000 100조
읽기	백조

- 100000000000이 1000개이면

쓰기	100000000000000 1000조
읽기	천조

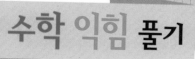

1

단원

1-3 십만, 백만, 천만을 알아볼까요

1 다음 수를 쓰고 읽어 보세요.

2	5	8	6	0	0	0	0
천	백	십	일	천	백	십	일
			만				

쓰기	
읽기	

2 숫자 5가 나타내는 값을 써넣으세요.

	5가 나타내는 값
(1) 8**5**430000	
(2) 23**6**50000	

3 설명하는 수를 쓰고 읽어 보세요.

1000만이 3개,
100만이 5개,
10만이 8개,
만이 7개인 수.

쓰기	
읽기	

1-4 억과 조를 알아볼까요

4 ☐ 안에 알맞은 수를 써넣으세요.

(1) 1억은 ☐ 만보다 100만만큼 더 큰 수
입니다.

(2) 1조는 ☐ 억보다 10억만큼 더 큰 수
입니다.

5 보기 와 같이 나타내어 보세요.

보기
3628539742153570
➜ 3628조 5397억 4215만 3570

(1) 9518256347
➜ ( )

(2) 35214789231687
➜ ( )

6 빈칸에 알맞은 수를 써넣으세요.

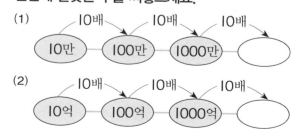

1-5 뛰어 세기를 해 볼까요

- ●씩 뛰어 세기 ── ●의 자리 숫자가 1씩 커집니다.

① 10만씩 뛰어 세기 ── 십만의 자리 숫자가 1씩 커집니다.

| 230000 | ― | 330000 | ― | 430000 | ― | 530000 | ― | 630000 |

② 1000만씩 뛰어 세기 ── 천만의 자리 숫자가 1씩 커집니다.

| 11억
2500만 | ― | 11억
3500만 | ― | 11억
4500만 | ― | 11억
5500만 | ― | 11억
6500만 |

③ 10억씩 뛰어 세기 ── 십억의 자리 숫자가 1씩 커집니다.

| 12억
2567만 | ― | 22억
2567만 | ― | 32억
2567만 | ― | 42억
2567만 | ― | 52억
2567만 |

- ■의 자리 숫자가 1씩 커지면 ■씩 뛰어 센 것입니다.

- ■씩 뛰어 세다가 9가 되면 바로 윗자리 숫자가 1 커지고 그 자리 숫자는 0이 됩니다.

  예 48억 ― 49억 ― 50억
  ➡ 1억씩 뛰어 세다가 49억이 되면 바로 윗자리 숫자인 4는 5가 되고, 억의 자리 숫자는 0이 됩니다.

🐾 규칙에 따라 빈 곳에 알맞은 수를 써 보세요.

| 1250만 | 1350만 | | 1550만 |

풀이
백만의 자리 숫자가 1씩 커집니다.

답 1450만

1-6 수의 크기를 비교해 볼까요

- **자릿수가 다를 때:** 자릿수가 많은 수가 더 큰 수입니다.

  예 56245 $<$ 269823
  　　다섯 자리 수　　여섯 자리 수

- **자릿수가 같을 때:** 가장 높은 자리 숫자부터 차례대로 비교하여 숫자가 큰 쪽이 더 큰 수입니다.

  예 266245 $>$ 265823
  　　여섯 자리 수　　여섯 자리 수

- **자릿수가 다른 두 수의 비교**
  3586238 $>$ 426582
  일곱 자리 수　여섯 자리 수
  ➡ 자릿수가 많은 쪽

- **자릿수가 같은 두 수의 비교**
  3586238 $<$ 3591238
  일곱 자리 수　일곱 자리 수
  ➡ 높은 자리 숫자가 큰 쪽

🐾 두 수의 크기를 비교하여 ◯ 안에 >, =, <를 알맞게 써넣으세요.

5482 ◯ 25375

풀이
① 5482는 네 자리 수입니다.
② 25375는 다섯 자리 수입니다.
③ 자릿수가 다를 때에는 자릿수가 많은 수가 더 크므로 25375가 5482보다 더 큽니다.

답 <

1-5 뛰어 세기를 해 볼까요

1 규칙에 따라 빈 곳에 알맞은 수를 써넣으세요.

2 얼마만큼씩 뛰어 세었는지 써 보세요.

( )

3 정민이네 가족은 국제 아동 후원 단체에 기부를 하기로 했습니다. 12월이 되면 전체 금액이 얼마나 되겠습니까?

우리 가족은 8월부터 매월 30000원씩 기부하기로 했어.

정민

( )

1-6 수의 크기를 비교해 볼까요

4 두 수의 크기를 비교하여 ◯ 안에 >, =, <를 알맞게 써넣으세요.

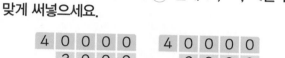
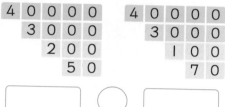

5 두 수의 크기를 비교하여 ◯ 안에 >, =, <를 알맞게 써넣으세요.

(1) 24356816 ◯ 24453681

(2) 26조 3587만 ◯ 26조 3578만

6 가장 짧은 거리부터 순서대로 기호를 쓰세요.

> ㉠ 6792만 km
> ㉡ 125934867 km
> ㉢ 일억 삼천사백오십만 km

( )

1 1000 이 1000을 나타낼 때 다음이 나타내는 수를 <u>쓰고</u> 읽어 보세요.

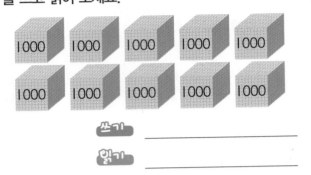

쓰기 _____

읽기 _____

2 다음 중 10000을 나타내는 것이 <u>아닌</u> 것은 어느 것입니까? (   )

① 9999보다 1만큼 더 큰 수
② 9990보다 10만큼 더 큰 수
③ 1000이 100개인 수
④ 9900보다 100만큼 더 큰 수
⑤ 9000보다 1000만큼 더 큰 수

3 ☐ 안에 알맞은 수를 써넣으세요.

10000이 4개 ┐
1000이 7개 ┤
100이 6개 ├ 이면 ☐
10이 9개 ┤
1이 3개 ┘

4 ☐ 안에 알맞은 수를 써넣으세요.

만의 자리	천의 자리	백의 자리	십의 자리	일의 자리
2	4	9	7	4

24974

= ☐ +4000+ ☐ +70+4

5 야구장에 구경을 온 사람들이 칠만 삼백 명이라고 합니다. 야구장에 구경을 온 사람들은 몇 명인지 수로 나타내어 보세요.

(   )

6 같은 수끼리 선으로 이어 보세요.

(1) 10000이
1000개인 수   •   • ㉠ 10만

(2) 10000이
10개인 수   •   • ㉡ 100만

(3) 10000이
100개인 수   •   • ㉢ 1000만

7 빈칸에 알맞은 수나 말을 써넣으세요

24370000	이천사백삼십칠만
	이십육만
30970000	

8 다음 중 숫자 5가 나타내는 값이 가장 큰 것은 어느 것입니까? (　　　)

① 548100
② 356402
③ 258200
④ 5027413
⑤ 9051408

1
단원

11 빈칸에 알맞은 수를 써넣으세요.

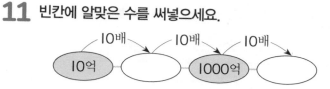

서술형

9 의란이네 가족은 냉장고 한 대를 사고 백만 원짜리 수표 2장, 십만 원짜리 수표 9장, 만 원짜리 7장을 냈습니다. 냉장고 값으로 얼마를 냈는지 풀이 과정을 쓰고 답을 구하세요.

_____

_____

_____

(　　　　　　　　　)

서술형

12 1년 동안 빛이 갈 수 있는 거리는 9조 4600억 km입니다. 이 빠르기로 빛이 100년 동안 갈 수 있는 거리는 몇 km인지 풀이 과정을 쓰고 답을 구하세요.

_____

_____

_____

(　　　　　　　　　)

중요

10 ☐ 안에 알맞게 써넣으세요.

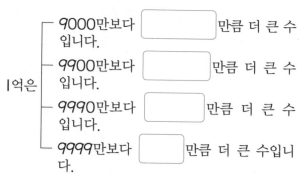

13 10000씩 뛰어 세어 보세요.

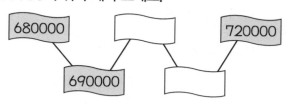

1회 단원**평가**

주의

14 얼마만큼씩 뛰어 세었는지 써 보세요.

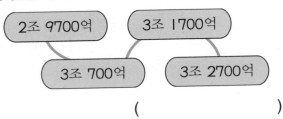

2조 9700억   3조 1700억

3조 700억   3조 2700억

(   )

15 1조 865억에서 100억씩 3번 뛰어 센 수는 얼마입니까?

(   )

16 규칙에 따라 뛰어 세기를 한 것입니다. ㉠에 알맞은 수는 얼마입니까?

| 230억 | 280억 | | ㉠ | 430억 |

(   )

17 두 수의 크기를 비교하여 ◯ 안에 >, =, <를 알맞게 써넣으세요.

(1) 103421 ◯ 91436

(2) 8조 109억 ◯ 8100100000000

18 더 큰 수의 기호를 쓰세요.

㉠ 4조 400억의 10배인 수
㉡ 40조에서 1조씩 3번 뛰어 센 수

(   )

응용

19 ☐ 안에 들어갈 수 있는 숫자를 찾아 모두 ◯표 하세요.

163758394 < 163☐28690

(6 , 7 , 8 , 9)

20 태양과 행성 사이의 거리입니다. 태양에서 가장 가까운 행성의 이름을 써 보세요.

행성	태양과 행성 사이의 거리(km)
지구	149600000
목성	칠억 칠천팔백삼십만
수성	57910000
화성	2억 2800만

(   )

1 그림을 보고 ⬜ 안에 알맞은 수를 써넣으세요.

(1) 1000원이 9개이면 ⬜ 원입니다.

(2) 1000원이 10개이면 ⬜ 원입니다.

2 ⬜ 안에 알맞은 수를 써넣으세요.

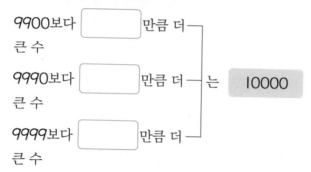

9900보다 ⬜ 만큼 더 큰 수

9990보다 ⬜ 만큼 더 큰 수 ⎬ 는 **10000**

9999보다 ⬜ 만큼 더 큰 수

3 ⬜ 안에 알맞은 수를 써넣으세요.

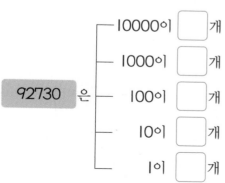

92730 은

10000이 ⬜ 개

1000이 ⬜ 개

100이 ⬜ 개

10이 ⬜ 개

1이 ⬜ 개

4 수를 보기 와 같이 나타내어 보세요.

보기

36724=30000+6000+700+20+4

93602= ⬜ + ⬜ + ⬜ + ⬜

5 수를 보고 숫자 3이 나타내는 자리와 나타내는 값을 빈칸에 써넣으세요.

	나타내는 자리	나타내는 값
23708		

응용

6 수 카드를 모두 한 번씩만 사용하여 만들 수 있는 가장 큰 다섯 자리 수를 쓰고 읽어 보세요.

| 0 | 1 | 4 | 6 | 9 |

쓰기 _____

읽기 _____

7 빈칸에 알맞은 수를 써넣으세요.

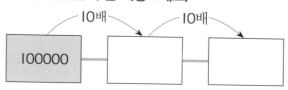

100000 —10배→ ⬜ —10배→ ⬜

1

단원

8 100만이 12개, 10만이 6개, 만이 9개인 수는 얼마인지 수로 나타내세요.

( )

9 어느 영화관의 지난 달 수입은 836705200원이라고 합니다. 이때 숫자 6이 나타내는 금액은 얼마입니까?

( )

10 다음 중 나타내는 수가 다른 하나는 어느 것입니까? ( )

① 100만이 100개인 수
② 99999999의 다음 수
③ 9900만보다 100만큼 더 큰 수
④ 100000의 1000배인 수
⑤ 99999000보다 1000만큼 더 큰 수

11 수를 읽어 보세요.

60700400000000

( )

12 다음을 수로 나타낼 때 0은 모두 몇 개입니까?

백구조 칠백삼십억 사천삼

( )

서술형

13 길호는 1조 원짜리 모형 돈이 21장, 1억 원짜리 모형 돈이 362장, 만 원짜리 모형 돈이 1200장 있습니다. 길호가 가지고 있는 모형 돈은 모두 얼마인지 풀이 과정을 쓰고 답을 구하세요.

_____

_____

_____

_____

( )

14 20억씩 뛰어 세어 보세요.

140억 40만 ⬡ ⬡

160억 40만 ⬡

15 빈 곳에 알맞은 수를 써넣으세요.

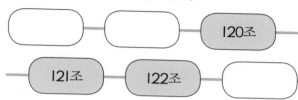

		120조
121조	122조	

1
단원

서술형

16 규칙에 따라 뛰어 세기를 한 것입니다. ㉠에 알맞은 수는 얼마인지 풀이 과정을 쓰고 답을 구하세요.

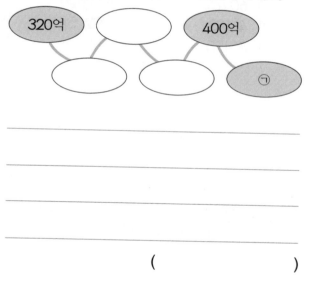

320억　　　　400억

㉠

_____

_____

_____

_____

(　　　　　　　)

17 두 수의 크기를 비교하려고 합니다. 어느 자리 숫자를 비교해야 합니까?

㉠ 635901032375000
㉡ 635901036010000

(　　　　　　　)

18 빈칸에 알맞은 수를 써넣고 더 작은 수를 찾아 기호를 쓰세요.

㉠	육조 삼백이억

㉡	억이 6031인 수의 10배인 수

(　　　　　　　)

19 어느 도시의 초등학교 남학생과 여학생 수를 나타낸 표입니다. 남학생과 여학생 중에서 어느 쪽이 더 많습니까?

남학생	여학생
99468명	100071명

(　　　　　　　)

주의

20 0부터 9까지의 숫자 중에서 ☐ 안에 들어갈 수 있는 숫자를 모두 구하세요.

9485625 > 9☐88710

(　　　　　　　)

1 어떤 수에 대한 설명인지 쓰세요.

- 100의 100배인 수
- 1000의 10배인 수
- 9990보다 10만큼 더 큰 수
- 9000보다 1000만큼 더 큰 수

(   )

2 빈칸에 알맞은 수를 써넣으세요.

(1)

9997		9999	

(2)

9700	9800		

3 빈칸에 알맞은 수를 써넣으세요.

10000이 3개, 1000이 7개, 100이 2개, 10이 1개, 1이 4개인 수

만의 자리	천의 자리	백의 자리	십의 자리	일의 자리
		2	1	4

4 76004를 바르게 읽은 것은 어느 것입니까?

(   )

① 칠만육십사   ② 칠만육백사
③ 칠만육천사   ④ 칠만육천사십
⑤ 칠만육천사백

5 숫자 7이 나타내는 값이 가장 작은 것은 어느 것입니까? (   )

① 60714   ② 73620
③ 47192   ④ 92751
⑤ 83175

6 만 원짜리를 10장씩 묶은 돈이 57묶음 있습니다. 모두 얼마인지 수로 나타내어 보세요.

(   )

7 ☐ 안에 알맞은 수나 말을 써넣으세요.

100만이 48개, 10만이 6개, 만이 3개인 수를

이라 쓰고

이라고 읽습니다.

서술형

8 은행에서 만 원짜리 250장을 10만 원짜리 수표로 바꾸려고 합니다. 10만 원짜리 수표 몇 장으로 바꿔야 하는지 풀이 과정을 쓰고 답을 구하세요.

_____

_____

(   )

9 빈칸에 알맞은 수를 써넣으세요.

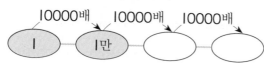

10 ㉠이 나타내는 값은 ㉡이 나타내는 값의 몇 배인지 쓰세요.

4073653I052I
㉠   ㉡

(   )

11 수로 나타낼 때 0의 개수가 더 많은 것의 기호를 쓰세요.

㉠ 천육십억
㉡ 4102조 603억 72

(   )

서술형

12 I에서 9까지의 숫자를 한 번씩만 사용하여 만들 수 있는 가장 작은 수에서 숫자 3이 나타내는 값은 얼마인지 풀이 과정을 쓰고 답을 구하세요.

_____

_____

(   )

13 예원이네 자동차는 I년에 40000 km씩 달립니다. 빈 곳에 알맞은 수를 써넣으세요.

14 얼마만큼씩 뛰어 세기한 것입니까? (   )

1957조 — 2007조 — 2057조 — 2107조

① 500억   ② 5000억
③ 5조   ④ 50조
⑤ 500조

15 1265억 309만에서 10억씩 4번 뛰어 센 수를 쓰고 읽어 보세요.

쓰기 _____

읽기 _____

서술형

16 2조에서 10번 뛰어 세었더니 3조가 되었습니다. 얼마만큼씩 뛰어 세기를 한 것인지 풀이 과정을 쓰고 답을 구하세요.

_____

_____

_____

(   )

17 수직선을 보고 알맞은 말에 ◯표 하세요.

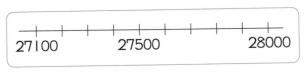

27300은 27600보다 (큽니다 , 작습니다).

18 더 큰 수에 ◯표 하세요.

㉠ | 조가 508개, 억이 94개인 수   (   )

㉡ | 508090400000000   (   )

19 가장 큰 수를 찾아 기호를 쓰세요.

㉠ 조가 120개, 억이 69개, 만이 70개인 수
㉡ 120690007000000
㉢ 백이십조 육천구백억 7천만

(   )

20 다음에서 설명하는 수를 쓰세요.

• 1부터 5까지의 숫자를 한 번씩 사용하였습니다.
• 54000보다 큰 수입니다.
• 54200보다 작은 수입니다.
• 일의 자리 수는 홀수입니다.

(   )

1 10000에 대한 설명으로 옳은 것을 모두 골라 기호를 쓰세요.

> ㉠ 1000이 10개인 수
> ㉡ 100이 1000개인 수
> ㉢ 8000보다 2000만큼 더 큰 수
> ㉣ 9900보다 1000만큼 더 큰 수

( )

2 그림을 보고 ⬜ 안에 알맞은 수를 써넣으세요.

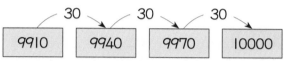

| 9910 | 9940 | 9970 | 10000 |

(1) 9970보다 ⬜만큼 더 큰 수는 10000 입니다.

(2) 9940은 10000보다 ⬜만큼 더 작은 수 입니다.

3 돈을 세어 보고 모두 얼마인지 수로 나타내어 보세요.

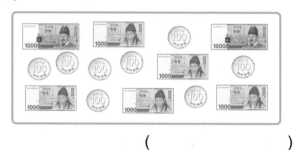

( )

4 수를 읽거나 말을 수로 나타내어 보세요

(1) 62001 ( )

(2) 칠만 오백육십 ( )

5 숫자 6이 60000을 나타내는 수는 어느 것입니까? ( )

① 98643   ② 30826
③ 61798   ④ 16340
⑤ 57860

서술형

6 수 카드를 모두 한 번씩만 사용하여 만들 수 있는 가장 작은 다섯 자리 수는 어떤 수인지 풀이 과정을 쓰고 답을 구하세요.

| 1 | 4 | 0 | 9 | 6 |

_____

_____

( )

🍄 수를 보고 물음에 답하세요. [7~8]

> ㉠ 3178524   ㉡ 8614097   ㉢ 12870436

7 숫자 8이 800000을 나타내는 수를 찾아 기호를 쓰세요.

( )

8 십만의 자리 숫자가 6인 수를 찾아 읽어 보세요.

( )

서술형

9 은행에서 예금한 돈 4200000원을 100만 원짜리 수표와 10만 원짜리 수표로 찾으려고 합니다. 수표의 수를 가장 적게 찾으려면 100만 원짜리 수표는 몇 장을 찾아야 하는지 풀이 과정을 쓰고 답을 구하세요.

_____

_____

_____

_____

(   )

10 수로 나타내어 보세요.

> 억이 1580개, 만이 720개, 1이 50개인 수

(   )

11 1조에 대한 설명으로 <u>틀린</u> 것은 어느 것입니까?

(   )

① 1000억이 10개인 수
② 1억의 10000배인 수
③ 9999억보다 1만큼 더 큰 수
④ 9990억보다 10억만큼 더 큰 수
⑤ 9900억보다 100억만큼 더 큰 수

12 보기 와 같이 쓰고 읽어 보세요.

> **보기**
>
> 46716020826000
>
> 46조 7160억 2082만 6000
>
> 사십육조 칠천백육십억 이천팔십이만 육천

8427104059060

 _____

 _____

서술형

13 ㉠에 알맞은 수의 천억의 자리 숫자는 얼마인지 풀이 과정을 쓰고 답을 구하세요.

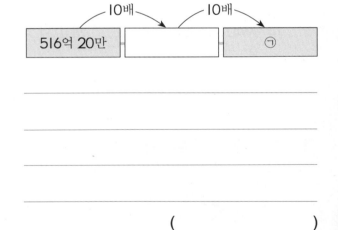

_____

_____

_____

_____

(   )

14 100조씩 뛰어 세어 보세요.

5조 20억 — [   ] — 205조 20억 —

305조 20억 — 405조 20억 — [   ]

15 규칙에 따라 ㉠, ㉡에 알맞은 수를 써 보세요.

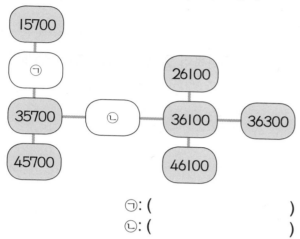

㉠: (   )

㉡: (   )

서술형

16 효민이네 가족은 여행 비용 3000000원을 모으려고 합니다. 매달 500000원씩 모으기로 했다면 몇 개월이 걸리는지 풀이 과정을 쓰고 답을 구하세요.

_____

_____

_____

_____

(   )

17 두 수의 크기를 비교하여 ◯ 안에 >, =, <를 알맞게 써넣으세요.

억이 26개, 만이 180개인 수

◯ 2618000000

18 가장 작은 수를 찾아 기호를 쓰세요.

> ㉠ 조가 70개, 억이 8개인 수
> ㉡ 7820000000000
> ㉢ 칠십조 팔백억 이천만

(   )

서술형

19 0에서 9까지의 숫자 중에서 ☐ 안에 들어갈 수 있는 숫자는 모두 몇 개인지 풀이 과정을 쓰고 답을 구하세요.

> 26780500 < 26☐79624

_____

_____

_____

(   )

20 ☐ 안에는 0에서 9까지의 어느 숫자를 넣어도 됩니다. 두 수의 크기를 비교하여 ◯ 안에 >, =, <를 알맞게 써넣으세요.

> 3874☐952 ◯ 38740724

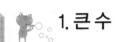
연습 각 단계에 따라 문제를 풀어 보세요.

1 경인이가 오늘까지 모은 돈은 10000원짜리 12장, 1000원짜리 24장, 100원짜리 35개입니다. 경인이가 모은 돈은 모두 얼마인지 구해 보세요.

1단계 10000원짜리는 모두 얼마입니까?

(   )

2단계 1000원짜리는 모두 얼마입니까?

(   )

3단계 100원짜리는 모두 얼마입니까?

(   )

4단계 경인이가 모은 돈은 모두 얼마입니까?

(   )

도전 위에서 푼 방법을 생각하며 풀어 보세요.

1-1 성종이가 저금통을 열었더니 10000원짜리가 20장, 1000원짜리가 12장, 100원짜리가 74개 있었습니다. 저금통에 있던 돈은 모두 얼마인지 구해 보세요.

풀이

_____

_____

_____

이렇게 술술풀어요

① 10000원짜리는 모두 얼마인지 구합니다.

② 1000원짜리는 모두 얼마인지 구합니다.

③ 100원짜리는 모두 얼마인지 구합니다.

④ 저금통에 있던 돈은 모두 얼마인지 구합니다.

답 _____

연습 각 단계에 따라 문제를 풀어 보세요.

2 숫자 카드를 모두 한 번씩만 사용하여 둘째로 작은 다섯 자리 수를 만들 때, 숫자 5가 나타내는 값은 얼마인지 구해 보세요.

6 0 9 2 5

1단계 만들 수 있는 가장 작은 다섯 자리 수는 얼마입니까?

(   )

2단계 만들 수 있는 둘째로 작은 다섯 자리 수는 얼마입니까?

(   )

3단계 **2단계** 에서 만든 수에서 숫자 5가 나타내는 값은 얼마입니까?

(   )

도전 위에서 푼 방법을 생각하며 풀어 보세요.

2-1 숫자 카드를 모두 한 번씩만 사용하여 둘째로 작은 다섯 자리 수를 만들 때, 숫자 8이 나타내는 값은 얼마인지 구해 보세요.

8 5 7 0 3

풀이

_____

_____

_____

답 _____

이렇게 술술 풀어요

① 만들 수 있는 가장 작은 다섯 자리 수를 찾습니다.

② 만들 수 있는 둘째로 작은 다섯 자리 수를 찾습니다.

③ ②에서 만든 수에서 숫자 8이 나타내는 값을 구합니다.

연습 각 단계에 따라 문제를 풀어 보세요.

3 어떤 수에서 1000만씩 뛰어 세기를 10번 했더니 25억이 되었습니다. 어떤 수는 얼마인지 구해 보세요.

1단계 1000만씩 뛰어 세기를 10번 하면 수는 얼마나 커집니까?

(   )

2단계 어떤 수는 25억보다 얼마나 적은 수입니까?

(   )

3단계 어떤 수는 얼마입니까?

(   )

도전 위에서 푼 방법을 생각하며 풀어 보세요.

3-1 어떤 수에서 100만씩 뛰어 세기를 100번 했더니 50억이 되었습니다. 어떤 수는 얼마인지 구해 보세요.

풀이

_____

_____

_____

이렇게 술술풀어요

① 100만씩 뛰어 세기를 100번 하면 수는 얼마나 커지는지 구합니다.

② 어떤 수는 50억보다 몇 적은 수인지 알아봅니다.

③ 어떤 수는 얼마인지 구합니다.

답 _____

실전 시험처럼 문제를 풀어 보세요.

4 효주가 가진 모형 돈을 세어 보니 10000원짜리가 113장, 1000원짜리가 35장, 100원짜리가 28개, 10원짜리가 19개입니다. 효주가 가지고 있는 모형 돈은 모두 얼마인지 구해 보세요

풀이

답

실전 시험처럼 문제를 풀어 보세요.

5 숫자 카드를 모두 한 번씩만 사용하여 둘째로 작은 여섯 자리 수를 만들 때, 숫자 3이 나타내는 값은 얼마인지 구해 보세요.

| 1 | 9 | 0 | 3 | 7 | 4 |

풀이

답

2-1 어느 각이 더 클까요

• **각의 크기 비교**: 두 변의 벌어진 정도가 클수록 큰 각입니다.

➡ ㄱ<ㄴ<ㄷ

변
각
꼭짓점 변

🍂 **더 큰 각을 찾아 기호를 쓰세요.**

ㄱ

ㄴ

( )

풀이
두 변의 벌어진 정도가 더 큰 것은 ㉠입니다.

답 ㉠

2-2 각의 크기는 얼마일까요

• **각도**: 각의 크기를 각도라고 합니다.
• **도**: 각의 크기를 나타내는 단위를 도(°)라고 합니다.
• **1도**: 직각을 똑같이 90으로 나눈 것 중 하나를 1도라고 합니다.
• **1°**: 1도를 1°라고 씁니다.
• **90°**: 직각은 90°입니다.
• **각도기**: 각의 크기를 잴 때 이용하는 도구입니다.

90°

1°   1°

70°라고 읽습니다.

• **각도기를 이용하는 방법**

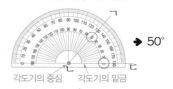

➡ 50°

각도기의 중심   각도기의 밑금

① 각도기의 중심과 각의 꼭짓점을 맞춥니다.
② 각도기의 밑금과 각의 한 변을 맞춥니다.
③ 각도를 읽을 때에는 각도기의 밑금과 각의 한 변이 만난 쪽의 눈금에서 시작하여 각의 나머지 변이 각도기의 눈금과 만나는 부분을 읽어야 합니다.

🍂 **각도기를 바르게 이용한 것은 어느 것인지 기호를 쓰세요.**

㉠

㉡

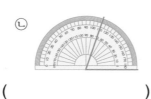

( )

풀이
① 각도기의 중심과 각의 꼭짓점을 맞춰야 합니다.
② 각도기의 밑금과 각의 한 변을 맞춰야 합니다.

답 ㉠

2-1 어느 각이 더 클까요

1 두 각 중에서 더 큰 각을 찾아 기호를 쓰세요.

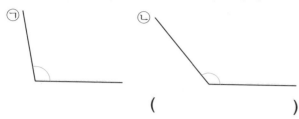

( )

2 부채의 부챗살이 이루는 각의 크기는 일정합니다. ㉠과 ㉡ 중 더 큰 각을 찾아 기호를 쓰세요.

( )

3 다음은 여러 가지 집의 모양입니다. 두 지붕의 각의 크기를 비교하였을 때, 더 큰 각을 찾아 기호를 쓰세요.

( )

2-2 각의 크기는 얼마일까요

4 각도를 구해 써 보세요.

(1)

( )

(2)

( )

5 각도를 구해 써 보세요.

(1)

( )

(2)

( )

6 각도기를 이용하여 각도를 재어 ☐ 안에 써넣으세요.

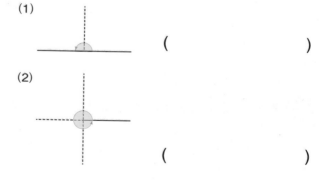

(1)

(2)

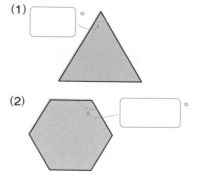

2-3 각을 어떻게 그릴까요

• 각도기를 이용하여 각도가 90°인 각 ㄱㄴㄷ 그리기

① 자를 이용하여 각의 한 변 ㄴㄷ을 그립니다.

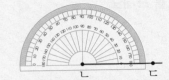

② 각도기의 중심과 점 ㄴ을 맞추고, 각도기의 밑금과 각의 한 변인 ㄴㄷ을 맞춥니다.

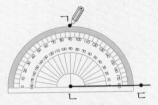

③ 각도기의 밑금에서 시작하여 각도가 90°가 되는 눈금에 점 ㄱ을 표시합니다.

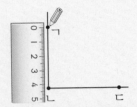

④ 각도기를 떼고, 자를 이용하여 변 ㄱㄴ을 그어 각도가 90°인 각 ㄱㄴㄷ을 완성합니다.

• 각도기를 이용하여 각 그리기
① 주어진 각도와 크기가 같은 각을 그릴 때 꼭짓점을 어디로 정하느냐에 따라 각의 방향이 달라집니다.

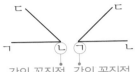

각의 꼭짓점 각의 꼭짓점

② 각도기의 밑금을 각의 변에 정확히 맞춘 후 각을 그려야 합니다.

2-4 직각보다 작은 각과 직각보다 큰 각을 알아볼까요

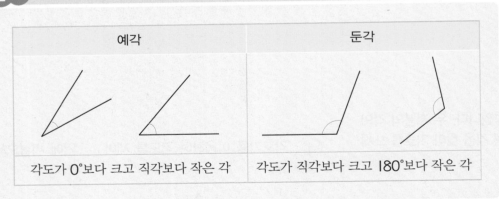

예각	둔각
각도가 0°보다 크고 직각보다 작은 각	각도가 직각보다 크고 180°보다 작은 각

• 예각, 직각, 둔각

예각	$0 < (예각) < 90°$
직각	$90°$
둔각	$90° < (둔각) < 180°$

→ $0° < (예각) < 90° < (둔각) < 180°$

🍓 주어진 각이 예각, 둔각 중 어느 것인지 써 보세요.

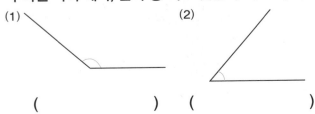

(1) (   ) (2) (   )

풀이

(1) 직각보다 크고 180°보다 작으므로 둔각입니다.

(2) 0°보다 크고 직각보다 작으므로 예각입니다.

답 (1) 둔각 (2) 예각

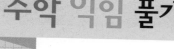

2-3 각을 어떻게 그릴까요

1 주어진 각도의 각을 각도기 위에 그려 보세요.

110°

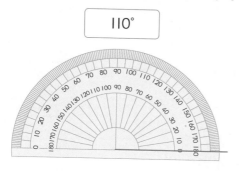

2 각도기와 자를 이용하여 주어진 각도의 각을 그려 보세요.

135°

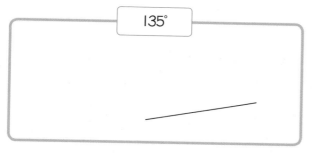

3 각도기와 자를 이용하여 주어진 각도의 각을 그려 보세요.

75°

2-4 직각보다 작은 각과 직각보다 큰 각을 알아볼까요

4 주어진 각을 예각, 직각, 둔각으로 분류하여 기호를 쓰세요.

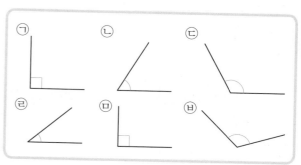

예각	직각	둔각

5 표시된 부분의 각이 예각이면 '예', 직각이면 '직', 둔 각이면 '둔'이라고 쓰세요.

㉠: (   )

㉡: (   )

㉢: (   )

6 긴바늘과 짧은바늘이 이루는 작은 쪽의 각이 예각, 직각, 둔각 중 어느 것인지 쓰세요.

(1)   (2)

(   )   (   )

2-5 각도가 얼마쯤 될까요

• **각도를 어림하기**
① 각도기를 이용하지 않고 각의 크기를 어림합니다.
② 어림한 각도와 잰 각도의 차이가 작을수록 어림을 더 잘한 것입니다.

(예)

이름	세준	세희
어림한 각도	약 50°	약 70°
잰 각도	65°	65°
차이	15°	5°

➔ 어림한 각도와 잰 각도의 차이가 적은 세희가 어림을 더 잘하였습니다.

• 직각 삼각자의 각을 생각하며 어림합니다.

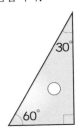

🖊 **각도를 어림하고 각도기로 재어 보세요.**

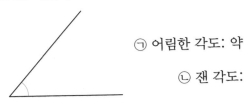

㉠ 어림한 각도: 약 [ ]°

㉡ 잰 각도: [ ]°

풀이
주어진 각의 크기를 45°, 90°와 비교하여 어림해 봅니다.

답 ㉠ (예) 50 ㉡ 50

2-6 각도의 합과 차는 얼마일까요

• **두 각도의 합**: 두 각을 그림과 같이 이어 붙인 다음, 두 각도의 합을 각도기로 재어 구합니다.

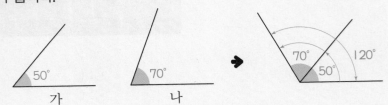

➔ 가＋나＝50°＋70°＝120°

• **두 각도의 차**: 두 각의 한 변을 그림과 같이 맞댄 다음, 두 각도의 차를 각도기로 재어 구합니다.

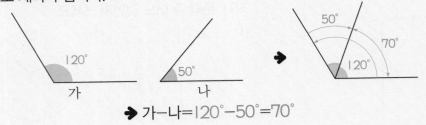

➔ 가－나＝120°－50°＝70°

• **각도의 합과 차**
① 각도의 합: 자연수의 덧셈과 같은 방법으로 계산합니다.
  (예) 40°＋50°＝90°
  ➔ 40＋50＝90과 같이 덧셈을 하여 구합니다.
② 각도의 차: 자연수의 뺄셈과 같은 방법으로 계산합니다.
  (예) 90°－50°＝40°
  ➔ 90－50＝40과 같이 뺄셈을 하여 구합니다.

2-5 각도가 얼마쯤 될까요

1 각도를 어림하고 각도기로 재어 확인해 보세요.

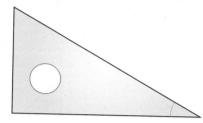

ㄱ 어림한 각도: 약 [   ]°

ㄴ 잰 각도: [   ]°

2 각도를 어림하고 각도기로 재어 확인해 보세요.

ㄱ 어림한 각도: 약 [   ]°

ㄴ 잰 각도: [   ]°

3 다음에 표시한 각도를 어림하고 각도기로 재어 확인해 보세요.

ㄱ 어림한 각도: 약 [   ]°

ㄴ 잰 각도: [   ]°

2-6 각도의 합과 차는 얼마일까요

4 두 각도의 합과 차를 구해 보세요.

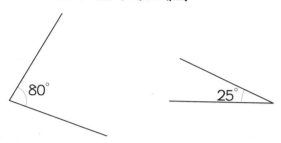

80°   25°

ㄱ 합: [   ]°

ㄴ 차: [   ]°

5 각도의 합과 차를 구해 보세요.

(1) $35° + 75° = $ [   ]°

(2) $130° - 65° = $ [   ]°

(3) $46° + 125° = $ [   ]°

(4) $178° - 89° = $ [   ]°

6 왼쪽 피자는 8조각으로 나누었고, 오른쪽 피자는 6조각으로 나누었습니다. 두 피자 조각의 각도의 합을 구해 보세요.

(   )

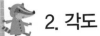
2-7 삼각형의 세 각의 크기의 합은 얼마일까요

• 삼각형의 세 각의 크기의 합

  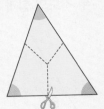

삼각형을 잘라 세 꼭짓점이 한 점에 모이도록 하면 180°가 됩니다.
➔ 삼각형의 세 각의 크기의 합은 180°입니다.

• 직각 삼각자의 세 각의 크기의 합

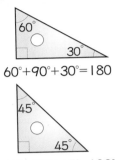

$60°+90°+30°=180$

$45°+90°+45°=180$

🐿 삼각형을 잘라서 세 꼭짓점이 한 점에 모이도록 이어 붙였습니다. ㉠의 각도를 구해 보세요.

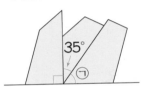

풀이
삼각형의 세 각의 크기의 합은 180°이므로

$90°+35°+\boxed{㉠}°=180$

답 55

2-8 사각형의 네 각의 크기의 합은 얼마일까요

• 사각형의 네 각의 크기의 합

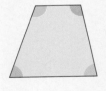 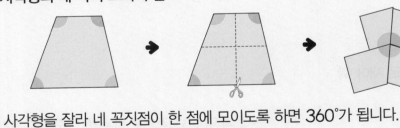

사각형을 잘라 네 꼭짓점이 한 점에 모이도록 하면 360°가 됩니다.
➔ 사각형의 네 각의 크기의 합은 360°입니다.

• 직사각형과 정사각형의 네 각의 크기의 합

$90°+90°+90°+90°=360$

$90°+90°+90°+90°=360$

🐿 사각형을 잘라서 네 꼭짓점이 한 점에 모이도록 이어 붙였습니다. ㉠의 각도를 구해 보세요.

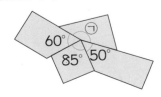

풀이
사각형의 네 각의 크기의 합은 360°이므로

$60°+85°+50°+\boxed{㉠}°=360$

답 165

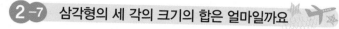

2-7 삼각형의 세 각의 크기의 합은 얼마일까요

1 ☐ 안에 알맞은 각도를 써넣으세요.

(1)
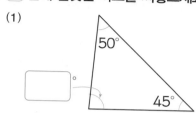

(2)
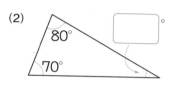

2 ㉠과 ㉡의 각도의 합을 구해 보세요.

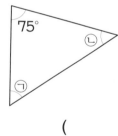

(   )

3 피라미드의 한 면을 이루는 삼각형의 세 각의 크기의 합은 얼마입니까?

(   )

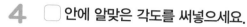

2-8 사각형의 네 각의 크기의 합은 얼마일까요

4 ☐ 안에 알맞은 각도를 써넣으세요.

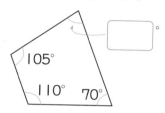

5 ☐ 안에 알맞은 각도를 써넣으세요.

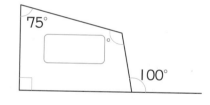

6 ☐ 안에 알맞은 각도를 써넣으세요.

2
단원

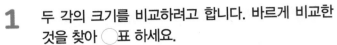

1 두 각의 크기를 비교하려고 합니다. 바르게 비교한 것을 찾아 ◯표 하세요.

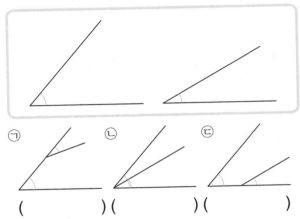

㉠ (   ) ㉡ (   ) ㉢ (   )

2 가장 큰 각을 찾아 기호를 쓰세요.

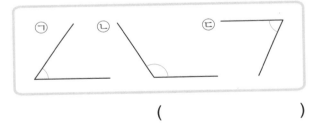

(   )

3 각도기의 중심을 바르게 맞춘 것에 ◯표 하세요.

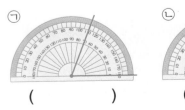   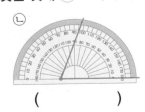

㉠ (   )   ㉡ (   )

4 각도를 읽어 보세요.

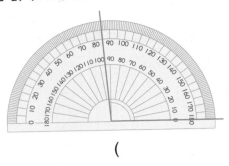

(   )

5 각도기를 이용하여 각도를 재어 보세요.

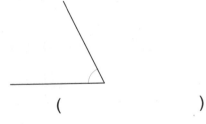

(   )

주의

6 각도기를 이용하여 55°인 각 ㄱㄴㄷ을 그리려고 합니다. 그리는 순서대로 기호를 쓰세요.

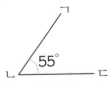

㉠ 자를 이용하여 각의 한 변 ㄴㄷ을 그립니다.
㉡ 각도기의 밑금에서 시작하여 각도가 55°가 되는 눈금에 점 ㄱ을 표시합니다.
㉢ 각도기의 중심과 점 ㄴ을 맞추고, 각도기의 밑금과 각의 한 변인 ㄴㄷ을 맞춥니다.
㉣ 각도기를 떼고, 자를 이용하여 변 ㄱㄴ을 그어 각도가 55°인 각 ㄱㄴㄷ을 완성합니다.

(   )

7 점 ㄱ을 각의 꼭짓점으로 하고 선분 ㄱㄴ을 한 변으로 하여 보기 의 각도와 같은 각을 그려 보세요.

보기
80°

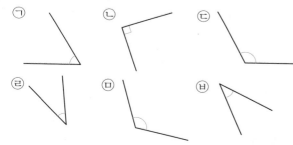

각을 보고 물음에 답하세요. [8~9]

8 예각을 모두 찾아 기호를 쓰세요.

( )

9 둔각은 모두 몇 개입니까? ( )

① 2개 　　　　② 3개
③ 4개 　　　　④ 5개
⑤ 6개

10 시계의 긴바늘과 짧은바늘이 이루는 작은 쪽의 각이 예각, 직각, 둔각 중 어느 것인지 쓰세요.

(1) 2시 　　　　( )
(2) 10시 10분 　( )

11 두 각도의 합과 차를 구해 보세요.

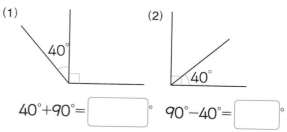

(1) 40°
(2) 40°

40°+90°= ☐ °　　90°−40°= ☐ °

12 ㉠과 ㉡의 각도의 차는 몇 도인지 풀이 과정을 쓰고 답을 구하세요.

70°+85°=㉠　　　㉡−90°=55°

_____

_____

_____

( )

13 보기 의 각보다 각도가 50° 더 큰 각을 그려 보세요.

보기

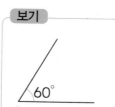

60°

응용

14 보기 와 같은 직각 삼각자 2개를 겹쳐 놓은 것입니다. ☐ 안에 알맞은 각도를 써넣으세요.

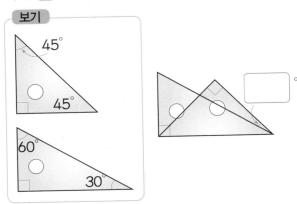

15 삼각형을 다음과 같이 잘라서 세 꼭짓점이 한 점에 모이도록 이어 붙였습니다. 삼각형의 세 각의 크기의 합을 구해 보세요.

(   )

중요

16 삼각형의 세 각의 크기의 합을 이용하여 ㉠, ㉡의 각도를 각각 구해 보세요.

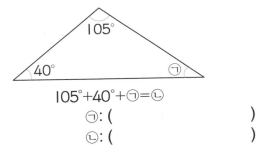

105°+40°+㉠=㉡

㉠: (   )

㉡: (   )

17 ☐ 안에 알맞은 각도를 써넣으세요.

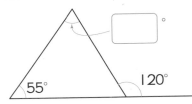

18 ☐ 안에 알맞은 각도를 써넣으세요.

삼각형의 세 각의 크기의 합은 [   ]°이고,

사각형의 네 각의 크기의 합은 [   ]°입니다.

19 사각형의 네 각의 크기의 합을 이용하여 ☐ 안에 알맞은 각도를 써넣으세요.

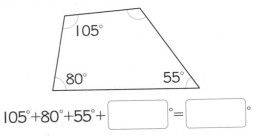

105°+80°+55°+[   ]°=[   ]°

서술형

20 ㉠과 ㉡의 각도의 합은 몇 도인지 풀이 과정을 쓰고 답을 구하세요.

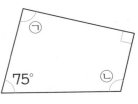

_____

_____

_____

(   )

단원 평가

도전

2. 각도

1 가장 작은 각은 어느 것입니까? (　　　)

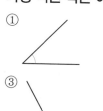

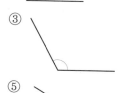

4 각도기를 이용하여 각도를 재어 보세요.

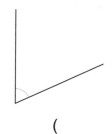

(　　　　　　　　　)°

2단원

2 각도기의 밑금을 바르게 맞춘 것을 찾아 기호를 쓰세요.

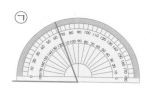

(　　　　　　　　　)

5 반직선 ㄱㄴ을 한 변으로 하고 크기가 50°인 각을 그리려고 합니다. 점 ㄱ과 어느 점을 이어야 합니까? (　　　)

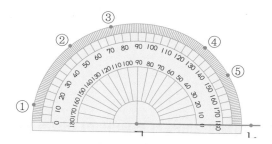

주의

3 각도를 바르게 읽은 것을 모두 찾아 기호를 쓰세요.

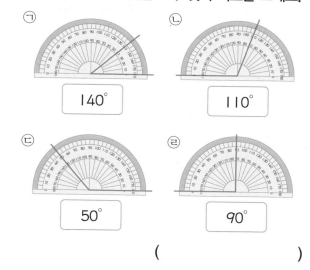

㉠	㉡
140°	110°
㉢	㉣
50°	90°

(　　　　　　　　　)

중요

6 각도기와 자를 이용하여 주어진 각도의 각을 그려 보세요.

45°

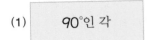
7 관계있는 것끼리 선으로 이으세요.

(1) | 90°인 각 | •   • ㉠ 예각

(2) | 0°보다 크고 90°보다 작은 각 | •   • ㉡ 직각

(3) | 90°보다 크고 180°보다 작은 각 | •   • ㉢ 둔각

8 예각을 모두 고르세요. (   )

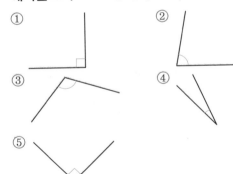

9 시계의 긴바늘과 짧은바늘이 이루는 작은 쪽의 각의 크기가 더 큰 것의 기호를 쓰세요.

| ㉠ 4시   ㉡ 10시 |

(   )

10 각도를 어림하고 각도기로 재어 확인해 보세요.

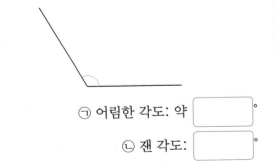

㉠ 어림한 각도: 약 [   ]°

㉡ 잰 각도: [   ]°

11 두 각도의 합과 차를 구해 보세요.

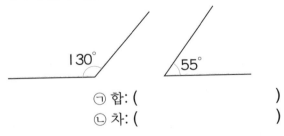

㉠ 합: (   )

㉡ 차: (   )

12 각도를 비교하여 ◯ 안에 >, =, <를 알맞게 써넣으세요.

$$45° + 40° \bigcirc 150° - 65°$$

13 각도기를 이용하여 각 ㉠과 ㉡의 크기를 재어 두 각도의 차를 구해 보세요.

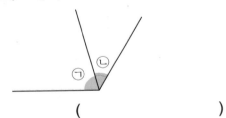

(   )

서술형

14 도형에서 ㉠의 각도는 몇 도인지 풀이 과정을 쓰고 답을 구하세요.

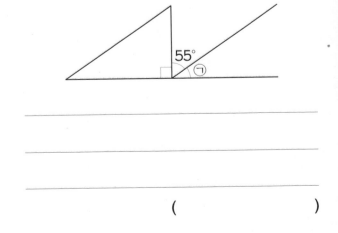

(   )

15 각도기로 재어 ◻ 안에 알맞은 각도를 써넣으세요.

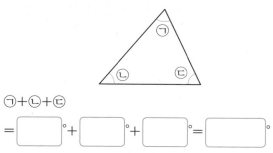

$\bigcirc + \bigcirc + \bigcirc$

= ◻° + ◻° + ◻° = ◻°

16 다음은 직각 삼각자입니다. ◻ 안에 알맞은 각도를 써넣으세요.

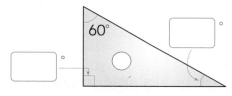

응용

17 두 직각 삼각자를 겹치지 않게 이어 붙여서 만들 수 있는 각도 중 가장 작은 각도를 구해 보세요.

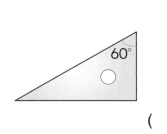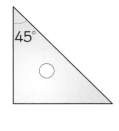

( )

18 사각형을 잘라서 네 꼭짓점이 한 점에 모이도록 이어 붙였습니다. ㉠의 각도를 구해 보세요.

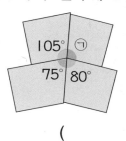

( )

응용

19 사각형을 두 개의 삼각형으로 나눈 것입니다. ㉠의 각도를 구해 보세요.

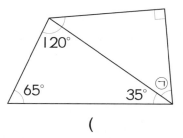

( )

서술형

20 ㉠과 ㉡의 각도는 각각 몇 도인지 풀이 과정을 쓰고 답을 구하세요.

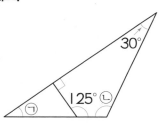

_____

_____

_____

_____

_____

㉠: ( )

㉡: ( )

2 단원

1 상우와 친구들이 두 막대를 벌려서 각을 만들었습니다. 가장 큰 각을 만든 사람은 누구입니까?

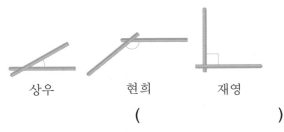

상우   현희   재영

(   )

2 작은 각부터 차례대로 기호를 쓰시오.

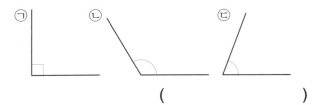

(   )

서술형
3 각도기를 이용하여 다음과 같이 각도를 재었습니다. 잘못된 점을 써 보세요.

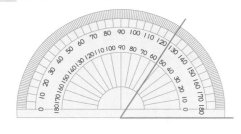

_____

4 각도를 읽어 보세요.

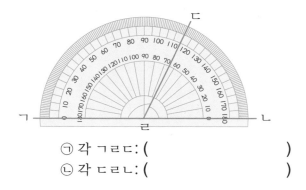

⊙ 각 ㄱㄹㄷ: (   )
ⓛ 각 ㄷㄹㄴ: (   )

5 각도기를 이용하여 각도를 재어 각의 크기를 비교하려고 합니다. ☐ 안에 알맞은 수를 써넣고 크기가 더 큰 각의 기호를 쓰세요.

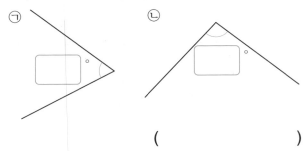

(   )

6 보기 의 각도와 크기가 같은 각을 각도기 위에 그려 보세요.

보기
80°

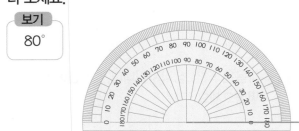

7 자와 각도기를 이용하여 보기 의 각과 같은 크기의 각을 그려 보세요.

보기

100°

➡

8 관계있는 것끼리 선으로 이어 보세요.

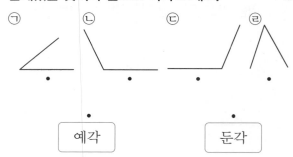

예각   둔각

9 도형 안에서 찾을 수 있는 예각과 둔각은 각각 몇 개입니까?

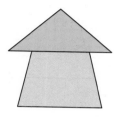

ㄱ 예각: (   )

ㄴ 둔각: (   )

10 주어진 선분을 이용하여 둔각을 그려 보세요.

서술형

11 가장 큰 각도와 가장 작은 각도의 합과 차는 각각 몇 도인지 풀이 과정을 쓰고 답을 구하세요.

120°	95°	105°

_____

_____

_____

ㄱ 합: (   )

ㄴ 차: (   )

12 두 각의 크기를 각각 재어 보고 두 각도의 합을 구해 보세요.

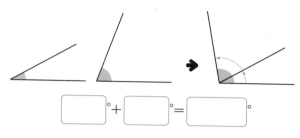

[   ]° + [   ]° = [   ]°

2 단원

13 각 ㄱㄴㄷ의 크기는 몇 도입니까?

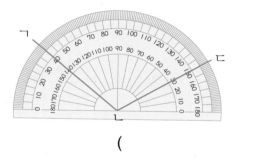

(   )

서술형

14 피자의 조각이 2개 있습니다. 두 피자 조각의 각도의 합은 몇 도인지 풀이 과정을 쓰고 답을 구하세요.

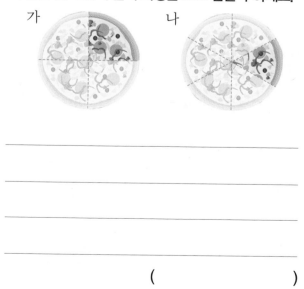

가   나

_____

_____

_____

_____

(   )

15 삼각형의 세 각 중 두 각의 크기가 각각 60°, 75°일 때 나머지 한 각의 크기를 구해 보세요.

( )

서술형

16 도형에서 ㉠과 ㉡의 각도의 합은 몇 도인지 풀이 과정을 쓰고 답을 구하세요.

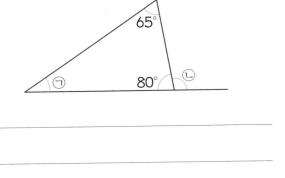

_____

_____

_____

( )

17 두 직각 삼각자를 겹쳐서 ㉠을 만든 것입니다. ㉠의 각도를 구해 보세요.

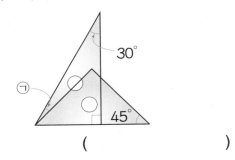

( )

18 각도기로 재어 ☐ 안에 알맞은 각도를 써넣으세요.

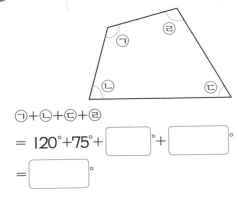

㉠+㉡+㉢+㉣

= 120°+75°+ ☐° + ☐°

= ☐°

19 사각형을 그림과 같이 2개의 삼각형으로 나누어 네 각의 크기의 합을 구하려고 합니다. ☐ 안에 알맞은 수나 각도를 써넣으세요.

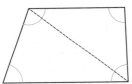

(사각형의 네 각의 크기의 합)

=(삼각형의 세 각의 크기의 합)× ☐

= ☐° × ☐ = ☐°

20 ☐ 안에 알맞은 각도를 써넣으세요.

1 보기 의 각보다 큰 각은 어느 것입니까? (   )

보기

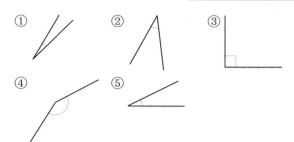

① ② ③ ④ ⑤

2 ☐ 안에 알맞은 각도를 써넣으세요.

(1) 직각을 똑같이 90으로 나눈 것 중 하나는 ☐°입니다.

(2) 직각은 ☐°입니다.

3 근우와 건창이는 각도기를 이용하여 다음과 같이 각도를 재었습니다. 각도를 잘못 잰 사람의 이름을 쓰고 그 이유를 설명하세요.

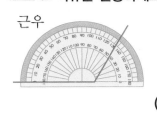
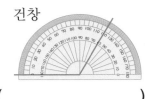

근우   건창

(   )

이유
_____

4 각도기를 이용하여 보기 의 각과 각도가 같은 각을 찾아 기호를 쓰세요.

보기

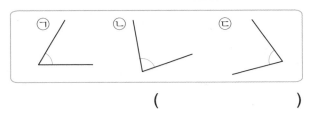

㉠ ㉡ ㉢

(   )

5 점 ㄱ을 각의 꼭짓점으로 하여 주어진 각도의 각을 그려 보세요.

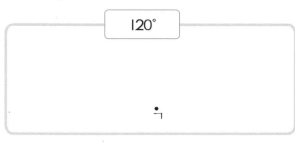

120°

·ㄱ

6 색종이를 다음과 같이 세 번 접어서 각을 만들었습니다. 이때 만들어진 각 ㄱㄷㄴ의 크기와 같은 각을 ☐ 안에 그려 보세요.

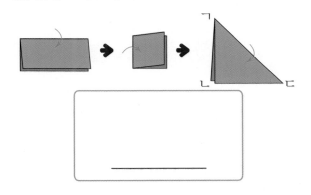

_____

7 주어진 각을 예각, 직각, 둔각으로 분류하여 기호를 쓰세요.

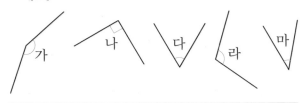

가 나 다 라 마

예각	직각	둔각

8 시계의 긴바늘과 짧은바늘이 이루는 작은 쪽의 각이 예각인 시각을 모두 고르세요. (   )

① 3시
② 4시 30분
③ 7시
④ 9시
⑤ 11시

9 다음에서 크고 작은 예각은 모두 몇 개입니까?

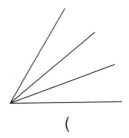

(   )

10 각도를 어림하고 각도기로 재어 확인해 보세요.

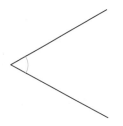

㉠ 어림한 각도: 약 ☐°

㉡ 잰 각도: ☐°

11 ☐ 안에 알맞은 수를 써넣으세요.

(1) $35° + 90° =$ ☐°

(2) $150° - 85° =$ ☐°

서술형

12 ㉠의 각도는 몇 도인지 풀이 과정을 쓰고 답을 구하세요.

60°

_____

_____

(   )

서술형

13 각도를 가장 잘 어림한 사람은 누구인지 풀이 과정을 쓰고 답을 구하세요.

이름	하성	정후	지영
어림한 각도	110°	50°	140°
잰 각도	90°	45°	155°

_____

_____

_____

(   )

14 왼쪽 그림과 같은 직각 삼각자 2개를 오른쪽과 같이 놓았습니다. ㉠의 각도를 구해 보세요.

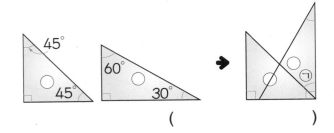

(   )

15 삼각형을 세 조각으로 잘라서 세 꼭짓점이 한 점에 모이도록 이어 붙였습니다. ☐ 안에 알맞은 각도를 써넣으세요.

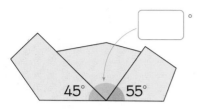

16 도형에서 ㉠의 각도는 몇 도인지 풀이 과정을 쓰고 답을 구하세요.

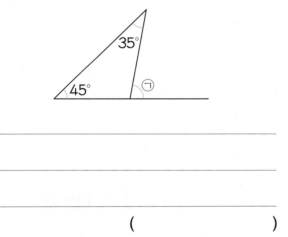

_____

_____

(   )

17 ㉠과 ㉡ 중 어느 각도가 몇 도 더 큽니까?

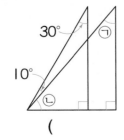

(   )

서술형

18 ㉠과 ㉡의 각도의 차는 몇 도인지 풀이 과정을 쓰고 답을 구하세요.

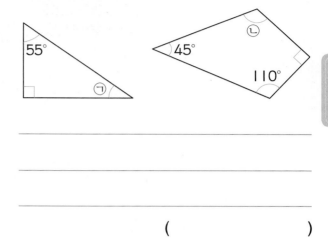

_____

_____

_____

(   )

2
단원

19 사각형을 그림과 같이 4개의 삼각형으로 나누어 네 각의 크기의 합을 구하려고 합니다. ☐ 안에 알맞은 각도를 써넣으세요.

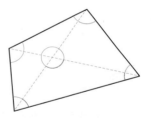

(사각형의 네 각의 크기의 합)

=(삼각형의 세 각의 크기의 합)×4-☐°

=☐°×4-☐°=☐°

20 ㉠의 각도를 구해 보세요.

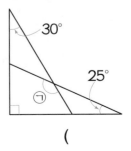

(   )

연습 각 단계에 따라 문제를 풀어 보세요.

1 도형에서 크고 작은 예각은 모두 몇 개인지 구해 보세요.

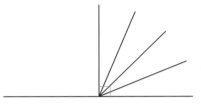

1단계 각 1개로 이루어진 예각은 모두 몇 개입니까?

( )

2단계 각 2개로 이루어진 예각은 모두 몇 개입니까?

( )

3단계 각 3개로 이루어진 예각은 모두 몇 개입니까?

( )

4단계 크고 작은 예각은 모두 몇 개인지 구해 보세요.

( )

도전 위에서 푼 방법을 생각하며 풀어 보세요.

1-1 도형에서 크고 작은 예각은 모두 몇 개인지 구해 보세요.

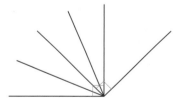

풀이

_____

_____

_____

답 _____

이렇게 술술풀어요

① 각 1개로 이루어진 예각은 모두 몇 개인지 구해 봅니다.

② 각 2개로 이루어진 예각은 모두 몇 개인지 구해 봅니다.

③ 각 3개로 이루어진 예각은 모두 몇 개인지 구해 봅니다.

④ 크고 작은 예각은 모두 몇 개인지 구해 봅니다.

각 단계에 따라 문제를 풀어 보세요.

2 ☐ 안에 알맞은 각도는 몇 도인지 구해 보세요.

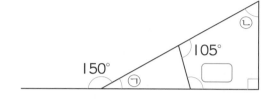

1단계 ㉠의 각도는 몇 도입니까?

(   )

2단계 ㉡의 각도는 몇 도입니까?

(   )

3단계 ☐ 안에 알맞은 각도는 몇 도인지 구해 보세요.

(   )

위에서 푼 방법을 생각하며 풀어 보세요.

2-1 ㉢의 각도는 몇 도인지 구해 보세요.

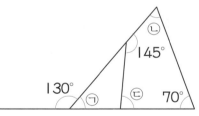

이렇게 술술풀어요

① ㉠의 각도를 구해 봅니다.

② ㉡의 각도를 구해 봅니다.

③ ㉢의 각도를 구해 봅니다.

풀이

_____

_____

_____

답 _____

연습 각 단계에 따라 문제를 풀어 보세요.

3 도형에서 ㉠과 ㉡의 각도의 합은 몇 도인지 구해 보세요.

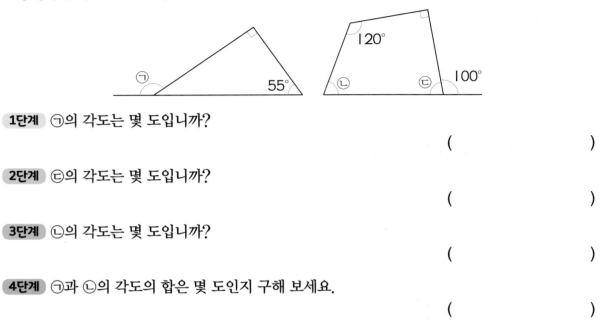

1단계 ㉠의 각도는 몇 도입니까?

( )

2단계 ㉢의 각도는 몇 도입니까?

( )

3단계 ㉡의 각도는 몇 도입니까?

( )

4단계 ㉠과 ㉡의 각도의 합은 몇 도인지 구해 보세요.

( )

도전 위에서 푼 방법을 생각하며 풀어 보세요.

3-1 도형에서 ㉠과 ㉡의 각도의 차는 몇 도인지 구해 보세요.

풀이

_____

_____

_____

_____

답

이렇게 술술풀어요

① ㉠의 각도를 구해 봅니다.

② ㉢의 각도를 구해 봅니다.

③ ㉡의 각도를 구해 봅니다.

④ ㉠과 ㉡의 각도의 차를 구해 봅니다.

4 도형에서 크고 작은 예각은 모두 몇 개인지 구해 보세요.

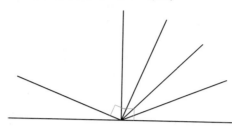

풀이

＿＿＿＿＿＿＿＿＿＿＿＿＿＿＿＿＿＿＿＿＿＿＿＿＿＿＿＿＿＿

＿＿＿＿＿＿＿＿＿＿＿＿＿＿＿＿＿＿＿＿＿＿＿＿＿＿＿＿＿＿

＿＿＿＿＿＿＿＿＿＿＿＿＿＿＿＿＿＿＿＿＿＿＿＿＿＿＿＿＿＿

답 ＿＿＿＿＿＿＿＿

5 도형에서 ㉠과 ㉡ 중 어느 각도가 얼마나 더 큰지 구해 보세요.

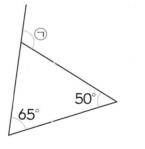
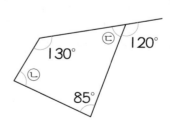

풀이

＿＿＿＿＿＿＿＿＿＿＿＿＿＿＿＿＿＿＿＿＿＿＿＿＿＿＿＿＿＿

＿＿＿＿＿＿＿＿＿＿＿＿＿＿＿＿＿＿＿＿＿＿＿＿＿＿＿＿＿＿

＿＿＿＿＿＿＿＿＿＿＿＿＿＿＿＿＿＿＿＿＿＿＿＿＿＿＿＿＿＿

답 ＿＿＿＿＿＿＿＿

3-1 세 자리 수에 몇십을 곱해 볼까요 → (세 자리 수)×(몇십)

• **(세 자리 수)×(몇십) 계산하기**

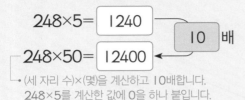

248×5= 1240

248×50= 12400 ← 10 배

→ (세 자리 수)×(몇)을 계산하고 10배합니다.
248×5를 계산한 값에 0을 하나 붙입니다.

```
  2 4 8        2 4 8
×     5      ×   5 0
─────────    ─────────
1 2 4 0      1 2 4 0 0
```

10 배

• **(세 자리 수)×(몇십)을 어림하여 계산하기**

예 197×30을 어림하여 계산하기: 197은 100보다 200에 가까우므로
197×30을 200×30이라 생각하여 약 6000이라고 어림할 수 있습니다.

• **(몇백)×(몇십) 계산하기**
(몇백)×(몇)의 값에 두 수의 0의 개수만큼 0을 붙입니다.

예
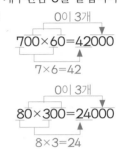

0이 3개

700×60=42000

7×6=42

0이 3개

80×300=24000

8×3=24

3-2 세 자리 수에 두 자리 수를 곱해 볼까요 → (세 자리 수)×(몇십몇)

• **(세 자리 수)×(두 자리 수) 계산하기**

예 319×28 계산하기: 319×8, 319×20을 계산한 다음 두 곱셈의 계산 결과
를 더합니다.

```
  3 1 9        3 1 9        3 1 9        3 1 9
×   2 8   →  ×     8      ×   2 0   →  ×   2 8
                ─────        ─────        ─────
              2 5 5 2      6 3 8 0      2 5 5 2
                                        6 3 8 0
                                        ─────────
                                        8 9 3 2
```

세 자리 수와 두 자리 수의 일의 자리 수를 곱합니다.

세 자리 수와 두 자리 수의 십의 자리 수를 곱합니다.

두 곱셈의 계산 결과를 더합니다.

• **(세 자리 수)×(두 자리 수)를 어림하여 계산하기**

예 319×28을 어림하여 계산하기: 319는 400보다 300에 가깝고, 28은 20
보다 30에 가까우므로 319×28을 300×30이라 생각하여 약 9000이라
고 어림할 수 있습니다.

• 247×38을 계산하기

```
    2 4 7
×     3 8   → 30+8
─────────
  1 9 7 6   → 247×8
  7 4 1     → 247×30
─────────
  9 3 8 6
```

① 247에 일의 자리 숫자 8을
곱합니다.
② 247과 십의 자리 숫자 3의
곱을 십의 자리에 맞추어 씁
니다.
③ 두 곱의 합을 자리에 맞추어
씁니다.

→ 세로 계산에서 십의 자리를 곱할
때 일의 자리 0의 표시를 생략합
니다.

3-3 곱셈을 이용하여 실생활 문제를 해결해 볼까요

예 닭 농장에서 생산된 달걀은 근처 식당에서 하루에 245개씩 소비됩니다. 28
일 동안 식당에서 소비한 달걀은 모두 몇 개인지 구해 보세요.

식 <u>245×28=6860</u>

답 <u>6860개</u>

• 가게에서 350원짜리 라면을
12봉지 샀습니다. 라면의 값
은 모두 얼마인지 구해 보세
요.

식 <u>350×12=4200</u>

답 <u>4200원</u>

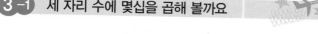

3-1 세 자리 수에 몇십을 곱해 볼까요

1 다음 표를 채워 125×30의 값을 구해 보세요.

	천의 자리	백의 자리	십의 자리	일의 자리	결과
125		1	2	5	➜ 125
125×3					
125×3의 10배					

2 재경이네 가족은 동전 저금통을 만들어 동전 모으기를 한 결과 500원짜리 동전 80개를 모았습니다. 재경이네 가족이 모은 동전은 모두 얼마입니까?

식 _____

답 _____

3-2 세 자리 수에 두 자리 수를 곱해 볼까요

3 ☐ 안에 알맞은 수를 써넣으세요.

234×35=234×☐+234×30

= ☐ + ☐

= ☐

4 잘못 계산한 곳을 찾아 바르게 고쳐 보세요.

```
    2 0 5
  ×   7 4
    8 2 0
  1 4 3 5
  2 2 5 5
```
➜ ☐

3-3 곱셈을 이용하여 실생활 문제를 해결해 볼까요

5 구슬을 한 상자에 197개씩 담아서 34상자를 포장하였습니다. 포장한 구슬은 모두 몇 개인지 구해 보세요.

식 _____

답 _____

6 정민이는 등교할 때 356 mL의 물을 가지고 가서 마십니다. 이번 달에 학교에 가는 날이 21일이라면 이번 달에 학교에 가지고 가서 마시는 물의 양은 얼마인지 구해 보세요.

식 _____

답 _____

7 곱이 가장 큰 것은 어느 것인지 기호를 써 보세요.

㉠ 235×62
㉡ 612×28
㉢ 728×19

(   )

8 1년은 몇 시간인지 구해 보세요.(단, 1년은 365일입니다.)

식 _____

답 _____

3-4 몇십으로 나누어 볼까요

• **(세 자리 수)÷(몇십) 계산하기**

예 $150÷30$ → (몇백 몇십)÷(몇십)의 계산

$$150÷30=5$$

$$5 → 15÷3=5의 몫과 같습니다.$$

$$30\overline{)150}$$
$$\underline{150}$$
$$0$$

몫 　5
나머지　0

예 $156÷20$

식
$20×7=140$
$20×8=160$
$20×9=160$

→

$$7$$
$$20\overline{)156}$$
$$\underline{140}$$
$$16$$

몫　7
나머지　16

→ 결과 확인
예 $20×7=140$,
$140+16=156$

• **결과 확인**
몫에 나눈 수를 곱하고 나머지가 있으면 더해 줍니다.
예 $30×5+0=150$

• $156÷20$ 어림하기
$20×8=160$이고, 156은 160보다 작기 때문에 몫도 8보다 작다고 어림합니다.

🌰 ☐ 안에 알맞은 수를 써넣으세요.

(1)
$$30\overline{)253}$$

(2)
$$60\overline{)435}$$

풀이
(1) 결과 확인 예 $30×8=240$, $240+13=253$
(2) 결과 확인 예 $60×7=420$, $420+15=435$

답 (1) 8, 240, 13 (2) 7, 420, 15

3-5 몇십몇으로 나누어 볼까요

• **나누어떨어지는 (두 자리 수)÷(두 자리 수) 계산하기**

예 $90÷15$

식	나머지
$15×4=60$	30
$15×5=75$	15
$15×6=90$	0

→

$$6$$
$$15\overline{)90}$$
$$\underline{90}$$
$$0$$

→ 결과 확인
$15×6=90$

• **나머지가 있는 (세 자리 수)÷(두 자리 수) 계산하기**

예 $156÷17$

식	나머지
$17×7=119$	37
$17×8=136$	20
$17×9=153$	3

→

$$9$$
$$17\overline{)156}$$
$$\underline{153}$$
$$3$$

→ 결과 확인
예 $17×9=153$,
$153+3=156$

• **어림한 몫 수정하기**

① 뺄 수 없을 때

$$8$$
$$17\overline{)126}$$
$$136$$

곱한 값 (136)이 나누어지는 수(126)보다 크므로 뺄 수 없습니다.

➔ 몫을 1 작게 해 줍니다.

② 나머지가 나누는 수보다 클 때

$$8$$
$$17\overline{)156}$$
$$\underline{136}$$
$$20$$

나머지(20)가 나누는 수(17)보다 작아야 하므로 몫을 1 크게 해 줍니다.

➔ 몫을 1 크게 해 줍니다.

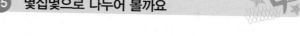

3-4 몇십으로 나누어 볼까요

1 몫이 가장 작은 것은 어느 것입니까? ( )

① 320÷40
② 450÷50
③ 540÷60
④ 560÷80
⑤ 720÷80

2 계산을 하고 결과를 확인해 보세요.

(1)

$$30 \overline{)286}$$

결과 확인 _____

(2)

$$40 \overline{)295}$$

결과 확인 _____

3 이준이는 116쪽인 수학 문제집을 모두 풀려고 합니다. 하루에 12쪽씩 며칠 동안 풀고 마지막 날에는 몇 쪽을 풀어야 하는지 식을 쓰고 계산해 보세요.

 식 _____

답 _____

3-5 몇십몇으로 나누어 볼까요

4 계산을 하고 결과를 확인해 보세요.

(1)

$$32 \overline{)96}$$

결과 확인 _____

(2)

$$43 \overline{)400}$$

결과 확인 _____

5 나머지가 더 큰 것의 기호를 써 보세요.

㉠
$$15 \overline{)95}$$

㉡
$$27 \overline{)258}$$

( )

6 잘못 계산한 곳을 찾아 바르게 고쳐 보세요.

$$47 \overline{)265} \quad \begin{array}{r} 6 \\ \hline \end{array}$$
$$282$$

➡

$$47 \overline{)265}$$

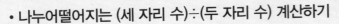

3-6 세 자리 수를 두 자리 수로 나누어 볼까요(1)

• 나누어떨어지는 (세 자리 수)÷(두 자리 수) 계산하기

(예) 775÷25

```
        1
       30
   25)775
      750     ← 25×30
       25     ← 775-750
       25     ← 25×1
        0     ← 25-25
```

➡

```
       31    ← 30+1
   25)775
       75
       25
       25
        0
```

➡ 결과 확인 25×31=775

• 몫 수정하기

```
        29
   25)775
      50
      275
      225
       50
```

나머지 50이 25보다 크므로 더 나눌 수 있습니다.
50÷25=2이기 때문에 775÷25의 몫은 29+2=31 입니다.

🌰 ☐ 안에 알맞은 수를 써넣으세요.

```
   36)792
       72    ← 36×☐
       72    ← 792-☐
       72    ← 36×☐
        0    ← 72-72
```

풀이
몫의 십의 자리에 있는 2는 36×20=720을 의미합니다.

답 22, 20, 720, 2

3-7 세 자리 수를 두 자리 수로 나누어 볼까요(2)

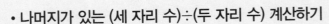

• 나머지가 있는 (세 자리 수)÷(두 자리 수) 계산하기

(예) 685÷27

```
        5
       20
   27)685
      540     ← 27×20
      145     ← 685-540
      135     ← 27×5
       10     ← 145-135
```

➡

```
       25    ← 20+5
   27)685
       54
      145
      135
       10
```

➡ 결과 확인 (예) 27×25=675, 675+10=685

• 나누어지는 수와 나머지의 관계
나누어지는 수가 1이 작아지면 나머지도 1이 작아집니다.
163÷12=13…7
162÷12=13…6
161÷12=13…5
160÷12=13…4
⋮
156÷12=13…0

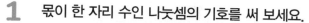

3 - 6 세 자리 수를 두 자리 수로 나누어 볼까요(1)

1 몫이 한 자리 수인 나눗셈의 기호를 써 보세요.

ㄱ
$$26\,)\overline{3\,9\,0}$$

ㄴ
$$83\,)\overline{7\,4\,7}$$

(　　　　　　)

2 ☐ 안에 알맞은 식의 기호를 찾아 써넣으세요.

$$\begin{array}{r} 23 \\ 29\,)\overline{6\,8\,1} \\ 5\,8 \quad \leftarrow \square \\ \hline 1\,0\,1 \quad \leftarrow \square \\ 8\,7 \quad \leftarrow \square \\ \hline 1\,4 \quad \leftarrow \square \end{array}$$

| ㄱ 29×3 | ㄴ 29×20 |
| ㄷ 101-87 | ㄹ 681-580 |

3 다음과 같이 나눗셈을 하였을 때 다시 계산하지 않고 바르게 몫을 구하는 방법을 완성해 보세요.

$$\begin{array}{r} 31 \\ 14\,)\overline{462} \\ 42 \\ \hline 42 \\ 14 \\ \hline 28 \end{array}$$

나머지 ☐ 이 ☐ 보다 크므로 더 나눌 수 있습니다. 28÷14= ☐ 이기 때문에
462÷14의 몫은 31+ ☐ =33입니다.

3 - 7 세 자리 수를 두 자리 수로 나누어 볼까요(2)

4 나머지가 더 큰 것의 기호를 써 보세요.

ㄱ
$$39\,)\overline{5\,7\,8}$$

ㄴ
$$56\,)\overline{8\,9\,1}$$

(　　　　　　)

5 재윤이네 반 학생은 모두 23명입니다. 호두과자 370개를 반 학생들과 똑같이 나누어 먹으려고 합니다. 한 학생이 몇 개씩 먹을 수 있고, 남는 것은 몇 개인지 식을 쓰고 계산해 보세요.

식 _____

답 _____

6 ☐ 안에 알맞은 수를 써넣으세요.

685÷35=19…20
684÷35=19…19
683÷35=19…18
682÷35=19…17
⋮
☐ ÷35=19…7

1 표를 채워 341×20의 값을 구해 보세요.

	천의 자리	백의 자리	십의 자리	일의 자리	결과
341		3	4	1	341
341×2					
341×2의 10배					

2 계산해 보세요.

(1) 400×50

(2)
$$\begin{array}{r} 2\ 8\ 2 \\ \times\quad 6\ 0 \\ \hline \end{array}$$

3 태훈이는 한 자루에 250원인 연필 20자루를 샀습니다. 태훈이가 산 연필의 값은 모두 얼마인지 식을 쓰고 계산해 보세요.

식 _____

답 _____

4 ☐ 안에 알맞은 수를 써넣으세요.

364×38=364×8+364×☐

=2912+☐

=☐

5 ☐ 안에 알맞은 수를 써넣으세요.

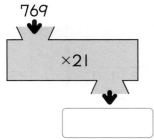

769

×21

☐

서술형

6 5장의 수 카드를 한 번씩만 사용하여 만들 수 있는 가장 작은 세 자리 수와 가장 큰 두 자리 수의 곱은 얼마인지 풀이 과정을 쓰고 답을 구해 보세요.

| 5 | 4 | 0 | 9 | 1 |

_____

_____

_____

( )

7 제과점에서 950원짜리 빵을 15개 샀습니다. 빵의 값은 모두 얼마인지 구해 보세요.

식 _____

답 _____

8 길호네 양계장에서는 하루에 달걀을 150개씩 생산합니다. 길호네 양계장에서 2주일 동안 생산하는 달걀은 모두 몇 개인지 구해 보세요.

( )

9 빈칸에 알맞은 수를 써넣고 350÷70의 몫을 구해 보세요.

×70	1	2	3	4	5	6
	70	140	210			

350÷70= ☐

10 계산해 보세요.

$$60\overline{)418}$$

11 몫이 작은 것부터 차례대로 기호를 써 보세요.

㉠ 240÷30	㉡ 250÷50
㉢ 540÷60	㉣ 560÷80

( )

12 어림한 나눗셈의 몫으로 가장 적절한 것에 ○표 하세요.

181÷29

3	6	30	60

13 ☐ 안에 알맞은 수를 써넣으세요.

(1)
$$24\overline{)96}$$

(2)
$$57\overline{)450}$$

14 잘못 계산한 곳을 찾아 바르게 고쳐 보세요.

$$34\overline{)230} \atop 238}$$ 몫 7 ➡ $$34\overline{)230}$$

15 큰 수를 작은 수로 나눈 몫을 빈칸에 써넣으세요.

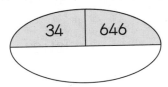

34 ｜ 646

16 몫이 두 자리 수인 나눗셈을 모두 고르세요.

(　　　　)

① 342÷38　　　② 406÷58

③ 559÷43　　　④ 624÷52

⑤ 688÷86

서술형

17 ㉮ 문방구에서는 도화지 20장을 900원에 팔고 ㉯ 문방구에서는 도화지 15장을 720원에 팝니다. ㉮와 ㉯ 문방구 중 도화지 한 장의 값이 더 싼 곳은 어디인지 풀이 과정을 쓰고 답을 구해 보세요.

_____

_____

_____

(　　　　　　　)

응용

18 **보기** 의 식을 보고 ☐ 안에 알맞은 수를 써넣으세요.

보기

656÷39=16…32
655÷39=16…31
654÷39=16…30

☐ ÷39=16…0

19 ☐ 안에는 몫을, ◯ 안에는 나머지를 써넣으세요.

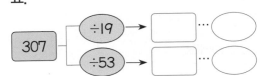

307 　÷19 → ☐ … ◯

　　　÷53 → ☐ … ◯

20 856을 어떤 수로 나누면 몫은 16이고, 나머지는 24입니다. 어떤 수는 얼마입니까?

(　　　　　　　)

1 보기 와 같이 계산해 보세요.

보기
$$285×7=1995 ➜ 285×70=19950$$

$$437×6=2622 ➜ 437×60= \boxed{}$$

2 곱이 다른 것은 어느 것입니까? ( )
① 360×20
② 900×80
③ 120×60
④ 180×40
⑤ 288×25

3 수지는 둘레가 460 m인 운동장을 매일 한 바퀴씩 달립니다. 수지가 40일 동안 달린 거리는 모두 몇 m입니까?

( )

4 ⬚ 안에 알맞은 수를 써넣으세요.

$$\begin{array}{r} 198 \\ \times\ 26 \\ \hline \end{array}$$

5 두 수의 곱을 구해 보세요.

| 365 | 29 |

( )

6 잘못 계산한 곳을 찾아 바르게 고쳐 보세요.

$$\begin{array}{r} 854 \\ \times\ 53 \\ \hline 2562 \\ 4270 \\ \hline 6832 \end{array} ➜ \boxed{}$$

7 한 개에 450원짜리 귤이 한 상자에 24개 들어 있습니다. 귤 한 상자의 값은 모두 얼마인지 구해 보세요.

식 _____

답 _____

8 재호네 집에서는 전기 절약을 실천하기로 했습니다. 한 등 끄기를 하여 하루에 108원씩 전기 요금을 절약할 수 있었습니다. 한 달을 30일로 계산한다면 재호네 집에서 한 달 동안 절약한 전기 요금을 구해 보세요.

식 _____

답 _____

9 오른쪽 나눗셈의 몫을 구하는 식으로 알맞은 것은 어느 것입니까? (   )

$90 \overline{)381}$

① 90×2=180
② 90×3=270
③ 90×4=360
④ 90×5=450
⑤ 90×6=540

10 나눗셈의 몫과 나머지의 합을 구해 보세요.

306÷40

(   )

서술형

11 의란이가 236쪽인 위인전을 모두 읽으려고 합니다. 하루에 30쪽씩 읽으면 며칠 만에 모두 읽을 수 있는지 풀이 과정을 쓰고 답을 구해 보세요.

_____

_____

_____

(   )

12 계산해 보세요.

(1) 68÷17

(2) 236÷26

13 어떤 수를 36으로 나눌 때 나올 수 있는 나머지 중에서 가장 큰 수를 구해 보세요.

(   )

14 몫의 크기를 비교하여 ◯ 안에 >, =, <를 알맞게 써넣으세요.

204÷17 ◯ 374÷34

15 버스 한 대에 35명이 탈 수 있습니다. 260명의 학생들이 버스에 모두 타려면 버스는 적어도 몇 대가 필요한지 풀이 과정을 쓰고 답을 구해 보세요.

_____

_____

_____

_____

(   )

16 몫이 두 자리 수인 나눗셈에 ◯표 하세요.

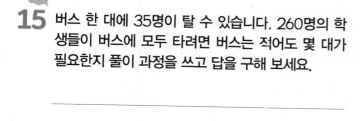

㉠   ㉡   ㉢

$16\overline{)144}$ $43\overline{)473}$ $96\overline{)768}$

(   ) (   ) (   )

17 리본 하나를 만드는 데 끈이 65 cm 필요합니다. 끈 780 cm로는 리본을 몇 개 만들 수 있습니까?

식 _____

답 _____

18 ㉠을 ㉡으로 나눈 몫과 나머지를 구해 보세요.

| ㉠ 68×4   ㉡ 414÷23 |

몫 _____

나머지 _____

19 ☐ 안에 알맞은 수를 써넣으세요.

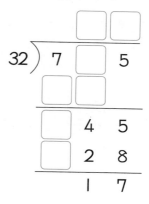

20 다음 나눗셈의 몫은 12입니다. 0부터 9까지의 수 중 ☐ 안에 들어갈 수 있는 수는 모두 몇 개인지 풀이 과정을 쓰고 답을 구해 보세요.

| 3☐6÷28 |

_____

_____

_____

_____

(   )

1 ☐ 안에 알맞은 수를 써넣으세요.

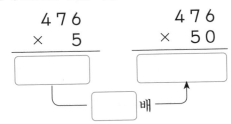

$$476 \times 5$$

$$476 \times 50$$

2 빈칸에 알맞은 수를 써넣으세요.

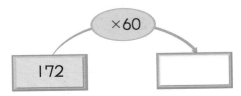

172 ×60 ☐

3 곱이 가장 큰 것은 어느 것입니까? (   )

① 200×70
② 500×50
③ 600×40
④ 800×30
⑤ 900×20

4 계산해 보세요.

(1)
$$287 \times 34$$

(2)
$$320 \times 49$$

5 가장 큰 수와 가장 작은 수의 곱을 구해 보세요.

| 462 | 93 | 86 | 298 |

(   )

6 ☐ 안에 알맞은 수를 써넣으세요.

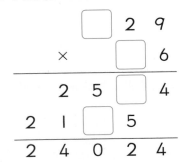

```
    ☐ 2 9
  ×   ☐ 6
  2 5 ☐ 4
2 1 ☐ 5
2 4 0 2 4
```

7 180 mL짜리 우유를 효민이네 반 학생 28명이 한 개씩 마셨습니다. 효민이네 반 학생들이 마신 우유는 모두 몇 mL인지 구해 보세요.

식 _____

답 _____

8 문방구에서 한 권에 1000원짜리 공책을 120원 할인하여 팔고 있습니다. 이 공책 23권을 샀다면 공책의 값은 모두 얼마인지 풀이 과정을 쓰고 답을 구해 보세요.

_____

_____

_____

(   )

9 ☐ 안에 알맞은 수를 써넣으세요.

$$\boxed{} \div 80 = 4 \cdots 16$$

10 ☐ 안에 몫을, ◯ 안에는 나머지를 써넣으세요.

	÷ →		
90	19		… ◯
178	25		… ◯

11 연필 260자루를 남기지 않고 30명에게 똑같이 나누어 주려면 적어도 몇 자루의 연필이 더 필요한지 풀이 과정을 쓰고 답을 구해 보세요.

_____

_____

_____

_____

(   )

3 단원

12 나머지가 큰 것부터 차례대로 기호를 써 보세요.

㉠ $18 \overline{)76}$ ㉡ $29 \overline{)94}$ ㉢ $42 \overline{)216}$

(   )

13 귤 152개를 한 상자에 24개씩 담아서 팔려고 합니다. 몇 상자까지 팔 수 있습니까?

식 _____

답 _____

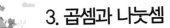

14 어떤 수를 23으로 나눌 때 몫이 8이 되는 가장 큰 수와 가장 작은 수를 각각 구해 보세요.

ㄱ 가장 큰 수: (　　　　　　)

ㄴ 가장 작은 수: (　　　　　　)

15 계산해 보세요.

$$34\overline{)714}$$

16 몫이 다른 것은 어느 것입니까? (　　　)

① 324÷12　　② 513÷19

③ 621÷23　　④ 806÷31

⑤ 972÷36

17 오른쪽 계산에서 나머지 24가 12보다 크므로 더 나눌 수 있습니다. 올바른 몫은 얼마인지 □ 안에 알맞은 수를 써넣으세요.

```
        37
  12)468
      36
     108
      84
      24
```

24÷12=□ 이므로 468÷12의 몫은

37+□ = □ 입니다.

18 몫과 나머지를 모두 바르게 구한 것에 ◯표 하세요.

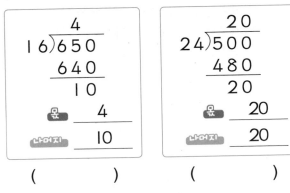

(　　　　)　　　(　　　　)

19 큰 수를 작은 수로 나눈 몫과 나머지를 구해 보세요.

몫 _____

나머지 _____

서술형

20 성종이는 다음과 같은 5장의 수 카드를 한 번씩만 사용하여 몫이 가장 큰 (세 자리 수)÷(두 자리 수)의 나눗셈식을 만들었습니다. 성종이가 만든 나눗셈식의 몫과 나머지는 각각 얼마인지 풀이 과정을 쓰고 답을 구해 보세요.

3　4　6　7　8

_____

_____

_____

_____

몫 _____

나머지 _____

1 ☐ 안에 알맞은 수를 써넣으세요.

126×4= ☐

126×40= ☐

2 빈칸에 알맞은 수를 써넣으세요.

	×→	
374	30	
70	400	

서술형

3 효민이네 반 학생들이 동전 모으기 행사를 한 결과 50원짜리 동전 124개, 500원짜리 동전 70개를 모았습니다. 모은 동전은 모두 얼마인지 풀이 과정을 쓰고 답을 구해 보세요.

_____

_____

_____

( )

4 ☐ 안에 알맞은 식을 보기 에서 찾아 기호를 써넣으세요.

$$5\,2\,7$$
$$\times\quad 6\,6$$
_____
$$3\,1\,6\,2 \quad \leftarrow 527×6$$
$$3\,1\,6\,2 \quad \leftarrow ☐$$
_____
$$3\,4\,7\,8\,2 \quad \leftarrow ☐$$

보기

㉠ 527×6 ㉡ 3162+3162

㉢ 527×60 ㉣ 3162+31620

3 단원

5 빈칸에 두 수의 곱을 써넣으세요.

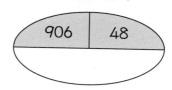

906	48

6 다음과 같은 5장의 수 카드를 한 번씩만 사용하여 (세 자리 수)×(두 자리 수)의 곱을 만들었습니다. 곱이 가장 큰 경우는 어느 것입니까? ( )

8 4 9 2 5

① 842×95

② 852×94

③ 942×85

④ 952×84

⑤ 954×82

7 우리나라 사람의 1인당 하루 물 사용량은 282 L입니다. 우리나라 사람 85명이 하루에 사용하는 물의 양을 구해 보세요.

식 _____

답 _____

서술형

8 한 상자에 125개씩 들어 있는 초콜릿이 44상자 있고, 한 상자에 270개씩 들어 있는 사탕이 35상자 있습니다. 초콜릿과 사탕 중 어느 것이 몇 개 더 많은지 풀이 과정을 쓰고 답을 구해 보세요.

_____

_____

_____

(   )

9 다음 나눗셈식의 나머지가 될 수 <u>없는</u> 수는 어느 것입니까? (   )

$$30\overline{)}$$

① 1   ② 10   ③ 20
④ 25   ⑤ 30

10 몫의 크기를 비교하여 ◯ 안에 >, =, <를 알맞게 써넣으세요.

$$420 \div 60 \bigcirc 618 \div 90$$

서술형

11 360은 60으로 나누어떨어집니다. 360보다 큰 수 중에서 60으로 나누었을때 나머지가 15가 되는 가장 작은 수는 얼마인지 풀이 과정을 쓰고 답을 구해 보세요.

_____

_____

_____

(   )

12 ☐ 안에 몫을, ◯ 안에는 나머지를 써넣으세요.

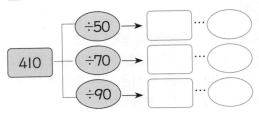

13 어떤 수를 49로 나누었더니 몫이 7이고 나머지가 15였습니다. 어떤 수를 구해 보세요.

(   )

14 200보다 크고 300보다 작은 수 중에서 60으로 나누었을 때 나머지가 가장 큰 수를 구해 보세요.

( )

15 ☐ 안에 알맞은 식의 기호를 보기 에서 찾아 써넣으세요.

보기
㉠ 15×3
㉡ 15×30
㉢ 495−450

```
       3 3
  15 ) 4 9 5
       4 5   ← ☐
       4 5   ← ☐
       4 5   ← ☐
          0
```

16 ☐ 안에 알맞은 수를 써넣으세요

☐ ×17=731

17 ㉡을 ㉠으로 나눈 몫을 구해 보세요.

559÷43=㉠
962÷37=㉡

( )

18 오른쪽 나눗셈의 결과를 확인하려고 합니다. ☐ 안에 알맞은 수를 써넣으세요.

45× ☐ = ☐

☐ + ☐ = ☐

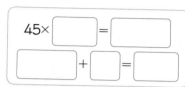

19 잘못 계산한 곳을 찾아 바르게 고쳐 보세요.

```
       2 4
  32 ) 8 0 2
       6 4
       1 6 2
       1 2 8
          3 4
```
➜
```
  32 ) 8 0 2
```

서술형

20 다음 식은 644÷32보다 몫이 10 크고 나머지는 같습니다. ㉠에 알맞은 수는 얼마인지 풀이 과정을 쓰고 답을 구해 보세요.

㉠÷32

_____

_____

_____

( )

연습 각 단계에 따라 문제를 풀어 보세요.

1 ㉠ 상자에서 공 3개, ㉡ 상자에서 공 2개를 꺼내 (세 자리 수)×(두 자리 수)의 곱셈식을 만들 때 곱이 가장 큰 경우와 곱이 가장 작은 경우의 곱의 합을 구해 보세요.

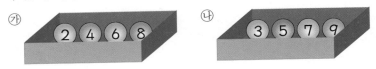

1단계 곱이 가장 큰 수가 나오는 곱셈식을 만들고 곱을 구해 보세요.

(   )

2단계 곱이 가장 작은 수가 나오는 곱셈식을 만들고 곱을 구해 보세요.

(   )

3단계 곱이 가장 큰 경우와 곱이 가장 작은 경우의 곱의 합을 구해 보세요.

(   )

도전 위에서 푼 방법을 생각하며 풀어 보세요.

1-1 ㉠에서 카드 3장, ㉡에서 카드 2장을 꺼내 (세 자리 수)×(두 자리 수)의 곱셈식을 만들 때 곱이 가장 큰 경우와 곱이 가장 작은 경우의 곱의 차를 구해 보세요.

㉠
| 5 | 0 | 4 | 9 |

㉡
| 2 | 8 | 3 | 6 |

풀이

_____

_____

_____

답 _____

이렇게 술술풀어요

① 곱이 가장 큰 수가 나오는 곱셈식을 만들고 곱을 구해 봅니다.

② 곱이 가장 작은 수가 나오는 곱셈식을 만들고 곱을 구해 봅니다.

③ 곱이 가장 큰 경우와 곱이 가장 작은 경우의 곱의 차를 구해 봅니다.

연습 각 단계에 따라 문제를 풀어 보세요.

2 과수원에서 수확한 사과를 한 상자에 25개씩 나누어 담으면 36상자가 되고 7개가 남습니다. 이 사과를 선물용 봉지에 12개씩 담아 팔려고 합니다. 선물용 봉지 한 개의 값이 162원일 때 선물용 봉지의 값으로 얼마가 필요한지 구해 보세요.

1단계 사과는 모두 몇 개입니까?

( )

2단계 선물용 봉지는 몇 개 필요합니까?

( )

3단계 선물용 봉지의 값으로 모두 얼마가 필요합니까?

( )

3
단원

도전 위에서 푼 방법을 생각하며 풀어 보세요.

2-1 예원이네 집에서 수확한 쌀을 한 가마니에 80 kg씩 나누어 담으면 12가마니가 되고 5 kg이 남습니다. 이 쌀을 봉지에 15 kg씩 담아 팔려고 합니다. 봉지 한 개의 값이 450원일 때 봉지의 값으로 얼마가 필요한지 구해 보세요.

풀이

_____

_____

_____

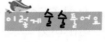 **이렇게 술술 풀어요**

① 쌀은 모두 몇 kg인지 구해 봅니다.

② 봉지는 몇 개 필요한지 구해 봅니다.

③ 봉지의 값으로 얼마가 필요한지 구해 봅니다.

답 _____

연습　각 단계에 따라 문제를 풀어 보세요.

3 674에 어떤 수를 곱해야 하는데 잘못하여 어떤 수로 나누었더니 몫이 17이고, 나머지가 28이 되었습니다. 바르게 계산한 값은 얼마인지 구해 보세요.

　1단계 어떤 수를 ☐라고 할 때, 잘못 계산한 식을 써 보세요.

(　　　　　　)

　2단계 어떤 수를 구해 보세요.

(　　　　　　)

　3단계 바르게 계산한 값은 얼마인지 구해 보세요.

(　　　　　　)

도전　위에서 푼 방법을 생각하며 풀어 보세요.

3-1 908에 어떤 수를 곱해야 하는데 잘못하여 어떤 수로 나누었더니 몫이 25이고, 나머지가 8이 되었습니다. 바르게 계산한 값은 얼마인지 구해 보세요.

풀이

_____

_____

_____

이렇게 술술 풀어요

① 어떤 수를 ☐라고 할 때, 잘못 계산한 식을 써 봅니다.

② 어떤 수를 구해 봅니다.

③ 바르게 계산한 값은 얼마인지 구해 봅니다.

답 _____

 시험처럼 문제를 풀어 보세요.

4 ㉮ 상자에서 공 3개, ㉯ 상자에서 공 2개를 꺼내 (세 자리 수)×(두 자리 수)의 곱셈식을 만들 때 곱이 가장 큰 경우와 곱이 가장 작은 경우의 곱의 차를 구해 보세요.

풀이

답

실전 시험처럼 문제를 풀어 보세요.

5 846에 어떤 수를 곱해야 하는데 잘못하여 어떤 수로 나누었더니 몫이 34이고, 나머지가 30이 되었습니다. 바르게 계산한 값은 얼마인지 구해 보세요.

풀이

답

4 -1 평면도형을 밀어 볼까요

• **도형을 밀었을 때의 모양**: 도형의 위치가 위쪽, 아래쪽, 왼쪽, 오른쪽으로 이동했지만 모양은 변하지 않습니다. —→ 도형의 위치만 변합니다.

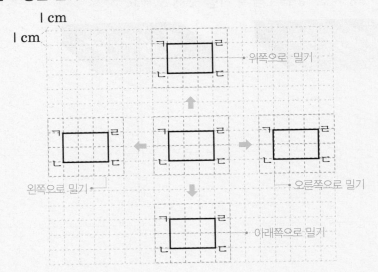

• 모양 조각 밀기

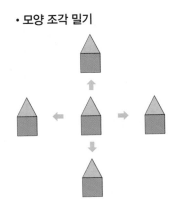

4 -2 평면도형을 뒤집어 볼까요

• **도형을 뒤집었을 때의 모양**
① 왼쪽으로 뒤집었을 때와 오른쪽으로 뒤집었을 때의 모양이 서로 같습니다.
② 위쪽으로 뒤집었을 때와 아래쪽으로 뒤집었을 때의 모양이 서로 같습니다.
③ 왼쪽이나 오른쪽으로 뒤집으면, 도형의 왼쪽과 오른쪽이 서로 바뀝니다.
④ 위쪽이나 아래쪽으로 뒤집으면, 도형의 위쪽과 아래쪽이 서로 바뀝니다.

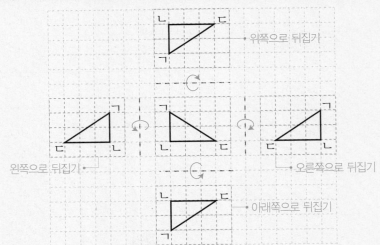

• 모양 조각 뒤집기

4-1 평면도형을 밀어 볼까요

1 모양 조각을 아래쪽으로 밀었을 때의 모양은 어느 것인지 기호를 쓰세요.

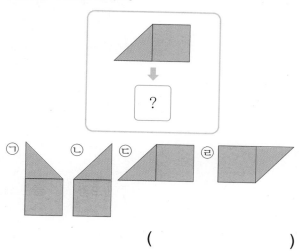

( )

2 정사각형 모양을 완성하려면 ㉮, ㉯ 조각을 어떻게 움직여야 하는지 ◯ 안에 알맞게 써넣으세요.

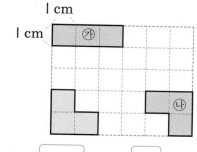

(1) ㉮ 조각은 ◻ 쪽으로 ◻ cm 밀어야 합니다.

(2) ㉯ 조각은 왼쪽으로 ◻ cm 밀어야 합니다.

3 주어진 도형을 오른쪽으로 5 cm 밀고 아래쪽으로 2 cm 밀었을 때의 모양을 그려 보세요.

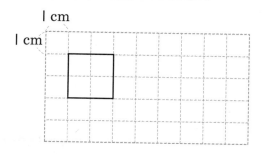

4-2 평면도형을 뒤집어 볼까요

4 모양 조각을 위쪽으로 뒤집었을 때의 모양은 어느 것인지 기호를 쓰세요.

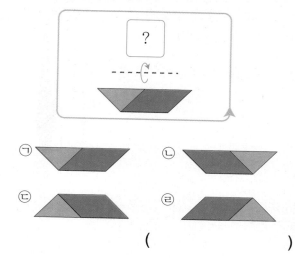

( )

5 주어진 도형을 오른쪽으로 뒤집고 아래쪽으로 뒤집었을 때의 모양을 각각 그려 보세요.

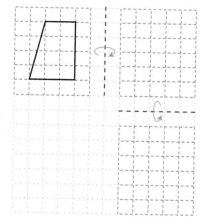

6 옳은 말에 ◯표 하세요.

도형을 오른쪽으로 한 번 뒤집었을 때의 모양과 왼쪽으로 한 번 뒤집었을 때의 모양은 서로 (같습니다 , 다릅니다).

4-3   평면도형을 돌려 볼까요

- **도형을 돌렸을 때의 모양**
① 돌리는 각도에 따라 도형의 방향이 바뀝니다.
② 360°만큼 돌리면 처음 도형과 같아집니다.
③ 처음 도형을 180°만큼 돌린 모양은 90°만큼 돌린 모양을 90°만큼 돌린 모양과 같습니다.

- **도형을 시계 방향으로 돌리기**

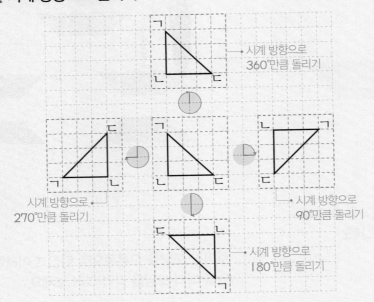

시계 방향으로 360°만큼 돌리기

시계 방향으로 270°만큼 돌리기

시계 방향으로 90°만큼 돌리기

시계 방향으로 180°만큼 돌리기

- **도형을 시계 반대 방향으로 돌리기**

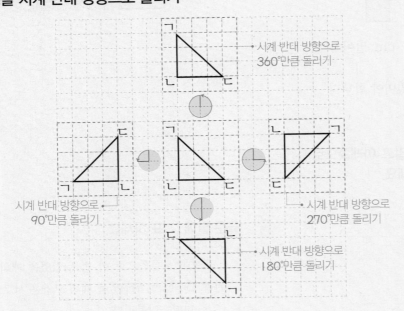

시계 반대 방향으로 360°만큼 돌리기

시계 반대 방향으로 90°만큼 돌리기

시계 반대 방향으로 270°만큼 돌리기

시계 반대 방향으로 180°만큼 돌리기

- 시계 방향으로 돌리기와 시계 반대 방향으로 돌리기의 관계

시계 방향으로 90°만큼 돌린 모양	시계 반대 방향으로 270°만큼 돌린 모양
	=

시계 방향으로 180°만큼 돌린 모양	시계 반대 방향으로 180°만큼 돌린 모양
=	

시계 방향으로 270°만큼 돌린 모양	시계 반대 방향으로 90°만큼 돌린 모양
=	

시계 방향으로 360°만큼 돌린 모양	시계 반대 방향으로 360°만큼 돌린 모양
=	

- 화살표 끝이 가리키는 위치가 같으면 도형을 각 방향으로 돌렸을 때 생기는 모양이 같습니다.

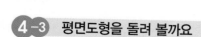

4-3 평면도형을 돌려 볼까요

1 모양 조각을 시계 반대 방향으로 90°만큼 돌렸을 때의 모양은 어느 것인지 기호를 쓰세요.

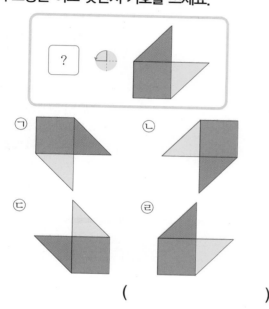

ㄱ ㄴ

ㄷ ㄹ

( )

2 왼쪽 도형을 시계 방향으로 270°만큼 돌렸을 때의 모양을 그려 보세요.

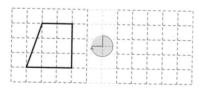

3 다음 수가 적힌 카드를 시계 반대 방향으로 180°만큼 돌렸을 때 만들어지는 수를 쓰세요.

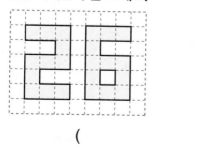

( )

4 주어진 도형을 다음과 같이 돌렸을 때의 모양을 그려 보세요.

시계 방향으로 180°만큼 돌리기

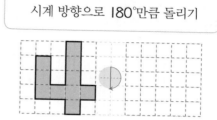

5 어떤 도형을 시계 반대 방향으로 180°만큼 돌린 모양입니다. 처음 도형을 그려 보세요.

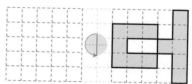

4
단원

6 위에 있는 초록색 모양을 회색 모양과 같이 돌려 끼우려고 합니다. 어떻게 움직여야 하는지 ( ) 안에 알맞게 써넣으세요.

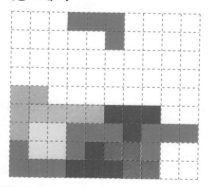

방법1 초록색 모양을 ( ) 방향으로 ( )° 만큼 돌려 끼웁니다.

방법2 초록색 모양을 ( ) 방향으로 ( )° 만큼 돌려 끼웁니다.

4-4　평면도형을 뒤집고 돌려 볼까요

- 도형을 뒤집고 돌렸을 때의 모양: 도형을 움직인 방법의 순서가 다르면 모양의 결과가 달라집니다.
- 도형을 오른쪽으로 뒤집고 시계 방향으로 90°만큼 돌리기

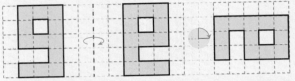

- 도형을 시계 방향으로 90°만큼 돌리고 오른쪽으로 뒤집기

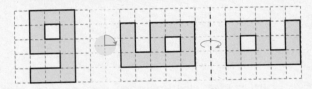

- **도형을 움직인 방법**

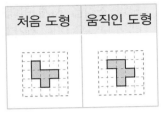

처음 도형	움직인 도형

예) 처음 모양을 시계 방향으로 270°만큼(시계 반대 방향으로 90°만큼) 돌리고 아래쪽(위쪽)으로 뒤집었습니다.

4-5　무늬를 꾸며 볼까요

- 밀기, 뒤집기, 돌리기의 방법을 이용하여 규칙적인 무늬 만들기

예) ◣ 모양을 아래쪽으로 뒤집는 것을 반복해서 모양을 만들고 그 모양을 오른쪽으로 밀어서 무늬를 만든 것입니다.

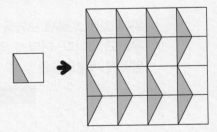

예) ◪ 모양을 시계 방향으로 90°만큼 돌리는 것을 반복해서 모양을 만들고 그 모양을 오른쪽과 아래쪽으로 밀어서 무늬를 만든 것입니다.

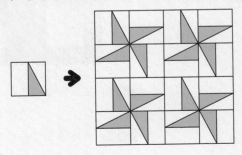

- **밀기, 뒤집기, 돌리기 정리**
① 밀기: 도형을 어느 방향으로 밀어도 모양과 크기는 변하지 않고 위치만 변합니다.
② 뒤집기

왼쪽이나 오른쪽으로 뒤집기	위쪽이나 아래쪽으로 뒤집기
왼쪽과 오른쪽 모양이 서로 바뀝니다.	위쪽과 아래쪽 모양이 서로 바뀝니다.

③ 돌리기: 어느 방향으로 돌리느냐에 따라 모양이 달라집니다. ─ 화살표 끝이 가리키는 위치가 같으면 도형을 돌렸을 때 생기는 모양이 같습니다.

4-4 평면도형을 뒤집고 돌려 볼까요

1 모양 조각을 위쪽으로 뒤집고 시계 방향으로 180°
만큼 돌렸을 때의 모양은 어느 것인지 기호를 쓰세
요.

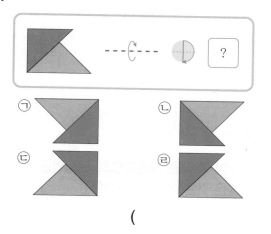

(   )

2 주어진 도형을 오른쪽으로 뒤집고 시계 방향으로
180°만큼 돌렸을 때의 모양을 각각 그려 보세요.

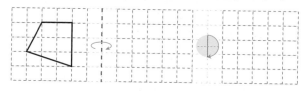

3 주어진 도형을 위쪽으로 2번 뒤집고 시계 방향으로
90°만큼 4번 돌린 모양을 그려 보세요.

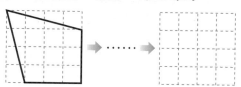

4-5 무늬를 꾸며 볼까요

4 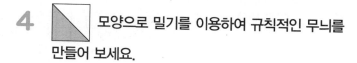 모양으로 밀기를 이용하여 규칙적인 무늬를
만들어 보세요.

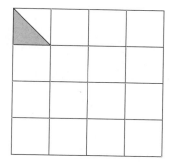

5 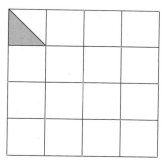 모양으로 뒤집기를 이용하여 규칙적인 무늬
를 만들어 보세요.

6 다음과 같이 하여 규칙적인 무늬를 만들어 보세요.

> 모양을 시계 방향으로 90°만큼 돌리는
> 것을 반복해서 모양을 만들고 그 모양을 오른쪽으
> 로 밀어서 무늬를 만들었습니다.

1 보기 의 도형을 아래쪽으로 밀었을 때의 모양에 ◯표 하세요.

보기
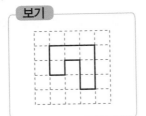

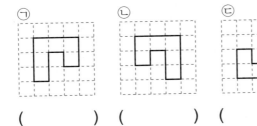

(   ) (   ) (   )

2 주어진 도형을 오른쪽으로 8 cm 밀었을 때의 모양을 그려 보세요.

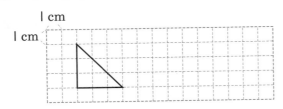

3 어떤 도형을 왼쪽으로 민 모양입니다. 처음 도형을 그려 보세요.

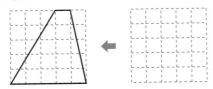

4 주어진 도형을 아래쪽으로 뒤집었을 때의 모양을 그려 보세요.

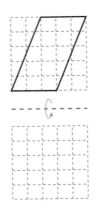

5 위쪽으로 뒤집었을 때의 모양이 처음 도형과 같은 것을 찾아 ◯표 하세요.

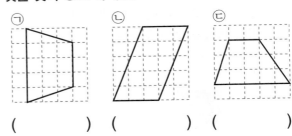

(   ) (   ) (   )

6 모양 조각을 오른쪽으로 뒤집었을 때의 모양으로 옳은 것은 어느 것입니까? (   )

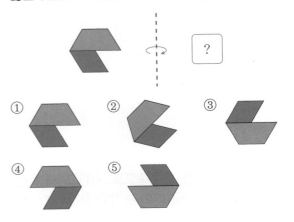

7 도형의 뒤집기에 대한 설명으로 옳은 것을 모두 찾아 기호를 쓰세요.

㉠ 도형을 오른쪽으로 두 번 뒤집으면 처음 모양과 같습니다.

㉡ 도형을 아래쪽으로 한 번 뒤집으면 도형의 왼쪽 부분은 오른쪽으로, 오른쪽 부분은 왼쪽으로 바뀝니다.

㉢ 도형을 왼쪽으로 한 번 뒤집었을 때의 모양과 오른쪽으로 한 번 뒤집었을 때의 모양은 서로 같습니다.

(   )

도형을 움직인 모양을 보고 알맞은 말에 ◯표 하세요 [8~9]

 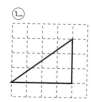 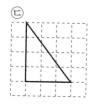

8 ㉠ 도형을 왼쪽으로 (밀면 , 뒤집으면) ㉡ 도형이 됩니다.

9 ㉡ 도형을 시계 방향으로 (90° , 180°)만큼 돌리면 ㉢ 도형이 됩니다.

10 모양 조각을 시계 방향으로 90°, 180°, 270°, 360°만큼 돌렸을 때의 모양을 그린 것입니다. <u>잘못</u> 그린 것을 찾아 기호를 쓰세요.

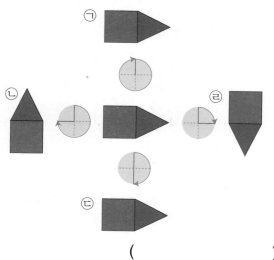

(   )

11 가운데 도형을 시계 방향으로 다음 각도만큼 돌렸을 때의 모양을 각각 그려 보세요.

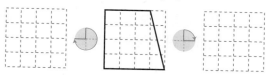

응용

12 도형을 돌렸을 때 생기는 모양이 같은 경우끼리 선으로 이어 보세요.

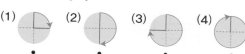

서술형

13 4장의 수 카드 중 3장을 골라 만들 수 있는 가장 큰 세 자리 수를 시계 반대 방향으로 180°만큼 돌렸을 때 만들어지는 수는 얼마인지 풀이 과정을 쓰고 답을 구하세요.

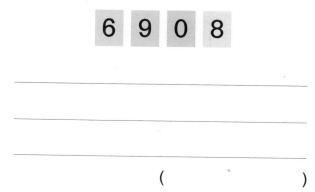

_____

_____

_____

(   )

4 단원

도형을 뒤집고 돌린 모양과 돌리고 뒤집은 모양을 비교하려고 합니다. 물음에 답하세요 [14~16]

14 주어진 도형을 오른쪽으로 뒤집고 시계 방향으로 90°만큼 돌린 모양을 그려 보세요.

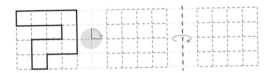

15 주어진 도형을 시계 방향으로 90°만큼 돌리고 오른쪽으로 뒤집은 모양을 그려 보세요.

16 주어진 도형을 오른쪽으로 뒤집고 시계 방향으로 90°만큼 돌린 모양과 도형을 시계 방향으로 90°만큼 돌리고 오른쪽으로 뒤집은 모양은 서로 같습니까, 다릅니까?

(　　　　　　　　)

17 도형의 이동 방법을 설명해 보세요.

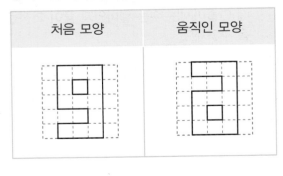

처음 모양	움직인 모양

_____

18 ◻ 모양으로 밀기를 이용하여 규칙적인 무늬를 만들어 보세요.

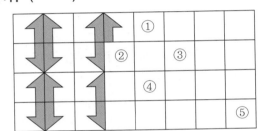

19 일정한 규칙에 따라 무늬를 완성하려고 합니다. 각 번호에 들어갈 모양을 잘못 짝지은 것은 어느 것입니까? (　　)

20 무늬를 보고 알맞은 말에 ◯표 하세요.

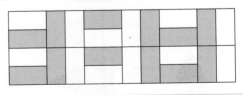

◻ 모양을 (시계 방향 , 시계 반대 방향)으로 (90° , 180°)만큼 돌리는 것을 반복해서 모양을 만들고 그 모양을 아래쪽으로 밀어서 무늬를 만들었습니다.

1 주어진 도형을 오른쪽으로 밀었을 때의 모양을 그려 보세요.

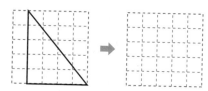

2 ㉠ 도형은 ㉡ 도형을 밀었을 때의 모양입니다. 어떻게 움직인 것인지 보기 에서 찾아 ☐ 안에 알맞게 써넣으세요.

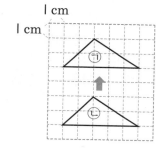

보기

위쪽, 아래쪽, 2, 4

㉠ 도형은 ㉡ 도형을 ☐으로 ☐ cm 밀었을 때의 모양입니다.

3 주어진 도형을 오른쪽으로 밀고 아래쪽으로 밀었을 때의 모양을 그려 보세요.

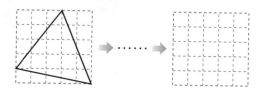

4 ㉡ 도형은 ㉠ 도형을 오른쪽으로 뒤집은 모양입니다. 알맞은 말에 ◯표 하세요.

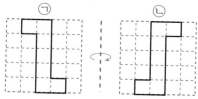

도형을 오른쪽으로 뒤집으면 도형의 (위쪽과 아래쪽 , 왼쪽과 오른쪽)이 서로 바뀝니다.

중요

5 오른쪽 도형을 왼쪽으로 뒤집은 모양을 가운데에 그리고, 그 모양을 다시 왼쪽으로 뒤집은 모양을 왼쪽에 그려 보세요.

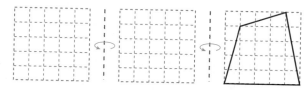

4
단원

글자 카드를 보고 물음에 답하세요 [6~7]

보기

6 왼쪽으로 뒤집었을 때 글자 모양이 처음과 같아지는 글자는 모두 몇 개입니까?

(   )

응용

7 다음 글자 카드를 위쪽으로 뒤집고 오른쪽으로 뒤집으면 어떤 글자가 되는지 보기 에서 찾아 ☐ 안에 써 보세요.

모양 조각 ㉠, ㉡, ㉢은 보기 의 모양 조각을 움직인 모양입니다. 물음에 답하세요. [8~9]

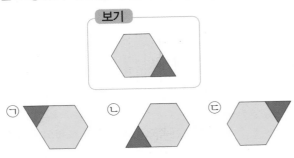

8 보기 의 모양 조각을 오른쪽으로 뒤집은 모양 조각을 찾아 기호를 쓰세요

(   )

9 보기 의 모양 조각을 시계 방향으로 180°만큼 돌린 모양 조각을 찾아 기호를 쓰세요.

(   )

보기 의 도형을 돌렸을 때의 모양을 비교해 보려고 합니다. 물음에 답하세요. [10~12]

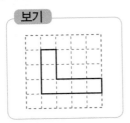

10 보기 의 도형을 시계 방향으로 90°만큼 돌렸을 때의 모양을 그려 보세요.

11 보기 의 도형을 시계 반대 방향으로 270°만큼 돌렸을 때의 모양을 그려 보세요.

12 도형을 시계 방향으로 90°만큼 돌린 모양과 시계 반대 방향으로 270°만큼 돌린 모양을 비교하여 말해 보세요.

_____

서술형

13 오른쪽과 같이 세 자리 수가 적힌 카드를 시계 방향으로 180°만큼 돌렸을 때 만들어지는 수와 처음 수와의 합은 얼마인지 풀이 과정을 쓰고 답을 구하세요.

_____

_____

_____

(   )

14 모양 조각을 아래쪽으로 뒤집고 시계 방향으로 180°만큼 돌렸을 때의 모양으로 옳은 것은 어느 것입니까? (   )

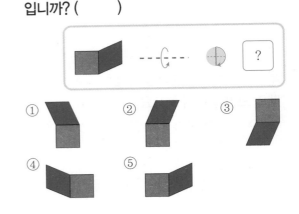

도형을 보고 물음에 답하세요. [15~17]

보기

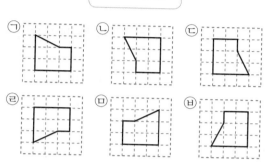

ㄱ   ㄴ   ㄷ

ㄹ   ㅁ   ㅂ

15 보기 의 도형을 위쪽으로 뒤집고 시계 방향으로 90°만큼 돌렸을 때의 모양을 찾아 기호를 쓰세요.

(   )

16 보기 의 도형을 시계 방향으로 90°만큼 돌리고 위쪽으로 뒤집었을 때의 모양을 찾아 기호를 쓰세요.

(   )

응용

17 처음 도형을 왼쪽으로 뒤집고 시계 반대 방향으로 180°만큼 돌렸을 때의 모양이 보기 와 같을 때, 처음 도형을 찾아 기호를 쓰세요.

(   )

시원이네 집 벽지의 무늬입니다. 물음에 답하세요. [18~19]

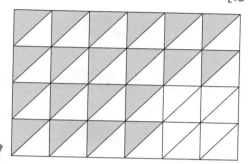

서술형

18 집의 벽지 무늬는 어떤 규칙으로 만들어졌는지 설명해 보세요.

_____

_____

_____

19 규칙에 따라 빈칸을 채워 무늬를 완성해 보세요.

주의

20 다음 중 돌리기를 이용하여 아래와 같은 무늬를 만들 수 있는 모양을 모두 찾아 ○표 하세요.

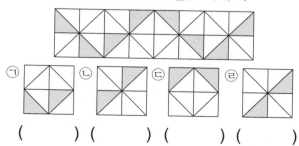

ㄱ   ㄴ   ㄷ   ㄹ

(   ) (   ) (   ) (   )

1 모양 조각을 위쪽, 아래쪽, 왼쪽, 오른쪽으로 밀었습니다. 알맞은 말을 보기 에서 찾아 써 넣으세요.

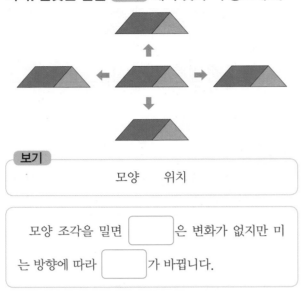

보기

모양   위치

모양 조각을 밀면 [ ] 은 변화가 없지만 미는 방향에 따라 [ ] 가 바뀝니다.

2 주어진 도형을 아래쪽으로 밀었을 때의 모양을 그려 보세요.

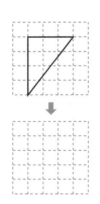

3 가운데 도형을 왼쪽과 오른쪽으로 6 cm 밀었을 때의 모양을 각각 그려 보세요.

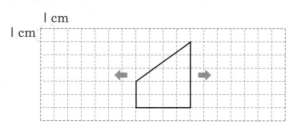

도형을 보고 물음에 답하세요. [4~5]

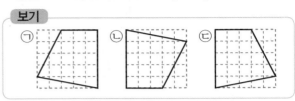

4 ㉠ 도형을 왼쪽으로 뒤집었을 때의 모양을 찾아 기호를 쓰세요

(   )

5 ㉡ 도형을 아래쪽으로 뒤집었을 때의 모양을 찾아 기호를 쓰세요.

(   )

6 가운데 도형을 왼쪽으로 뒤집은 모양과 오른쪽으로 뒤집은 모양을 각각 그려 보세요.

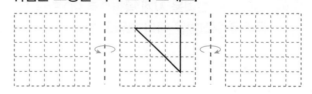

7 주어진 도형을 아래쪽으로 2번 뒤집었을 때의 모양을 그려 보세요.

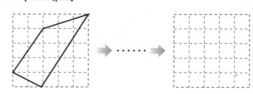

8 오른쪽 수 카드를 오른쪽으로 뒤집었을 때 만들어지는 수는 처음 수와 얼마만큼 차이가 나는지 풀이 과정을 쓰고 답을 구하세요.

_____

_____

(   )

 보기 에서 알맞은 도형을 골라 ☐ 안에 기호를 써 넣으세요. [9~10]

보기

9 ㉠ 도형을 시계 반대 방향으로 90°만큼 돌리면

☐ 도형이 됩니다.

10 ㉣ 도형을 시계 방향으로 180°만큼 돌리면

☐ 도형이 됩니다.

11 도형 돌리기에 대한 설명으로 옳은 것을 모두 찾아 기호를 쓰세요.

㉠ 360°만큼 돌리면 처음 도형과 같아집니다.

㉡ 시계 방향으로 90°만큼 돌린 모양과, 시계 반대 방향으로 90°만큼 돌린 모양은 서로 같습니다.

㉢ 시계 방향으로 180°만큼 돌린 모양과, 시계 반대 방향으로 180°만큼 돌린 모양은 서로 같습니다.

(   )

12 모양 조각을 어느 방향으로 얼마만큼 돌렸습니까?

(   )

〈돌리기 전〉   〈돌리기 후〉

① 시계 방향으로 90°

② 시계 방향으로 270°

③ 시계 반대 방향으로 90°

④ 시계 반대 방향으로 180°

⑤ 시계 반대 방향으로 270°

13 어떤 도형을 시계 반대 방향으로 180°만큼 돌린 모양입니다. 처음 도형을 그려 보세요.

14 처음 모양을 시계 방향으로 90°만큼 돌리고 위쪽으로 뒤집었을 때의 모양에 ◯표 하세요.

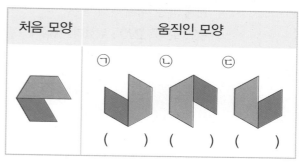

처음 모양	움직인 모양		
	㉠	㉡	㉢
	( )	( )	( )

15 주어진 도형을 위쪽으로 2번 뒤집은 뒤 시계 방향으로 90°만큼 4번 돌린 모양을 그려 보세요.

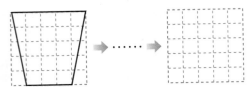

18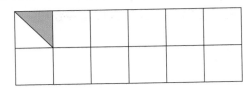

16 어떤 도형을 오른쪽으로 뒤집고 시계 반대 방향으로 90°만큼 돌린 모양입니다. 처음 도형을 그려 보세요.

19 다음 중 뒤집기를 이용하여 보기 와 같은 무늬를 만들 수 있는 모양을 모두 찾아 기호를 쓰세요.

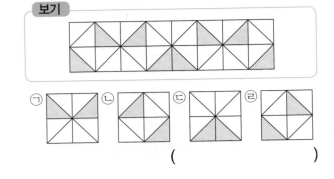

(　　　　　　　　　　)

서술형

17 보기 의 낱말을 사용하여 도형을 움직인 방법을 2가지 써 보세요.

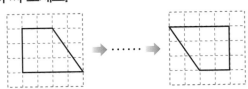

보기

왼쪽, 오른쪽, 위쪽, 아래쪽,
시계 방향, 시계 반대 방향,
90°, 180°, 270°, 뒤집기, 돌리기

서술형

20 빈칸을 채워 무늬를 완성하고 무늬가 만들어진 규칙을 설명해 보세요.

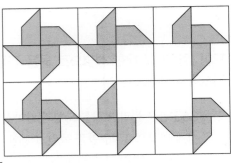

모양을

1 모양 조각을 오른쪽으로 밀었을 때의 모양으로 옳은 것을 골라 기호를 쓰세요.

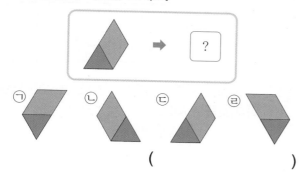

( )

2 정사각형 모양을 완성하려고 합니다. 알맞은 말이나 수에 ◯표 하세요.

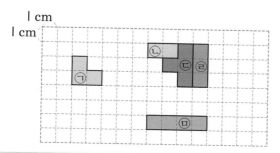

ㄱ 조각은 오른쪽으로 (3cm , 5cm) 밀고, ㅁ 조각은 (위쪽 , 아래쪽)으로 (1cm , 2cm) 밀어야 합니다.

서술형

3 다음 도형의 이동 방법을 설명해 보세요.

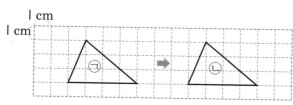

ㄴ 도형은 ㄱ 도형을 _____

_____

4 주어진 도형을 오른쪽으로 뒤집었을 때의 모양을 그려 보세요.

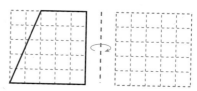

5 보기 의 도형을 한 번 뒤집었을 때의 모양으로 알맞은 것을 모두 골라 기호를 쓰세요.

보기

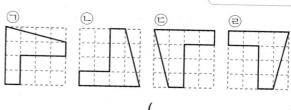

( )

6 보기 의 도형을 다음과 같이 뒤집었을 때의 모양이 처음과 같은 것을 모두 찾아 기호를 써 보세요.

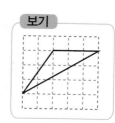

보기

ㄱ 오른쪽으로 한 번 뒤집기

ㄴ 아래쪽으로 두 번 뒤집기

ㄷ 오른쪽으로 한 번 뒤집고 다시 왼쪽으로 한 번 뒤집기

( )

4회 단원 **평가**

7 어떤 도형을 위쪽으로 뒤집은 모양입니다. 처음 도형을 그려 보세요.

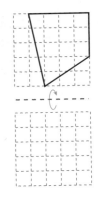

8 곰이라는 글자가 문이 되도록 뒤집었습니다. 뒤집은 방법으로 옳은 것은 어느 것입니까? (   )

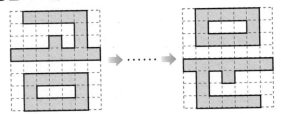

① 왼쪽으로 두 번 뒤집었습니다.
② 위쪽으로 두 번 뒤집었습니다.
③ 왼쪽으로 뒤집고 오른쪽으로 뒤집었습니다.
④ 위쪽으로 뒤집고 아래쪽으로 뒤집었습니다.
⑤ 오른쪽으로 뒤집고 아래쪽으로 뒤집었습니다.

9 모양 조각을 시계 방향으로 90°만큼 돌렸을 때의 모양으로 옳은 것에 ◯표 하세요.

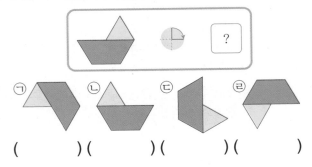

(㉠   ) (㉡   ) (㉢   ) (㉣   )

🍄 도형을 보고 물음에 답하세요. [10~12]

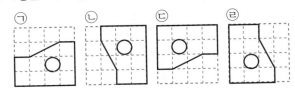

10 ㉠ 도형을 시계 방향으로 180°만큼 돌린 모양을 찾아 기호를 쓰세요.

(   )

11 ㉡ 도형은 어떤 도형을 시계 반대 방향으로 90°만큼 돌린 모양입니다. 처음 도형을 찾아 기호를 쓰세요.

(   )

12 ㉡ 도형은 ㉣ 도형을 돌린 모양입니다. ㉣ 도형을 어느 방향으로 얼마만큼 돌렸습니까? (   )

① 시계 방향으로 90°
② 시계 방향으로 180°
③ 시계 방향으로 270°
④ 시계 방향으로 360°
⑤ 시계 반대 방향으로 270°

13 가운데에 있는 도형을 시계 반대 방향으로 90°만큼, 시계 방향으로 90°만큼 돌렸을 때의 모양을 각각 그려 보세요.

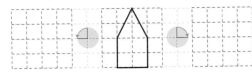

14 의 도형을 아래쪽으로 뒤집고 시계 반대 방향으로 270° 만큼 돌린 도형은 어느 것입니까? (　　　)

보기

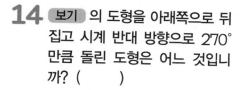
① ② ③

④ ⑤

15 주어진 도형을 오른쪽으로 뒤집고 시계 방향으로 90°만큼 돌렸을 때의 모양을 각각 그려 보세요.

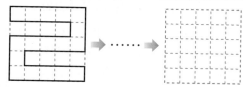

16 주어진 도형을 다음과 같이 움직였을 때 생기는 모양을 그려 보세요.

> 아래쪽으로 4번 뒤집고, 시계 반대 방향으로 180°만큼 2번 돌리기

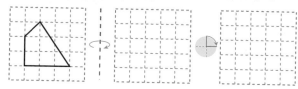

서술형
17 오른쪽으로 뒤집고 시계 반대 방향으로 180°만큼 돌렸을 때 처음과 같은 알파벳이 되는 것은 모두 몇 개인지 풀이 과정을 쓰고 답을 구하세요.

A G O X Y

(　　　　　　　)

경인이와 친구들은 다음과 같은 규칙적인 무늬를 만들었습니다. 물음에 답하세요 [18~19]

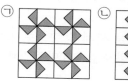
㉠ ㉡ ㉢

18 경인이는 ◀ 모양을 90°만큼 돌리는 것을 반복해서 모양을 만들고 그 모양을 오른쪽과 아래쪽으로 밀어서 무늬를 만들었습니다. 경인이가 만든 무늬를 찾아 기호를 쓰세요.

(　　　　　　　)

서술형
19 ㉢ 무늬는 ◀ 모양을 어떤 규칙으로 만든 것인지 설명해 보세요.

서술형
20 의 모양으로 규칙적인 무늬를 만들고 만든 방법을 설명해 보세요.

보기

◹ 모양을 _____

4
단원

4. 평면도형의 이동　**93**

연습 각 단계에 따라 문제를 풀어 보세요.

1 어떤 수 카드를 시계 방향으로 180°만큼 돌리고 오른쪽으로 뒤집은 모양입니다. 처음 수 카드를 시계 반대 방향으로 90°만큼 2번 돌리고 위쪽으로 뒤집었을 때 만들어지는 수를 구해 보세요.

$$\square \rightarrow \cdots \rightarrow 125$$

1단계 처음 수 카드가 나타내는 수를 구해 보세요.

( )

2단계 처음 수 카드를 시계 반대 방향으로 90°만큼 2번 돌렸을 때 만들어지는 수를 구해 보세요.

( )

3단계 처음 수 카드를 시계 반대 방향으로 90°만큼 2번 돌린 뒤 위쪽으로 뒤집었을 때 만들어지는 수를 구해 보세요.

( )

도전 위에서 푼 방법을 생각하며 풀어 보세요.

1-1 어떤 수 카드를 시계 반대 방향으로 180°만큼 돌리고 위쪽으로 뒤집은 모양입니다. 처음 수 카드를 시계 방향으로 90°만큼 2번 돌리고 왼쪽으로 뒤집었을 때 만들어지는 수를 구해 보세요.

$$\square \rightarrow \cdots \rightarrow 802$$

풀이

_____

_____

답 _____

 이렇게 술술풀어요

① 처음 수 카드가 나타내는 수를 구해 봅니다.

② 처음 수 카드를 시계 방향으로 90°만큼 2번 돌렸을 때 만들어지는 수를 구해 봅니다.

③ ②번의 수 카드를 왼쪽으로 뒤집었을 때 만들어지는 수를 구해 봅니다.

2 ㉠ 도형을 시계 방향으로 90°만큼 8번 돌렸을 때의 모양을 그려 보세요.

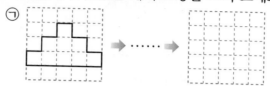

1단계 ㉠ 도형을 시계 방향으로 90°만큼 차례로 돌렸을 때의 모양을 각각 그려 보세요.

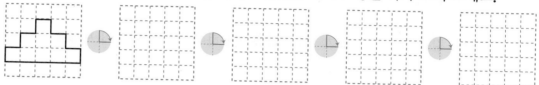

2단계 ㉠ 도형과 시계 방향으로 90°만큼 4번 돌렸을 때의 모양을 비교해 보세요.

(   )

3단계 ㉠ 도형을 시계 방향으로 90°만큼 8번 돌렸을 때의 모양을 위의 오른쪽 모눈종이에 그려 보세요

4
단원

도전   위에서 푼 방법을 생각하며 풀어 보세요.

2-1 ㉠ 도형을 시계 방향으로 90°만큼 8번 돌렸을 때의 모양을 설명하고 그려 보세요.

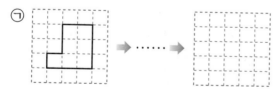

풀이

_____

_____

_____

_____

이렇게 술술풀어요

① ㉠ 도형을 시계 방향으로 90° 만큼씩 차례로 돌렸을 때의 모양을 그려 봅니다.

② 도형을 시계 방향으로 90°만 큼 4번, 8번…… 돌렸을 때의 모양을 비교해 봅니다.

③ ㉠ 도형을 시계 방향으로 90° 만큼 8번 돌렸을 때의 모양을 그려 봅니다.

연습 각 단계에 따라 문제를 풀어 보세요.

3 다음과 같은 규칙적인 무늬를 만들었습니다. 무늬를 만든 규칙을 설명하고 같은 규칙으로 **보기** 의 모양을 이용하여 무늬를 만들어 보세요.

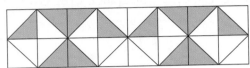

1단계 무늬를 만든 규칙을 설명해 보세요.

 모양을 _____

2단계 같은 규칙으로 **보기** 의 모양을 이용하여 무늬를 만들어 보세요.

보기

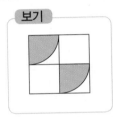
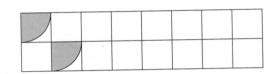

도전 위에서 푼 방법을 생각하며 풀어 보세요.

3-1 다음과 같은 규칙적인 무늬를 만들었습니다. 무늬를 만든 규칙을 설명하고 같은 규칙으로 **보기** 의 모양을 이용하여 무늬를 만들어 보세요.

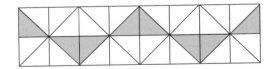

이렇게 술술 풀어요

① 무늬를 만든 규칙을 설명합니다.

② 같은 규칙으로 **보기** 의 모양을 이용하여 무늬를 만들어 봅니다.

풀이

 모양을 _____

보기

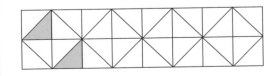

실전 시험처럼 문제를 풀어 보세요.

4 어떤 수 카드를 시계 반대 방향으로 180°만큼 돌리고 왼쪽으로 뒤집은 모양입니다. 처음 수 카드를 시계 방향으로 90°만큼 2번 돌리고 아래쪽으로 뒤집었을 때 만들어지는 수를 구해 보세요.

풀이

답 _____

실전 시험처럼 문제를 풀어 보세요.

5 다음과 같은 규칙적인 무늬를 만들었습니다. 무늬를 만든 규칙을 설명하고 같은 규칙으로 보기 의 모양을 이용하여 무늬를 만들어 보세요.

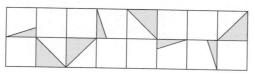

풀이

 모양을 _____

_____

보기

 　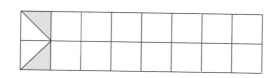

5-1 막대그래프를 알아볼까요

• **막대그래프**: 조사한 자료를 막대 모양으로 나타낸 그래프입니다.
• **막대그래프 알기**

좋아하는 꽃

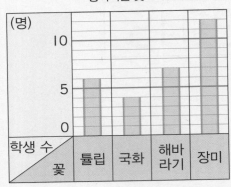

좋아하는 꽃

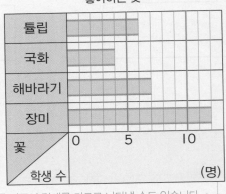

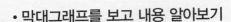

그래프의 가로와 세로를 바꾸어 막대를 가로로 나타낼 수도 있습니다. •

• **그림그래프**
사과 생산량을 사과 그림으로 나타내었습니다.

사과 생산량

마을	생산량
진달래	🍎🍎🍎🍎🍎🍎🍎
백합	🍎🍎🍎🍎🍎🍎
동백	🍎🍎🍎🍎🍎🍎
장미	🍎🍎🍎🍎

🍎10상자 ●1상자

5-2 막대그래프에서 무엇을 알 수 있을까요

• **막대그래프를 보고 내용 알아보기**

올림픽 경기 종목별 금메달 수

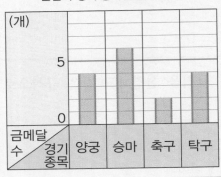

올림픽 경기 종목별 금메달 수

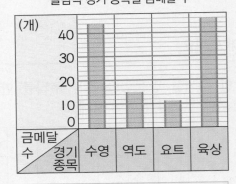

	왼쪽 그래프	오른쪽 그래프
금메달 수가 가장 많은 경기 종목	승마	육상
금메달 수가 가장 적은 경기 종목	축구	요트
세로 눈금 한 칸	금메달 1개	금메달 2개
공통점	• 둘 다 종목별 금메달 수를 나타냅니다. • 가로에는 경기 종목, 세로에는 금메달 수를 나타냅니다.	
차이점	• 가로에 나타낸 경기 종목이 다릅니다. • 세로 눈금 한 칸의 금메달 수가 다릅니다.	

• **막대그래프를 보고 알 수 있는 내용**
① 그래프에서 하나의 자료만 읽어서 알 수 있는 내용: 금메달 수가 가장 많은 종목
② 그래프에서 자료를 비교해서 알 수 있는 내용: 금메달 수가 양궁과 같은 경기 종목
③ 그래프의 자료를 보고 예측하여 알 수 있는 내용: 앞으로 선수를 더 많이 발굴해야 하는 종목
④ 두 그래프의 공통점과 차이점을 알 수 있습니다.

5-1 막대그래프를 알아볼까요

🍄 학생들이 좋아하는 놀이 기구를 조사하여 나타낸 표와 그래프입니다. 물음에 답하세요. [1~3]

놀이 기구별 학생 수

놀이 기구	회전 목마	회전 컵	바이킹	정글 탐험	합계
학생 수 (명)	3	3	6	4	16

놀이 기구별 학생 수

1 위 막대그래프에서 가로와 세로는 각각 무엇을 나타내는지 쓰세요.

㉠ 가로: (   )

㉡ 세로: (   )

2 위 막대그래프에서 막대의 길이는 무엇을 나타내는지 쓰세요.

(   )

3 위 표와 막대그래프 중 어느 것에 대한 설명인지 쓰세요.

(1) 전체 학생 수를 알아보기에 편리합니다.

(   )

(2) 가장 많은 학생들이 좋아하는 놀이 기구를 한눈에 알아볼 수 있습니다.

(   )

5-2 막대그래프에서 무엇을 알 수 있을까요

🍄 장훈이네 반과 채원이네 반 학생들에게 체육 대회 때 먹고 싶어 하는 간식을 조사하여 나타낸 막대그래프입니다. 물음에 답하세요. [4~5]

장훈이네 반 학생들이 먹고 싶어 하는 간식

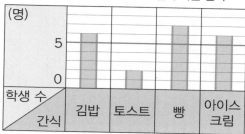

채원이네 반 학생들이 먹고 싶어 하는 간식

4 장훈이네 반과 채원이네 반이 체육 대회를 하려고 합니다. 막대그래프를 보고 간식을 한 가지 정한다면 어떤 것이 좋을지 쓰세요.

(   )

5 위 막대그래프는 4월에 조사하여 나타낸 것입니다. 7월에 다시 조사한다면 어떤 간식이 정해질 것인지 예상해서 쓰세요. 그 이유는 무엇입니까?

㉠ 간식의 이름: (   )

㉡ 이유: _____

_____

5 단원

5-3 막대그래프를 어떻게 그릴까요

• 막대그래프로 나타내기

① 가로는 경기 종목, 세로는 학생 수로 나타냅니다.
　└→ 가로와 세로를 바꾸어 나타낼 수도 있습니다.
② 세로 눈금 한 칸은 1명을 나타냅니다. →2명으로 할 수도 있습니다.
③ 종목마다 학생 수만큼 막대 길이가 되도록 그립니다.
④ 조사한 내용을 제목으로 적습니다.

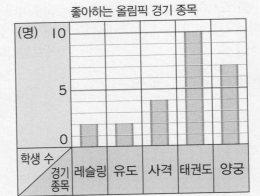

좋아하는 올림픽 경기 종목

• 막대그래프로 나타내는 순서

① 조사한 내용을 표로 정리합니다.
② 가로와 세로에 무엇을 나타낼지 정합니다.
③ 한 칸의 눈금을 얼마로 할지 정합니다.
④ 조사한 수량보다 더 많은 수의 눈금을 표시합니다.
⑤ 막대를 그립니다.
⑥ 제목을 붙입니다.
　└→ ⑥ → ① → ② → ③ → ④ → ⑤의 순서로 나타내기도 합니다.

5-4 자료를 조사하여 막대그래프를 그려 볼까요

• 실생활 자료를 조사하여 막대그래프 그리기

① 실생활 자료를 조사합니다. 예 우리 반 학생들이 하고 싶어 하는 경기 종목
② 조사한 결과를 표로 정리합니다.
③ 막대그래프로 나타냅니다.

• **자료를 조사하는 방법:** 직접 물어 보기, 질문지 작성하기 등 여러 가지 방법이 있습니다.

5-5 막대그래프로 이야기를 만들어 볼까요

• 막대그래프를 보고 이야기 쓰기

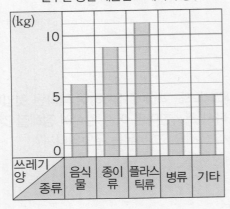

일주일 동안 배출된 쓰레기의 양

예 강나루 아파트에서 일주일 동안 배출된 쓰레기의 양을 조사한 것입니다. 가장 많이 배출된 쓰레기는 플라스틱류이고, 가장 적게 배출된 쓰레기는 병류입니다.

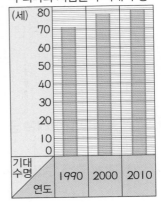

우리나라 사람들의 기대 수명

예 2010년의 기대 수명이 가장 높습니다. 기대 수명이 점점 늘어납니다.

5-3 막대그래프를 어떻게 그릴까요

1 막대그래프로 나타내는 순서에 맞게 기호를 써 보세요.

> ㉠ 조사한 내용을 표로 정리합니다.
> ㉡ 한 칸의 눈금을 얼마로 할지 정합니다.
> ㉢ 가로와 세로에 무엇을 나타낼지 정합니다.
> ㉣ 조사한 수량보다 더 많은 수의 눈금을 표시합니다.

(   )

2 표를 보고 막대그래프로 나타내어 보세요.

좋아하는 과일

과일	체리	사과	배	망고	포도	합계
학생 수 (명)	4	5	8	5	2	24

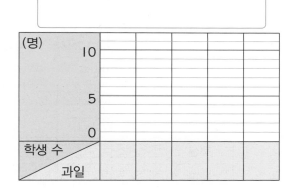

5-4 자료를 조사하여 막대그래프를 그려 볼까요

🍄 학생들이 좋아하는 간식을 조사한 것입니다. 물음에 답하세요. [3~4]

좋아하는 간식

🍚:김밥, ▭:토스트, 🥐:빵, 🍔:햄버거

유선	수영	솔비	준화	규종	현중	민아
🍚	▭	🥐	🍔	🍚	🍔	🍚
김밥	토스트	빵	햄버거	김밥	햄버거	김밥
연규	시원	성일	의환	효주	길호	의진
🥐	🥐	🍔	🍔	▭	🥐	🍚
빵	빵	햄버거	햄버거	토스트	빵	김밥
성조	영희	승철	예원	순원	형란	희은
🍔	🥐	🍔	🍚	🥐	🥐	🍚
햄버거	빵	햄버거	김밥	빵	빵	김밥

3 조사한 자료를 표로 정리해 보세요.

좋아하는 간식

간식	김밥	토스트	빵	햄버거	합계
학생 수 (명)					

4 표를 보고 막대그래프로 나타내어 보세요.

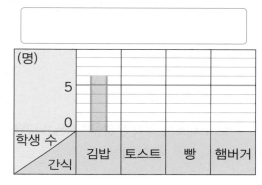

5-5 막대그래프로 이야기를 만들어 볼까요

5 다음 막대그래프를 통해 알 수 있는 사실을 한 가지 써 보세요.

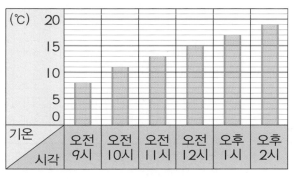

5
단원

어느 해의 월별 비가 온 날을 조사하여 막대 모양으로 나타낸 그래프입니다. 물음에 답하세요. [1~3]

월별 비 온 날수

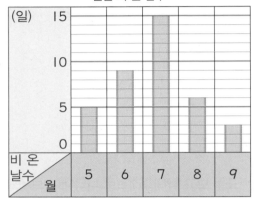

1 위와 같이 조사한 자료를 막대 모양으로 나타낸 그래프를 무엇이라고 합니까?

( )

2 가로와 세로는 각각 무엇을 나타냅니까?

ㄱ 가로: ( )

ㄴ 세로: ( )

3 막대의 길이는 무엇을 나타냅니까?

( )

올림픽에서 우리나라가 획득한 메달 수를 조사하여 나타낸 막대그래프입니다. 물음에 답하세요. [4~6]

올림픽에서 우리나라가 획득한 메달 수

(개)	리우데 자네이루	런던	베이징	아테네	시드니
30					
20					
10					
0					
메달 수 / 개최 도시					

4 세로 눈금 한 칸은 메달 몇 개를 나타냅니까?

( )

5 우리나라가 베이징 올림픽에서 획득한 메달은 모두 몇 개입니까?

( )

6 획득한 메달 수가 같은 올림픽의 개최 도시를 모두 써 보세요.

( )

과수원별로 복숭아 생산량을 조사하여 나타낸 그래프입니다. 물음에 답하세요. [7~8]

복숭아 생산량

과수원	생산량
푸름	🍑🍑🍑🍑🍑🍑
싱싱	🍑🍑🍑🍑🍑🍑🍑🍑
햇살	🍑🍑🍑🍑🍑🍑
늘봄	🍑🍑🍑

🍑10상자 🍑1상자

복숭아 생산량

과수원 / 생산량	0	10	20	30 (상자)
푸름				
싱싱				
햇살				
늘봄				

서술형

7 그림그래프와 막대그래프의 같은 점을 써 보세요.

_____

_____

8 그림그래프와 막대그래프의 다른 점을 설명한 것입니다. 알맞은 말에 ◯표 하세요.

복숭아 생산량을 그림그래프는 (복숭아 그림 , 막대), 막대그래프는 (복숭아 그림 , 막대)로 나타내었습니다.

지난달 어느 박물관을 방문한 외국인 관광객 수를 조사하여 나타낸 막대그래프입니다. 물음에 답하세요. [9~10]

박물관을 방문한 외국인 관광객 수

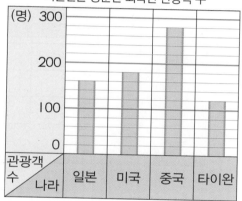

9 위 막대그래프에 나타난 내용을 바르게 설명한 것을 모두 고르세요. (　　　)

① 세로 눈금 한 칸은 10명을 나타냅니다.
② 세로는 외국인 관광객 수를 나타냅니다.
③ 일본인 관광객이 가장 많이 방문하였습니다.
④ 타이완인 관광객은 110명이 방문하였습니다.
⑤ 중국인 관광객이 미국인 관광객보다 100명 더 많이 방문하였습니다.

서술형

10 이 박물관에서 막대그래프를 보고 관광객을 위한 안내 책을 만든다면 어느 나라 말로 된 책을 만드는 것이 가장 좋겠는지 풀이 과정과 나라 이름을 써 보세요.

_____

_____

(　　　　　　　)

지원이네 학교 4학년 학생들이 주말에 즐겨 하는 운동을 조사하여 나타낸 표입니다. 물음에 답하세요.
[11~14]

주말에 즐겨 하는 운동

운동	축구	수영	야구	자전거 타기	배드민턴	합계
학생 수 (명)	22	24	16	32	26	120

11 표를 보고 막대그래프로 나타내어 보세요.

주말에 즐겨 하는 운동

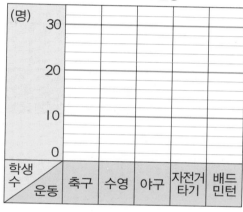

12 가장 많은 학생들이 주말에 즐겨 하는 운동은 무엇입니까?

(　　　　　　　)

13 지원이네 학교 4학년 학생 수를 알아보기에 편한 것은 표와 그래프 중 어느 것입니까?

(　　　　　　　)

14 즐겨 하는 학생 수가 가장 많은 운동부터 차례로 알아볼 때 한눈에 쉽게 알 수 있는 것은 표와 막대그래프 중 어느 것입니까?

(　　　　　　　)

상우네 반 학생들이 좋아하는 운동을 조사하여 나타낸 표와 그래프입니다. 물음에 답하세요. [15~16]

학생들이 좋아하는 운동

운동	축구	야구	수영	체조	합계
학생 수 (명)	7	10			29

학생들이 좋아하는 운동

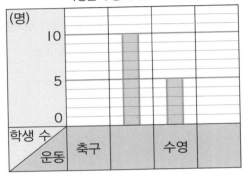

15 표와 그래프를 완성해 보세요.

16 위 표와 막대그래프에 나타난 내용으로 **잘못** 설명한 것을 모두 고르세요. (   )

① 상우네 반 학생은 29명입니다.
② 수영을 좋아하는 학생은 7명입니다.
③ 체조를 좋아하는 학생이 가장 많습니다.
④ 축구를 좋아하는 학생 수와 체조를 좋아하는 학생 수는 같습니다.
⑤ 야구를 좋아하는 학생 수는 수영을 좋아하는 학생 수의 2배입니다.

태훈이네 반 학생들이 현장 체험 학습을 가고 싶어 하는 장소를 조사하여 나타낸 표입니다. 물음에 답하세요. [17~20]

현장 체험 학습을 가고 싶어 하는 장소

장소	놀이 공원	박물관	과학관	수영장	합계
학생 수 (명)	13	3	4	8	28

17 표를 보고 가로에는 학생 수, 세로에는 장소가 나타나도록 가로로 된 막대그래프로 나타내어 보세요

18 가고 싶어 하는 학생 수가 많은 장소부터 차례대로 막대그래프로 나타내어 보세요.

19 막대그래프를 보고 현장 체험 학습 장소를 정한다면 어디로 가면 좋겠습니까?

(   )

20 위 내용은 3월에 조사하여 나타낸 것입니다. 8월에 다시 조사한다면 어떤 장소가 가장 많이 나올 것이라고 예상하는지 이유를 설명하고 장소를 써 보세요.

_____

_____

(   )

건창이네 반 학생들이 좋아하는 과목을 조사하여 나타낸 그래프입니다. 물음에 답하세요. [1~3]

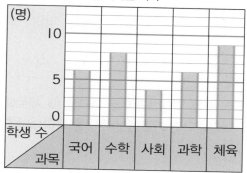

좋아하는 과목

1 막대그래프에서 가로와 세로는 각각 무엇을 나타냅니까?

㉠ 가로: (   )

㉡ 세로: (   )

2 막대의 길이는 무엇을 나타냅니까?

(   )

3 세로 눈금 한 칸은 몇 명을 나타냅니까?

(   )

2016년 리우데자네이루 올림픽에서 유럽에 있는 나라들이 획득한 금메달 수를 조사하여 나타낸 막대그래프입니다. 물음에 답하세요. [4~6]

리우데자네이루 올림픽에서 획득한 금메달 수

나라 \ 금메달 수	0	5	10	15	20	25 (개)
영국						
독일						
프랑스						
이탈리아						
러시아						

4 금메달을 가장 많이 획득한 나라는 어디입니까?

(   )

서술형

5 금메달의 수가 독일보다 많은 나라는 모두 몇 개국인지 풀이 과정을 쓰고 답을 구해 보세요.

_____

_____

_____

(   )

6 러시아가 획득한 금메달은 이탈리아가 획득한 금메달보다 몇 개 더 많습니까?

(   )

5

단원

2014년 국제 축구 연맹 브라질 월드컵 조별 예선 경기 결과의 일부를 나타낸 막대그래프입니다. 물음에 답하세요. [7~9]

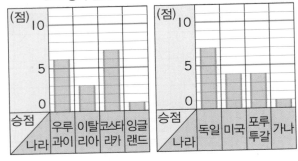

D조 경기 결과   G조 경기 결과

7 D조 경기 결과에서 우루과이의 승점은 몇 점입니까?

(   )

8 G조에서 승점이 가장 높은 나라와 가장 낮은 나라의 승점 차이는 몇 점입니까?

(   )

서술형

9 이기면 3점, 비기면 1점, 지면 0점의 승점이 주어집니다. 각 팀들은 모두 3경기를 하였습니다. D조에서 1위를 한 나라는 몇 경기를 이겼는지 풀이 과정을 쓰고 답을 구해 보세요.

_____

_____

_____

(   )

경기 종목별 한 팀의 선수 수를 나타낸 표입니다. 물음에 답하세요. [10~13]

경기 종목별 한 팀의 선수 수

경기 종목	야구	축구	핸드볼	럭비	하키	합계
선수 수 (명)	9	11	7	15	11	53

10 위 표를 막대그래프로 나타낼 때 세로에 선수 수를 나타낸다면 가로에는 무엇을 나타내야 합니까?

(   )

11 위 표를 보고 막대그래프로 나타내어 보세요.

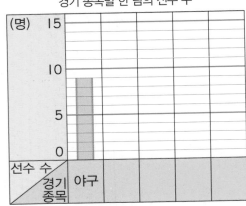

경기 종목별 한 팀의 선수 수

12 축구보다 한 팀의 선수 수가 더 적은 경기 종목은 무엇인지 모두 써 보세요.

(   )

응용

13 위 막대그래프를 보고 알 수 있는 내용으로 바른 것을 찾아 기호를 써 보세요.

> ㉠ 축구와 하키의 한 팀의 선수 수는 같습니다.
> ㉡ 한 팀의 선수 수가 가장 많은 경기 종목은 축구입니다.
> ㉢ 야구보다 한 팀의 선수 수가 더 많은 경기 종목은 럭비뿐입니다.

(   )

정원이네 반 학생들의 취미를 조사하여 나타낸 막대 그래프입니다. 물음에 답하세요. [14~16]

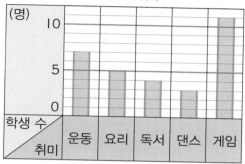

학생들의 취미

14 취미가 운동인 학생은 몇 명입니까?

( )

15 취미가 게임인 학생은 취미가 요리인 학생보다 몇 명 더 많습니까?

( )

16 다음과 같은 방법으로 막대그래프로 나타내어 보세요.

> • 가로에는 학생 수, 세로에는 취미가 나타나도록 가로로 된 막대그래프로 나타냅니다.
> • 학생 수가 적은 취미부터 차례대로 막대그래프로 나타냅니다.

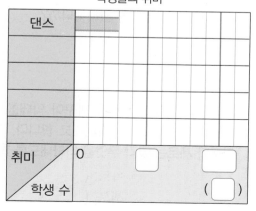

학생들의 취미

예슬이네 반 학생 31명이 좋아하는 꽃을 조사하여 나타낸 막대그래프입니다. 물음에 답하세요. [17~20]

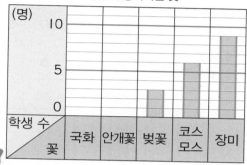

학생들이 좋아하는 꽃

서술형

17 국화를 좋아하는 학생 수는 벚꽃을 좋아하는 학생 수의 2배입니다. 안개꽃을 좋아하는 학생은 벚꽃을 좋아하는 학생보다 몇 명 더 많은지 풀이 과정을 쓰고 답을 구해 보세요.

_____

_____

_____

_____

( )

주의

18 막대그래프를 완성해 보세요.

19 좋아하는 학생 수가 같은 꽃을 모두 써 보세요.

( )

20 장미를 좋아하는 학생은 안개꽃을 좋아하는 학생보다 몇 명 더 많습니까?

( )

수지네 반 학생들이 좋아하는 과일을 조사한 결과입니다. 표와 막대그래프를 보고 물음에 답하세요. [1~2]

학생들이 좋아하는 과일

과일	사과	감	수박	딸기	포도	합계
학생 수 (명)	5	4	11	6	2	28

학생들이 좋아하는 과일

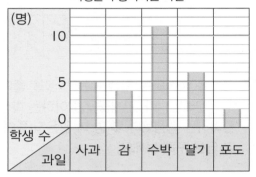

1 표와 막대그래프 중에서 전체 학생 수를 알아보려면 어느 자료가 더 편리합니까?

( )

2 표와 막대그래프 중에서 가장 많은 학생들이 좋아하는 과일을 알아보려면 어느 자료가 한눈에 더 잘 드러납니까?

( )

정후네 학교 학생들의 혈액형을 조사하여 나타낸 막대그래프입니다. 물음에 답하세요. [3~4]

혈액형별 학생 수

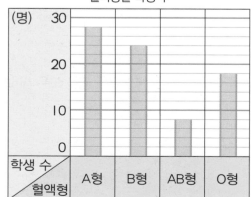

3 세로 눈금 한 칸은 몇 명을 나타냅니까?

( )

4 학생 수가 가장 많은 혈액형과 가장 적은 혈액형의 학생 수의 차는 몇 명인지 풀이 과정을 쓰고 답을 구해 보세요.

_____

_____

_____

( )

올림픽 일부 경기 종목의 메달 수를 조사하여 나타낸 막대그래프입니다. 물음에 답하세요. [5~7]

올림픽 경기 종목별 메달 수

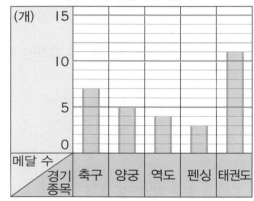

5 그래프에서 가로와 세로는 각각 무엇을 나타냅니까?

㉠ 가로: ( )

㉡ 세로: ( )

6 막대의 길이는 무엇을 나타냅니까?

( )

7 그래프의 가로와 세로를 바꾸어 막대를 가로로 나타낸 막대그래프로 나타내려고 합니다. 그래프에서 가로와 세로는 각각 무엇을 나타내도록 합니까?

㉠ 가로: ( )

㉡ 세로: ( )

2017년 삿포로 동계 아시안 게임에서 획득한 금메달 수를 조사하여 나타낸 막대그래프입니다. 물음에 답하세요. [8~10]

삿포로 동계 아시안 게임에서 획득한 금메달 수

대한민국	
일본	
중국	
카자흐스탄	

나라 / 메달 수: 0　　10　　20　　30 (개)

8 위 막대그래프에 나타난 내용으로 바르게 설명한 것을 모두 고르세요. (　　　　　)

① 대한민국의 금메달은 16개입니다.
② 일본의 금메달 수는 중국의 2배입니다.
③ 대한민국은 중국보다 금메달 수가 많습니다.
④ 가로 눈금 한 칸은 금메달 1개를 나타냅니다.
⑤ 대한민국의 금메달 수는 중국보다 2개 더 많습니다.

9 중국보다 더 많은 금메달을 획득한 나라는 몇 개국입니까?

(　　　　　　　　　)

서술형

10 위 막대그래프를 보고 알 수 있는 내용을 2가지 써 보세요.

_____

_____

세인이의 저금통 속 동전의 수를 막대그래프로 나타내려고 합니다. 물음에 답하세요 [11~14]

저금통 속 동전의 수

동전의 종류	500원	100원	50원	10원	합계
동전 수 (개)	8	14	2	20	44

11 가로에 동전의 종류를 나타낸다면 세로에는 무엇을 나타내어야 합니까?

(　　　　　　　　　)

12 세로 눈금 한 칸이 동전 2개를 나타낸다면 500원짜리 동전 수는 몇 칸으로 나타내어야 합니까?

(　　　　　　　　　)

13 표를 보고 막대그래프로 나타내어 보세요.

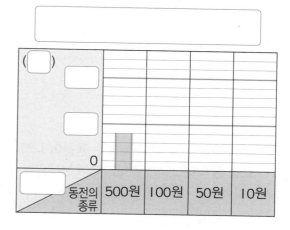

14 저금통 속에 가장 많이 들어 있는 동전은 몇 원짜리입니까?

(　　　　　　　　　)

효민이네 농장에서 기르고 있는 동물의 수를 조사하여 나타낸 표입니다. 물음에 답하세요. [15~18]

기르고 있는 동물의 수

동물	닭	돼지	소	오리	합계
동물 수 (마리)	14	8	6	12	40

15 표를 보고 막대그래프로 나타내어 보세요.

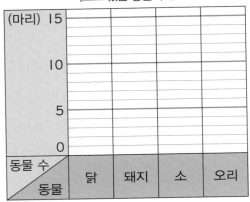

기르고 있는 동물의 수

(마리)

서술형

16 표와 비교하여 막대그래프로 나타내었을때의 좋은 점을 써 보세요.

17 가로에는 동물 수, 세로에는 동물이 나타나도록 가로로 된 막대그래프로 나타내어 보세요.

기르고 있는 동물의 수

닭				
돼지				
소				
동물	0	5	▢	▢
(동물 수)			(▢)	

18 표를 보고 동물 수가 적은 것부터 차례대로 막대그래프로 나타내어 보세요.

(동물) 0 5 ▢ ▢
(동물 수) (▢)

민주네 반 학생들이 가 보고 싶어 하는 나라를 조사하여 나타낸 표입니다. 물음에 답하세요. [19~20]

학생들이 가 보고 싶어 하는 나라

나라	미국	영국	프랑스	독일	합계
학생 수 (명)	8	6		2	28

서술형

19 표를 보고 세로 눈금 한 칸이 2명을 나타내는 막대그래프로 나타내려고 합니다. 프랑스에 가 보고 싶어 하는 학생은 세로 눈금 몇 칸으로 나타내어야 하는지 풀이 과정을 쓰고 답을 구해 보세요.

( )

20 막대그래프를 완성해 보세요.

학생들이 가 보고 싶어 하는 나라

(명)
10
0
학생 수
나라

🍄 연주의 리듬 체조 기록을 나타낸 막대그래프입니다. 물음에 답하세요 [1~4]

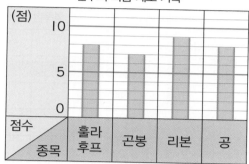

1 ☐ 안에 알맞은 말을 써넣으세요.

막대그래프에서 가로는 ☐ , 세로는 ☐ 를 나타냅니다.

2 막대그래프에서 세로 눈금 한 칸은 몇 점을 나타냅니까?

( )

3 가장 높은 점수를 받은 종목은 무엇이며 점수는 몇 점입니까?

( )

4 곤봉 경기와 공 경기의 점수 차는 몇 점입니까?

( )

🍄 몸무게 50 kg인 사람이 10분 동안 운동을 했을 때의 열량 소비량을 나타낸 막대그래프입니다. 물음에 답하세요. [5~7]

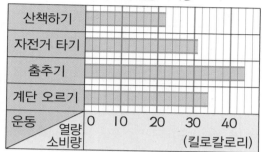

5 열량을 가장 적게 소비하는 운동은 무엇입니까?

( )

6 계단 오르기의 열량 소비량은 몇 킬로칼로리입니까?

( )

7 열량 소비량이 산책하기보다 많고 계단 오르기보다 적은 운동은 무엇입니까?

( )

5
단원

채은이와 준서가 구기 종목별 선수 수를 조사하여 막대그래프로 나타낸 것입니다. 물음에 답하세요. [8~11]

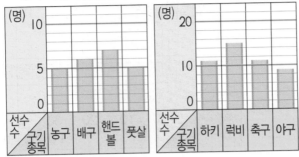

8 각각의 막대그래프에서 선수 수가 가장 많은 구기 종목은 무엇입니까?

㉮: (　　　　　　　)

㉯: (　　　　　　　)

9 ㉯ 그래프에서 야구보다 선수 수가 더 많은 구기 종목을 모두 써 보세요.

(　　　　　　　)

10 두 막대그래프의 공통점을 설명한 것입니다. □ 안에 알맞은 말을 써넣으세요.

- 두 막대그래프 모두 구기 종목별 □□□를 나타냅니다.
- 가로에는 □□□, 세로에는 □□□를 나타냅니다.

11 두 막대그래프의 차이점을 2가지 써 보세요.

_____

2016년 리우데자네이루 올림픽에서 아시아에 있는 나라들이 획득한 금메달 수를 조사하여 나타낸 막대그래프입니다. 물음에 답하세요. [12~13]

리우데자네이루 올림픽에서 획득한 금메달 수

나라 \ 금메달 수	0	10	20	30 (개)
대한민국				
중국				
일본				
카자흐스탄				
이란				

12 위 막대그래프에 나타난 내용을 바르게 설명한 것을 모두 골라 기호를 써 보세요.

> ㉠ 일본의 금메달 수가 가장 많습니다.
> ㉡ 대한민국의 금메달 수는 9개입니다.
> ㉢ 중국의 금메달 수는 일본의 2배입니다.
> ㉣ 대한민국은 세 번째로 금메달 수가 많습니다.

(　　　　　　　)

13 위 막대그래프를 보고 알 수 있는 내용을 2가지 써 보세요.

_____

_____

재호네 반 학생들이 먹고 싶어 하는 간식을 나타낸 것입니다. 물음에 답하세요. [14~17]

학생들이 먹고 싶어 하는 간식

이름	간식	이름	간식	이름	간식	이름	간식
재호	김밥	지영	빵	민식	떡볶이	영애	햄버거
성우	김밥	재선	김밥	재영	햄버거	지연	햄버거
해성	빵	용희	김밥	정음	떡볶이	세정	떡볶이
정후	햄버거	지숙	김밥	영민	빵	미나	김밥
태민	떡볶이	현옥	김밥	동원	햄버거	소미	김밥
재현	햄버거	채연	떡볶이	택근	빵	나영	김밥

14 조사한 내용을 정리하여 표로 나타내어 보세요.

학생들이 먹고 싶어 하는 간식

간식	김밥	빵	떡볶이	햄버거	합계
학생 수 (명)					

15 표를 보고 막대그래프로 나타내어 보세요.

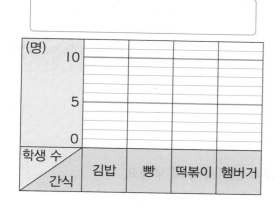

16 많은 학생들이 먹고 싶어 하는 간식부터 차례대로 막대그래프로 나타내어 보세요.

서술형

17 위 결과에 따라 재호네 반 학생들에게 한 가지 종류의 간식을 준다면 어떤 간식을 준비해야 할지 풀이 과정을 쓰고 답을 구해 보세요.

( )

학생들의 윗몸 일으키기 횟수를 조사하여 나타낸 막대그래프입니다. 물음에 답하세요. [18~20]

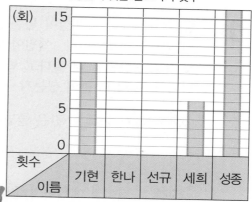

서술형

18 한나는 기현이보다 2회 적게, 선규보다 4회 적게 윗몸 일으키기를 하였습니다. 선규는 윗몸 일으키기를 몇 회 하였는지 풀이 과정을 쓰고 답을 구해 보세요.

( )

19 막대그래프를 완성해 보세요.

20 다음과 같은 방법으로 막대그래프로 나타내어 보세요.

- 그래프의 가로와 세로를 바꾸어 막대를 가로로 나타냅니다.
- 그래프의 가로 눈금 한 칸을 2회로 하여 나타냅니다.

학생들의 윗몸 일으키기 횟수

기현			
한나			
선규			
세희			
성종			
이름 / 횟수	0		( )

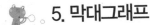
연습　각 단계에 따라 문제를 풀어 보세요.

1 승철이네 모둠 학생들이 넘은 줄넘기 횟수를 조사하여 나타낸 막대그래프입니다. 예원이의 막대 길이는 광균이보다 세로 눈금 3칸만큼 더 길다고 합니다. 예원이는 승철이보다 줄넘기를 몇 회 더 많이 했는지 구해 보세요.

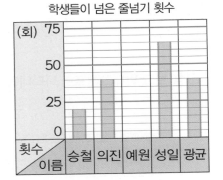

학생들이 넘은 줄넘기 횟수

1단계 세로 눈금 한 칸은 줄넘기 몇 회를 나타냅니까?

(　　　　　　　　)

2단계 승철이와 예원이의 줄넘기 횟수를 각각 구해 보세요.

승철: (　　　　　　　　)
예원: (　　　　　　　　)

3단계 예원이는 승철이보다 줄넘기를 몇 회 더 많이 했는지 구해 보세요.

(　　　　　　　　)

도전　위에서 푼 방법을 생각하며 풀어 보세요.

1-1 예진이네 모둠 학생들의 윗몸 일으키기 기록을 나타낸 막대그래프입니다. 광호의 막대 길이는 영신이보다 세로 눈금 2칸만큼 더 길다고 합니다. 광호는 예진이보다 윗몸 일으키기를 몇 회 더 많이 했는지 구해 보세요.

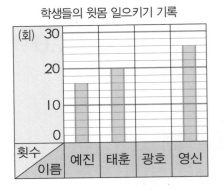

학생들의 윗몸 일으키기 기록

이렇게 술술풀어요

① 세로 눈금 한 칸은 윗몸 일으키기 몇 회를 나타내는지 구해 봅니다.

② 광호와 예진이의 윗몸 일으키기 횟수를 각각 구해 봅니다.

③ 광호는 예진이보다 윗몸 일으키기를 몇 회 더 많이 했는지 구해 봅니다.

풀이

_____

_____

_____

답 _____

2 연준이네 반 학생들이 좋아하는 과일을 조사하여 나타낸 표와 막대그래프입니다. 가장 많은 학생들이 좋아하는 과일과 가장 적은 학생들이 좋아하는 과일의 학생 수의 차를 구해 보세요.

좋아하는 과일별 학생 수

과일	귤	복숭아	포도	체리	사과	합계
학생 수 (명)		3	2	9		29

좋아하는 과일별 학생 수

1단계 표와 막대그래프를 완성하세요.

2단계 가장 많은 학생들이 좋아하는 과일과 가장 적은 학생들이 좋아하는 과일의 학생 수의 차를 구해 보세요.

(   )

5 단원

2-1 세정이네 반 학생들이 좋아하는 구기 종목을 조사하여 나타낸 표와 막대그래프입니다. 가장 많은 학생들이 좋아하는 구기 종목과 가장 적은 학생들이 좋아하는 구기 종목의 학생 수의 합을 구해 보세요.

좋아하는 구기 종목별 학생 수

구기 종목	축구	야구	농구	배구	합계
학생 수 (명)		12	3		28

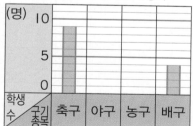

좋아하는 구기 종목별 학생 수

풀이

_____

_____

_____

답 _____

이렇게 술술 풀어요

① 표와 막대그래프를 완성합니다.

② 가장 많은 학생들이 좋아하는 구기 종목과 가장 적은 학생들이 좋아하는 구기 종목의 학생 수를 차례로 구해 봅니다.

③ 가장 많은 학생들이 좋아하는 구기 종목과 가장 적은 학생들이 좋아하는 구기 종목의 학생 수의 합을 구해 봅니다.

연습 각 단계에 따라 문제를 풀어 보세요.

3 정음이네 학교 학생들이 좋아하는 색을 조사하여 나타낸 막대그래프입니다. 초록색을 좋아하는 학생 수는 노란색을 좋아하는 학생 수의 2배입니다. 운동회 때 한 가지 색깔의 모자를 준비하여 모든 학생들에게 1개씩 나누어 주려고 합니다. 무슨 색 모자를 몇 개 준비하는 것이 좋은지 구해 보세요.

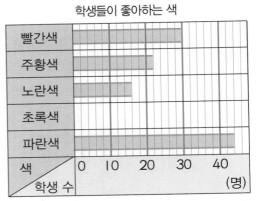

학생들이 좋아하는 색

1단계 초록색을 좋아하는 학생은 몇 명입니까?

( )

2단계 가장 많은 학생들이 좋아하는 색은 무슨 색입니까?

( )

3단계 무슨 색 모자를 몇 개 준비하는 것이 좋은지 구해 보세요.

( )

도전 위에서 푼 방법을 생각하며 풀어 보세요.

3-1 학생들이 좋아하는 음료를 조사하여 나타낸 막대그래프입니다. 과일 주스를 좋아하는 학생이 탄산 음료를 좋아하는 학생보다 4명 더 많습니다. 운동회 때 한 가지 종류의 음료를 준비하여 모든 학생들에게 한 병씩 나누어 주려고 합니다. 어떤 음료를 몇 병 준비하는 것이 좋을지 구해 보세요.

학생들이 좋아하는 음료

이렇게 술술 풀어요

① 과일 주스를 좋아하는 학생은 몇 명인지 구해 봅니다.

② 가장 많은 학생들이 좋아하는 음료는 무엇인지 구해 봅니다.

③ 어떤 음료를 몇 병 준비하는 것이 좋을지 구해 봅니다.

풀이

_____

_____

_____

답 _____

 시험처럼 문제를 풀어 보세요.

4 효주네 모둠 학생들의 매달리기 기록을 나타낸 막대그래프입니다. 의란이의 막대 길이는 길호보다 5칸만큼 더 길다고 합니다. 의란이는 효주보다 매달리기를 몇 초 더 오래 했는지 구해 보세요.

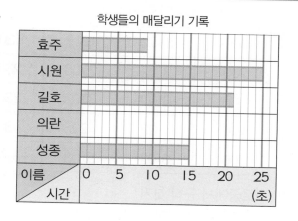

학생들의 매달리기 기록

풀이

답

5
단원

 시험처럼 문제를 풀어 보세요.

5 대휘네 반 학생들이 좋아하는 계절을 조사하여 나타낸 표와 막대그래프입니다. 봄을 좋아하는 학생이 가을을 좋아하는 학생보다 4명 더 적을 때 가장 많은 학생들이 좋아하는 계절과 가장 적은 학생들이 좋아하는 계절의 학생 수의 차를 구해 보세요.

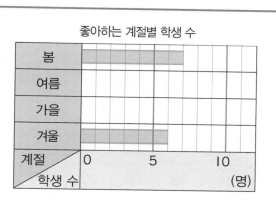

좋아하는 계절별 학생 수

좋아하는 계절별 학생 수

계절	봄	여름	가을	겨울	합계
학생 수 (명)	7				29

풀이

답

6-1 수의 배열에서 규칙을 찾아볼까요

• 수 배열표에서 수의 규칙 찾기

예

1001	1102	1203	1304	1405
2001	2102	2203	2304	2405
3001	3102	3203	3304	3405
4001	4102	4203	4304	4405
5001	5102	5203	5304	5405

① 가로줄에서 규칙 찾기
- 1001에서 시작하여 오른쪽으로 101씩 커집니다.
- 1405에서 시작하여 왼쪽으로 101씩 작아집니다.

② 세로줄에서 규칙 찾기
- 1001에서 시작하여 아래쪽으로 1000씩 커집니다.
- 5001에서 시작하여 위쪽으로 1000씩 작아집니다.

③ 수 배열표에서 또 다른 규칙 찾기
- 1001부터 ↘ 방향으로 1101씩 커집니다.
- 5405부터 ↖ 방향으로 1101씩 작아집니다.
- 1405부터 ↙ 방향으로 899씩 커집니다.
- 5001부터 ↗ 방향으로 899씩 작아집니다.

• 영화관 좌석표에서 규칙 찾기

A1	A2	A3	A4	A5
B1	B2	B3	B4	B5
C1	C2	C3	C4	C5
D1	D2	㉠	D4	D5
E1	E2	E3	E4	E5

① 가로로 보면 알파벳은 그대로이고 숫자만 1씩 커집니다.
② 세로로 보면 알파벳은 순서대로 바뀌고 숫자는 그대로입니다.
③ 그러므로 ㉠은 D3입니다.

6-2 수의 배열에는 어떤 규칙이 있을까요

• 수의 배열에서 규칙 찾기

예

2	4	6	8	10
16	18	20	22	24
30	32	34	36	38
44	46	48	50	52
58	60	62	64	66

- 가로는 2에서 시작하여 오른쪽으로 2씩 커집니다.
- 가로는 2에서 시작하여 짝수만 있습니다.
- 세로는 2에서 시작하여 아래쪽으로 14씩 커집니다.
- ↘ 방향으로 2에서 시작하여 16씩 커집니다.

• 수 배열표에서 규칙 찾기

×	51	52	53	54
11	1	2	3	4
12	2	㉠	6	8
13	3	6	9	2
14	4	8	2	6

규칙 1 두 수의 곱셈의 결과에서 일의 자리 숫자를 씁니다.

규칙 2 2부터 시작하는 가로는 2씩 커집니다.

➡ ㉠은 4입니다.

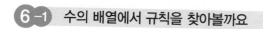

6-1 수의 배열에서 규칙을 찾아볼까요

1 색칠된 칸에 나타난 규칙을 찾아 ☐ 안에 알맞은 수를 써넣으세요.

5601	5602	5603	5604	5605
6601	6602	6603	6604	6605
7601	7602	7603	7604	7605
8601	8602	8603	8604	8605
9601	9602	9603	9604	9605

규칙 5601에서 시작하여 ＼ 방향으로

☐ 씩 커집니다.

2 수 배열의 규칙에 맞게 ■에 들어갈 수를 구하세요.

2585	2586	2587	2588
3585	3586	3587	3588
4585	4586	4587	4588
5585	5586	5587	5588

( )

3 수 배열의 규칙에 맞게 ㉠, ㉡에 들어갈 수를 써넣으세요.

A206	A207	A208	A209
B206	㉠	B208	B209
C206	C207	C208	C209
D206	D207	㉡	D209
E206	E207	E208	E209

㉠: ( )

㉡: ( )

6-2 수의 배열에는 어떤 규칙이 있을까요

4 수 배열의 규칙에 맞게 ■에 들어갈 수를 구하세요.

35	40	45	50
135	140	145	150
335	340	345	
635	640	■	
1035			

( )

5 수 배열의 규칙에 맞게 빈 나뭇잎에 들어갈 수를 써넣으세요.

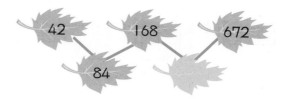

42　　168　　672

84

6 규칙적인 수의 배열에서 ♥에 들어갈 수를 구해 보세요.

×	3	5	7	9
22	6	0	4	8
23	9	5	1	7
24	2	0	♥	6
25	5	5	5	5

( )

6단원

6-3 도형의 배열에서 규칙을 찾아볼까요

• 도형의 배열에서 규칙 찾기

첫째	둘째	셋째	넷째	다섯째
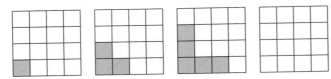

규칙 1 첫째 2개에서 시작하여 1개씩 더 늘어나는 규칙이 있습니다.

규칙 2 첫째는 가로, 둘째는 세로, 셋째는 가로, 넷째는 세로……로 배열되는 규칙이 있습니다.

규칙 3 ● 표시된 부분이 왼쪽, 위쪽, 오른쪽, 아래쪽……으로 배열되는 규칙이 있습니다.

규칙 4 ● 표시된 부분을 기준으로 오른쪽으로 1개, 아래쪽으로 2개, 왼쪽으로 3개, 위쪽으로 4개……로 배열되는 규칙이 있습니다.

• 계단 모양 배열에서 규칙 찾기

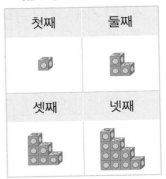

규칙 모형의 개수가 1개에서 시작하여 2개, 3개, 4개……씩 점점 늘어나는 규칙이 있습니다.

🍂 **넷째에 알맞은 모양을 그려 보세요.**

풀이
1개에서 시작하여 오른쪽과 위쪽으로 각각 1개씩 더 늘어나는 규칙이 있습니다.

답

6-4 계산식에서 규칙을 찾아볼까요(1)

• 덧셈식에서 규칙 찾기

순서	덧셈식
첫째	$1+2+1=4 \longrightarrow 2\times2$
둘째	$1+2+3+2+1=9 \longrightarrow 3\times3$
셋째	$1+2+3+4+3+2+1=16 \longrightarrow 4\times4$
넷째	$1+2+3+4+5+4+3+2+1=25 \longrightarrow 5\times5$
다섯째	$1+2+3+4+5+6+5+4+3+2+1=36 \longrightarrow 6\times6$

• 왼쪽 덧셈식에서 여섯째 덧셈식 찾기

① 덧셈식의 가운데 수가 7이 됩니다.

② 계산 결과는 7을 두 번 곱한 49가 됩니다.

➡ $1+2+3+4+5+6+7+6+5+4+3+2+1=49$
$\longrightarrow 7\times7$

규칙 1 덧셈식의 가운데 수가 1씩 커지고 있습니다.

규칙 2 계산 결과는 덧셈식의 가운데 수를 두 번 곱한 것과 같습니다.

규칙 3 가운데 수가 1씩 커질수록 두 번 곱하는 곱셈식의 수도 1씩 커집니다.

6-3 도형의 배열에서 규칙을 찾아볼까요

1 ☐ 안에 알맞은 수를 써넣으세요.

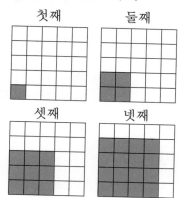

첫째 　 둘째

셋째 　 넷째

규칙　가로와 세로가 각각 ☐ 개씩 더 늘어나서
이루어진 정사각형 모양입니다.

2 다섯째 배열에는 모형이 몇 개 필요한지 쓰세요.

첫째　둘째　셋째　　　다섯째

(　　　　　)

3 다섯째에 알맞은 모양을 그려 보세요.

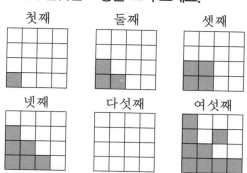

첫째　　둘째　　셋째

넷째　　다섯째　　여섯째

6-4 계산식에서 규칙을 찾아볼까요(1)

4 계산식 배열의 규칙에 맞게 빈칸에 들어갈 식을 써 넣으세요.

순서	계산식
첫째	123+456=579
둘째	223+466=689
셋째	323+476=799
넷째	
다섯째	523+496=1019

5 규칙을 이용하여 결과가 952가 나오는 계산식을 써 보세요.

> 897-345=552
> 797-445=352
> 697-545=152

 ＿＿＿＿＿＿＿＿

6 다음 계산식에는 어떤 규칙이 있는지 찾아 써 보세요.

> 567-234=333
> 577-244=333
> 587-254=333
> 597-264=333

규칙

＿＿＿＿＿＿＿＿＿＿＿＿＿＿

b 단원

6-5 계산식에서 규칙을 찾아볼까요(2)

• 곱셈식에서 규칙 찾기

순서	곱셈식
첫째	Ⅰ×Ⅰ=Ⅰ
둘째	ⅠⅠ×ⅠⅠ=Ⅰ2Ⅰ
셋째	ⅠⅠⅠ×ⅠⅠⅠ=Ⅰ232Ⅰ
넷째	ⅠⅠⅠⅠ×ⅠⅠⅠⅠ=Ⅰ23432Ⅰ

규칙 Ⅰ이 한 개씩 늘어나는 수를 두 번 곱한 결과는 가운데를 중심으로 접으면 같은 수가 만납니다.

• 나눗셈식에서 규칙 찾기

순서	나눗셈식
첫째	ⅠⅠⅠⅠⅠⅠⅠⅠⅠ÷9=12345679
둘째	222222222÷18=12345679
셋째	333333333÷27=12345679
넷째	444444444÷36=12345679

규칙 나누어지는 수와 나누는 수가 각각 2배, 3배……씩 커지면 몫은 모두 같습니다.

• 왼쪽 곱셈식에서 다섯째 곱셈식 찾기
① Ⅰ의 개수가 5개 되는 두 수의 곱입니다.
② 가운데 오는 숫자는 5가 됩니다.
➜ ⅠⅠⅠⅠⅠ×ⅠⅠⅠⅠⅠ
=123454321

• 왼쪽 나눗셈식에서 다섯째 나눗셈식 찾기
① 나누어지는 수는 5가 9개 이어지는 수입니다.
② 나누는 수는 9×5=45가 됩니다.
➜ 555555555÷45
=12345679

6-6 규칙적인 계산식은 어떻게 찾을까요

• 계산식의 규칙 찾기

예

110	120	130	140	150
210	220	230	240	250
310	320	330	340	350

규칙적인 계산식 1
110+220=120+210
210+320=220+310

규칙적인 계산식 2
110+220+330=130+220+310
120+230+340=140+230+320

• 왼쪽 계산식에서 찾은 또 다른 규칙적인 계산식
① 맨 아래 칸의 수에서 맨 위 칸의 수를 빼면 모두 200이 됩니다.
예 310-110=200,
320-120=200……
② 연결된 세 수의 합은 가운데 있는 수의 3배입니다.
예 110+210+310
=210×3,
120+220+320
=220×3……

6-5 계산식에서 규칙을 찾아볼까요(2)

1 계산식 배열의 규칙에 맞게 빈칸에 들어갈 식을 써넣으세요.

순서	계산식
첫째	8×105=840
둘째	8×1005=8040
셋째	8×10005=80040
넷째	
다섯째	8×1000005=8000040

2 규칙을 이용하여 나누는 수가 63이 되는 계산식을 써 보세요.

순서	계산식
첫째	111111111÷9=12345679
둘째	222222222÷18=12345679
셋째	333333333÷27=12345679
넷째	444444444÷36=12345679

✎ _____

3 계산식 배열의 규칙에 맞게 빈칸에 들어갈 식을 써넣으세요.

1500÷50=30
1200÷40=30
900÷30=30
600÷20=30

[ ]

6-6 규칙적인 계산식은 어떻게 찾을까요

4 수 배열표를 보고 ☐ 안에 알맞은 수를 써넣으세요.

210	211	212	213
214	215	216	217

210+215=211+214

211+216=[ ]+[ ]

5 ☐ 안에 알맞은 수를 써넣으세요.

201+203+205=203×[ ]

203+205+207=205×[ ]

205+207+209=[ ]×3

6 보기 의 규칙을 이용하여 나누는 수가 5일 때의 계산식을 3개 써 보세요.

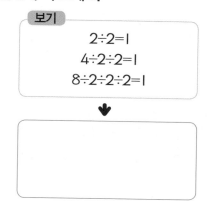

보기

2÷2=1
4÷2÷2=1
8÷2÷2÷2=1

↓

[ ]

단원 **6**

🍄 수 배열표를 보고 물음에 답하세요. [1~3]

101	102	103	104	105
201	202	203	204	205
301	302	303	304	305
401	402	403	404	405
501	502	503	504	505

1 세로줄에 나타난 규칙을 찾아 ☐ 안에 알맞은 수를 써넣으세요.

규칙1 101에서 시작하여 아래쪽으로
☐ 씩 커집니다.

규칙2 501에서 시작하여 위쪽으로
☐ 씩 작아집니다.

2 붉은색으로 색칠된 칸에 나타난 규칙을 찾아 ☐ 안에 알맞은 수를 써넣으세요.

규칙 401에서 시작하여 오른쪽으로
☐ 씩 커집니다.

3 붉은색으로 색칠된 칸에 나타난 규칙과 같게 빈칸에 알맞은 수를 써넣으세요.

| 601 | ☐ | ☐ | ☐ | ☐ |

4 수 배열의 규칙에 맞게 빈칸에 알맞은 수를 써넣으세요.

| 2112 | 3113 | 4114 | 5115 | 6116 | ☐ |

🍄 수 배열표를 보고 물음에 답하세요. [5~7] 🖩

+	1001	1002	1003	1004
16	7	8	9	0
17	8	9	0	1
18	9	■	1	2
19	0	1	2	●

5 수 배열표에서 규칙을 찾아 ☐ 안에 알맞은 말을 써넣으세요.

규칙 두 수의 덧셈의 결과에서 ☐ 의 자리 숫자를 씁니다.

6 ■, ●에 알맞은 수를 각각 구해 보세요.

■=☐ , ●=☐

서술형

7 ╱ 방향에 나타난 규칙을 찾아 써 보세요.

규칙 _____

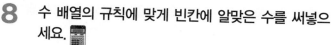

8 수 배열의 규칙에 맞게 빈칸에 알맞은 수를 써넣으세요. 📟

3 — 6 — 12 — 24 — 48 — ◯

도형의 배열을 보고 물음에 답하세요. [9~11]

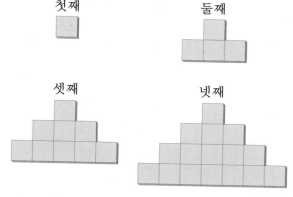

첫째
둘째
셋째
넷째

9 도형의 개수를 세어 보고 어떤 규칙이 있는지 ◻ 안에 알맞은 수를 써넣으세요.

규칙 ▨ 가 1개에서 시작하여 3개, ◻개, ◻개……씩 점점 늘어납니다.

10 다섯째에 올 도형의 배열에서 ▨ 의 개수를 구하세요.

(   )

11 다섯째에 올 도형의 배열을 그려 보세요.

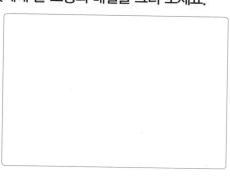

덧셈식을 보고 물음에 답하세요. [12~14]

순서	덧셈식
첫째	$1+3=4$
둘째	$1+3+5=9$
셋째	$1+3+5+7=16$
넷째	$1+3+5+7+9=25$
다섯째	

서술형

12 어떤 규칙이 있는지 찾아 써 보세요.

규칙 _____

_____

13 다섯째 빈칸에 알맞은 덧셈식을 써넣으세요.

주의

14 위의 덧셈식과 같은 규칙을 이용하여 값이 49가 되는 덧셈식을 써 보세요.

✏ _____

6
단원

🍄 **보기** 의 계산식을 보고 물음에 답하세요. [15~16]

보기

㉮	㉯	㉰
$11 \times 11 = 121$	$11 \times 20 = 220$	$10 \times 11 = 110$
$22 \times 11 = 242$	$22 \times 20 = 440$	$20 \times 11 = 220$
$33 \times 11 = 363$	$33 \times 20 = 660$	$30 \times 11 = 330$
$44 \times 11 = 484$	$44 \times 20 = 880$	$40 \times 11 = 440$

15 설명에 맞는 계산식을 찾아 기호를 써 보세요.

> 11부터 44까지의 수 중에서 십의 자리 수와 일의 자리 수가 같은 수에 20을 곱하면 백의 자리 수와 십의 자리 수가 같은 세 자리 수가 됩니다.

(   )

16 진우의 생각과 같은 규칙적인 계산식을 찾아 기호를 써 보세요.

> 아마 다음에 올
> 계산식은
> $50 \times 11 = 550$일 거야.

진우

(   )

17 계산식 배열의 규칙에 맞게 빈칸에 들어갈 식을 써넣으세요. 🖩

$1 \div 1 = 1$
$121 \div 11 = 11$
$12321 \div 111 = 111$

[   ]

$123454321 \div 11111 = 11111$

🍄 사물함에 표시된 수의 배열을 보고 물음에 답하세요. [18~19]

210	220	230	240	250	260
110	120	130	140	150	160

18 규칙적인 계산식을 찾아 빈칸에 알맞게 써넣으세요.

$110 + 220 = 120 + 210$
$120 + 230 = 130 + 220$
$130 + 240 = 140 + 230$

[   ]

$150 + 260 = 160 + 250$

응용

19 규칙적인 계산식을 찾아 ☐ 안에 알맞은 수를 써넣으세요.

$110 + 120 + 130 = 120 \times \boxed{}$

$120 + 130 + 140 = 130 \times \boxed{}$

$130 + 140 + 150 = 140 \times \boxed{}$

$140 + 150 + 160 = \boxed{} \times 3$

20 ☐ 안에 알맞은 수를 써넣으세요.

$2 \div 2 = 1$

$\boxed{} \div 2 \div 2 = 1$

$\boxed{} \div 2 \div 2 \div 2 = 1$

$\boxed{} \div 2 \div 2 \div 2 \div 2 = 1$

단원 평가

🍄 수 배열표를 보고 물음에 답하세요. [1~3]

1001	1011	1021	1031	1041
2001	2011	2021		2041
3001	3011	3021	3031	3041
4001	4011	4021	4031	4041
5001		5021	5031	5041

1 수 배열표에 나타난 규칙으로 알맞은 것을 모두 찾아 기호를 써 보세요.

> ㉠ 1001에서 시작하여 오른쪽으로 10씩 커집니다.
>
> ㉡ 1041에서 시작하여 왼쪽으로 100씩 작아집니다.
>
> ㉢ 1001에서 시작하여 아래쪽으로 1000씩 커집니다.

( )

2 수 배열표의 규칙에 맞게 빈칸에 알맞은 수를 써넣으세요.

중요

3 초록색으로 색칠된 칸에 나타난 규칙을 찾아 ⬚ 안에 알맞은 수를 써넣으세요.

> 규칙 1001에서 시작하여 ↘ 방향으로 ⬚ 씩 커집니다.

4 규칙적인 수의 배열에서 ■, ●에 알맞은 수를 각각 구해 보세요.

2105	2605	3105	■	4105	●

■ = ⬚ , ● = ⬚

🍄 수 배열표를 보고 물음에 답하세요. [5~7]

×	101	102	103	104	105
11	1	2	3	4	5
12	2	4	6		
13	3	6		♥	
14	4				

5 수 배열표에서 규칙을 찾아 ⬚ 안에 알맞은 말을 써넣으세요.

> 규칙 1 두 수의 곱셈의 결과에서 ⬚ 의 자리 숫자를 씁니다.

6 ♥에 알맞은 수를 구해 보세요.

( )

서술형

7 위 수 배열표에서 또 다른 규칙을 찾아 써 보세요.

> 규칙 2

6 단원

8 수 배열의 규칙에 맞게 빈칸에 알맞은 수를 써넣으세요.

1200	2200	4200	7200	

도형의 배열을 보고 물음에 답하세요. [9~11]

첫째   둘째   셋째   넷째

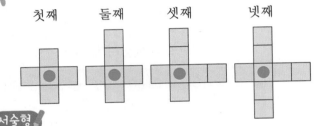

서술형

9 도형의 배열에서 규칙을 찾아 써 보세요.

규칙 _____

_____

중요

10 다섯째에 올 도형을 그려 보세요.

11 여섯째에 올 도형에서 사각형의 개수를 구하세요.

( )

보기 의 계산식을 보고 물음에 답하세요. [12~13]

보기

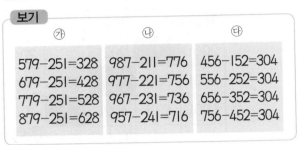

㉮	㉯	㉰
579-251=328	987-211=776	456-152=304
679-251=428	977-221=756	556-252=304
779-251=528	967-231=736	656-352=304
879-251=628	957-241=716	756-452=304

12 설명에 맞는 계산식을 찾아 기호를 쓰세요.

> 같은 자리 수가 똑같이 커지는 두 수의 차는 항상 일정합니다.

( )

13 ㉮의 마지막 계산식 다음에 올 계산식을 써 보세요.

✎ _____

14 주어진 덧셈식의 규칙을 이용하여 뺄셈식을 만든 것입니다. ☐ 안에 알맞은 수를 써넣으세요.

123+654=777	777-654=123
234+543=777	☐-☐=☐
345+432=777	☐-☐=☐
456+321=777	☐-☐=☐

곱셈식을 보고 물음에 답하세요. [15~17]

순서	곱셈식
첫째	5×101=505
둘째	5×1001=5005
셋째	5×10001=50005
넷째	5×100001=500005
다섯째	

서술형

15 어떤 규칙이 있는지 찾아 써 보세요.

규칙

16 다섯째 빈칸에 알맞은 곱셈식을 써넣으세요

17 규칙을 이용하여 계산 결과가 500000005가 나오는 계산식을 써 보세요.

식

수 배열표를 보고 물음에 답하세요. [18~20]

201	202	203	204	205	206
207	208	209	210	211	212
213	214	215	216	217	218

18 규칙적인 계산식을 찾아 ⬜ 안에 알맞은 수를 써넣으세요.

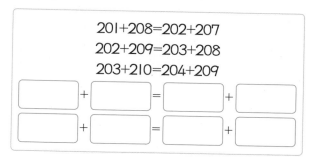

201+208=202+207
202+209=203+208
203+210=204+209

⬜ + ⬜ = ⬜ + ⬜

⬜ + ⬜ = ⬜ + ⬜

응용

19 규칙적인 계산식을 찾아 빈칸에 알맞게 써넣으세요.

201+208+215=203+208+213
202+209+216=204+209+214

6 단원

20 ⬜ 안에 알맞은 수를 써넣으세요.

201+202+203=⬜×3

202+203+204=⬜×3

203+204+205=⬜×3

204+205+206=205×⬜

1 수 배열의 규칙에 맞게 빈칸에 알맞은 수를 써넣으세요.

10001	10102	10203	10304
20001	20102		20304
	30102	30203	30304
40001		40203	40304

🍄 영화관 좌석표입니다. 물음에 답하세요. [2~3]

A1	A2	A3	A4	A5	A6
B1	B2	B3	B4	B5	B6
C1	C2	C3	C4	C5	C6
D1	D2	D3	D4	㉠	D6
E1	㉡	E3	E4	E5	E6

2 ㉠, ㉡에 알맞은 좌석 번호를 써 보세요.

㉠: (   )

㉡: (   )

3 위 좌석표에서 찾을 수 있는 규칙으로 옳은 것에 ◯ 표 하세요.

(1) 가로(→)로 보면 알파벳은 그대로이고 숫자만 1 씩 작아집니다. (   )

(2) 세로(↓)로 보면 알파벳은 순서대로 바뀌고 숫자는 그대로입니다. (   )

4 규칙적인 수의 배열에서 ■, ●에 알맞은 수를 각각 구해 보세요.

823	723	623	■			
			1146	1046	946	●

■=[   ] , ●=[   ]

🍄 수 배열표의 일부가 찢어졌습니다. 물음에 답하세요. [5~7]

11	14	17	20	23
111	114	117	120	123
311	314	317	320	
611	614	617	■	
1011				

5 가로(→)에 나타난 규칙을 찾아 ◻ 안에 알맞은 수를 써넣으세요.

규칙 11에서 시작하여 [   ]씩 커집니다.

6 수 배열의 규칙에 맞게 ■에 알맞은 수를 구해 보세요.

(   )

서술형

7 노란색으로 색칠된 칸에 나타난 규칙을 찾아 써 보세요.

규칙 _____

_____

8 수 배열의 규칙에 맞게 빈칸에 알맞은 수를 써넣으세요.

| 34256 | 37256 | 40256 | | 46256 |

도형의 배열을 보고 물음에 답하세요. [9~11]

첫째   둘째   셋째   넷째

9 다섯째에 올 도형을 그려 보세요.

10 파란색 도형의 배열 규칙을 찾아 ⬜ 안에 알맞은 수를 써넣으세요.

규칙 오른쪽과 위쪽으로 각각 ⬜ 개씩 늘어납니다.

서술형

11 노란색 도형의 배열 규칙을 찾아 써 보세요.

규칙

12 계산식 배열의 규칙에 맞게 빈칸에 들어갈 식을 써넣으세요.

11000−7000=4000
21000−17000=4000
31000−27000=4000

51000−47000=4000

주어진 덧셈식을 보고 물음에 답하세요. [13~14]

200+100=300
300+ ⬜ =500
400+300=700
500+400= ⬜

13 규칙에 따라 ⬜ 안에 알맞은 수를 써넣으세요.

서술형

14 위 덧셈식에서 규칙을 찾아 써 보세요.

규칙

🍄 계산식을 보고 물음에 답하세요. [15~17]

순서	곱셈식
첫째	11×55+6=611
둘째	111×55+6=6111
셋째	1111×55+6=61111
넷째	
다섯째	111111×55+6=6111111

서술형
15 어떤 규칙이 있는지 찾아 써 보세요.

규칙

16 넷째 빈칸에 알맞은 곱셈식을 써넣으세요.

17 규칙을 이용하여 계산 결과가 611111111이 나오는 계산식을 써 보세요.

식 _____

🍄 달력을 보고 물음에 답하세요. [18~20]

		○월				
일	월	화	수	목	금	토
1	2	3	4	5	6	7
8	9	10	11	12	13	14
15	16	17	18	19	20	21
22	23	24	25	26	27	28
29	30	31				

18 규칙적인 계산식을 찾아 ☐ 안에 알맞은 수를 써넣으세요.

$$9+10 = 16+17-14$$
$$10+11 = 17+18-\boxed{}$$
$$16+17 = \boxed{}+\boxed{}-14$$
$$\boxed{}+\boxed{} = \boxed{}+\boxed{}-14$$

19 규칙적인 계산식을 찾아 빈칸에 알맞게 써넣으세요.

$$9+16+23=16×3$$
$$10+17+24=17×3$$

$$\boxed{}$$

20 다음 조건 을 만족하는 수를 찾아 써 보세요.

조건
• ☐ 안에 있는 9개의 수 중 하나입니다.
• ☐ 안에 있는 9개의 수의 합을 9로 나눈 몫과 같습니다.

( )

단원 평가

1 수 배열의 규칙에 맞게 빈칸에 알맞은 수를 써넣으세요.

20005	20105	20205	20305
30005	30105	30205	30305
40005	40105	40205	40305
50005		50205	

🍄 수 배열표의 일부가 찢어졌습니다. 물음에 답하세요. [2~3]

123	134	145	156
223	234	245	256
323	334	345	356
423	434	445	456

■

2 다음 조건을 만족하는 규칙적인 수의 배열을 찾아 색칠해 보세요.

- 가장 작은 수는 123입니다.
- 다음 수는 앞의 수보다 111씩 커집니다.

3 수 배열의 규칙에 맞게 ■에 들어갈 수를 구해 보세요.

(   )

4 규칙적인 수의 배열에서 ■, ●에 알맞은 수를 각각 구해 보세요.

1004	1104	■	1304		
		2204	2304	●	2504

■= [   ] , ●= [   ]

🍄 수 배열표를 보고 물음에 답하세요. [5~7]

×	111	112		114	115
11		2	3		5
	2	4	6	8	0
13	3		9	2	5
14	4	8	2	6	
15	5	0		0	5

5 표 안의 수를 이용하여 빈칸에 알맞은 수를 써넣으세요.

6 가로(→)의 규칙을 찾아 ☐ 안에 알맞은 수를 써넣으세요.

규칙   5에서 시작하는 가로(→)는 [ ] , [ ]
이 반복됩니다.

서술형

7 점선을 따라 접었을 때, 어떤 규칙이 있는지 써 보세요.

규칙 _____

_____

_____

6 단원

8 수 배열의 규칙에 맞게 빈칸에 알맞은 수를 써넣으세요.

| 4860 | | 540 | 180 | 60 |

🍄 도형의 배열을 보고 물음에 답하세요. [9~11]

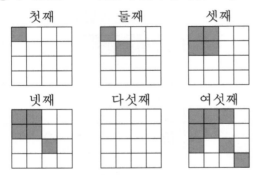

첫째　　둘째　　셋째

넷째　　다섯째　　여섯째

9 다섯째에 알맞은 도형을 그려 보세요.

서술형
10 도형의 배열에서 규칙을 찾아 써 보세요.

규칙 _____

11 일곱째에 올 도형의 배열에서 🔲의 개수는 몇 개입니까?

(　　　　)

🍄 계산식을 보고 물음에 답하세요. [12~14]

순서	계산식
첫째	203+301-302=202
둘째	303+401-402=302
셋째	403+501-502=402
넷째	503+601-602=502
다섯째	

서술형
12 어떤 규칙이 있는지 찾아 써 보세요.

규칙 _____

13 다섯째 빈칸에 알맞은 계산식을 써넣으세요.

14 이 규칙으로 803+901-902=802인 곱셈식은 몇째에 옵니까?

(　　　　)

🍄 곱셈식을 보고 물음에 답하세요. [15~16]

$$200×800=160000$$

(가)

$$400×800=320000$$
$$500×800=400000$$
$$600×800=480000$$

(나)

15 계산식 배열의 규칙에 맞게 (가)에 들어갈 식을 구하세요.

☐ × ☐ = ☐

16 (나)에 올 계산식의 결과는 얼마인지 구해 보세요.

(   )

17 곱셈식의 규칙을 이용하여 나눗셈식을 써 보세요.

$11×11=121$
$22×11=242$
$33×11=363$
$44×11=484$

🍄 엘리베이터 버튼의 수 배열을 보고 물음에 답하세요. [18~20]

23	24	25		▶◀	◀▶
17	18	19	20	21	22
11	12	13	14	15	16
5	6	7	8	9	10
B1	B2	1	2	3	4

서술형

18 버튼에 나타난 수의 배열에서 찾을 수 있는 규칙을 써 보세요.

규칙

19 규칙적인 계산식을 찾아 빈칸에 알맞게 써넣으세요.

$$5+12+19=7+12+17$$
$$6+13+20=8+13+18$$

20 규칙적인 계산식을 더 찾아 써 보세요.

6
단원

연습   각 단계에 따라 문제를 풀어 보세요.

1 규칙적인 수의 배열에서 ㉠과 ㉡에 알맞은 두 수의 합을 구하세요.

4007	4107	㉠	4307		
		5207	5307	㉡	5507

1단계 ㉠에 알맞은 수를 구하세요.

(   )

2단계 ㉡에 알맞은 수를 구하세요.

(   )

3단계 ㉠과 ㉡에 알맞은 두 수의 합을 구하세요.

(   )

도전   위에서 푼 방법을 생각하며 풀어 보세요.

1-1 규칙적인 수의 배열에서 ㉠과 ㉡에 알맞은 두 수의 합을 구하세요.

954	854	754	㉠
	1454	1354	1254	㉡

이렇게 술술풀어요

① ㉠에 알맞은 수를 구합니다.

② ㉡에 알맞은 수를 구합니다.

③ ㉠과 ㉡에 알맞은 두 수의 합을 구합니다.

풀이

_____

_____

_____

_____

답 _____

각 단계에 따라 문제를 풀어 보세요.

2 도형과 관련된 수의 규칙을 찾아 빈칸에 들어갈 도형을 그리고, ☐ 안에 알맞은 수를 구하세요.

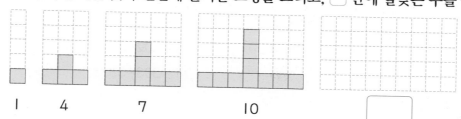

1   4   7   10

1단계 도형과 관련된 수의 규칙을 찾아 써 보세요.

규칙 _____

2단계 빈칸에 들어갈 도형을 그려 보세요.

3단계 ☐ 안에 알맞은 수를 써넣으세요.

위에서 푼 방법을 생각하며 풀어 보세요.

2-1 도형과 관련된 수의 규칙을 찾아 빈칸에 들어갈 도형을 그리고, ☐ 안에 알맞은 수를 써넣으세요.

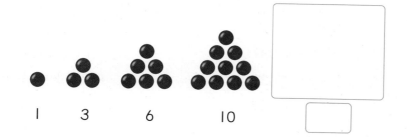

1   3   6   10

풀이

_____

_____

_____

_____

이렇게 술술풀어요

① 도형과 관련된 수의 규칙을 찾아봅니다.

② 빈칸에 들어갈 도형을 그립니다.

③ ☐ 안에 알맞은 수를 구합니다.

6단원

연습 각 단계에 따라 문제를 풀어 보세요.

3 곱셈식에서 규칙을 찾아보고, 다섯째 빈칸에 알맞은 곱셈식을 써넣으세요.

순서	곱셈식
첫째	$11 \times 101 = 1111$
둘째	$11 \times 202 = 2222$
셋째	$11 \times 303 = 3333$
넷째	$11 \times 404 = 4444$
다섯째	

1단계 어떤 규칙이 있는지 찾아 써 보세요.

규칙 _____

_____

2단계 다섯째 빈칸에 알맞은 곱셈식을 써넣으세요.

도전 위에서 푼 방법을 생각하며 풀어 보세요.

3-1 나눗셈식에서 규칙을 찾아보고, 다섯째 빈칸에 알맞은 나눗셈식을 써넣으세요.

순서	나눗셈식
첫째	$111111 \div 3 = 37037$
둘째	$222222 \div 6 = 37037$
셋째	$333333 \div 9 = 37037$
넷째	$444444 \div 12 = 37037$
다섯째	

풀이 _____

_____

_____

이렇게 술술풀어요

① 나눗셈식에서 어떤 규칙이 있는지 찾아봅니다.

② 규칙을 이용하여 다섯째 빈칸에 알맞은 나눗셈식을 써넣습니다.

실전 시험처럼 문제를 풀어 보세요.

4 도형 속의 수를 보고 규칙에 따라 빈칸에 들어갈 수를 찾아 써넣으세요.

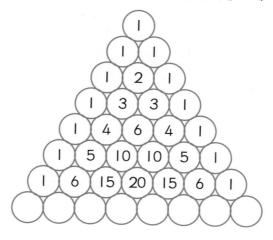

풀이

실전 시험처럼 문제를 풀어 보세요.

5 계산식에서 규칙을 찾아보고, 아홉째에 알맞은 계산식을 찾아 써 보세요.

순서	계산식
첫째	$1 \times 9 + 2 = 11$
둘째	$12 \times 9 + 3 = 111$
셋째	$123 \times 9 + 4 = 1111$
넷째	$1234 \times 9 + 5 = 11111$

풀이

답

100점
예상문제

수학 4-1

3~4 학년군

1 큰 수

1 다음 중 나타내는 수가 <u>다른</u> 것은 어느 것입니까?
( )

① 9999 다음의 수
② 1000이 10개인 수
③ 9990보다 10만큼 더 큰 수
④ 9900보다 100만큼 더 큰 수
⑤ 7000보다 300만큼 더 큰 수

2 ㉠이 나타내는 값은 ㉡이 나타내는 값의 몇 배입니까?

126435980072	643712405
㉠	㉡

( )

3 0 에서 7 까지의 수 카드를 모두 한 번씩만 사용하여 만들 수 있는 가장 작은 수를 읽어 보세요.

_____

4 수로 나타낼 때 0을 가장 많이 써야 하는 것을 찾아 기호를 쓰세요.

㉠ 팔만
㉡ 백이십오만 육천칠백
㉢ 오억 칠천육만 구천이백삼

( )

5 규칙에 따라 ㉠, ㉡에 알맞은 수를 각각 구하세요.

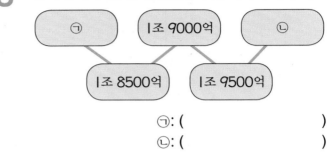

㉠: ( )
㉡: ( )

6 어떤 수에서 100조씩 3번 뛰어 센 수가 5094조였습니다. 어떤 수를 구해 보세요.

( )

7 두 수의 크기를 비교하여 ◯ 안에 >, =, <를 알맞게 써넣으세요.

조가 51개, 억이 19개인 수

◯ 51090000000000

2 각도

8 두 각 중 크기가 더 작은 각의 기호를 쓰세요.

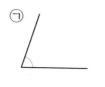　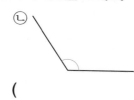

(　　　　　)

9 각도를 바르게 잰 것을 모두 고르세요. (　　　)

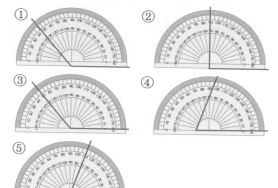

10 각도기와 자를 이용하여 크기가 150°인 각을 그려 보세요.

11 둔각은 어느 것입니까? (　　　)

12 각도가 큰 것부터 차례대로 기호를 쓰세요.

ㄱ 45°+35°　　　ㄴ 170°−25°
ㄷ 70°+90°　　　ㄹ 100°−40°

(　　　　　)

13 ㉠과 ㉡의 각도의 합을 구해 보세요.

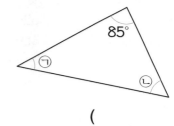

85°

(　　　　　)

100점
예상
문제

서술형

14 두 도형의 모든 각도의 합은 몇 도인지 풀이 과정을 쓰고 답을 구하세요.

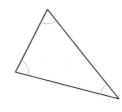　

_____

_____

(　　　　　)

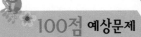
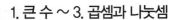
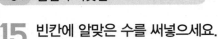

3 곱셈과 나눗셈

15 빈칸에 알맞은 수를 써넣으세요.

×	5	50
248		

18 나머지가 <u>다른</u> 것은 어느 것입니까? (　　　)

① 198÷20　　　② 228÷30
③ 318÷60　　　④ 428÷50
⑤ 738÷80

16 곱이 큰 것부터 차례대로 기호를 쓰세요.

> ㉠ 571×28　　㉡ 624×16
> ㉢ 329×45　　㉣ 459×30

(　　　　　　　)

19 ㉠에 알맞은 수를 구해 보세요.

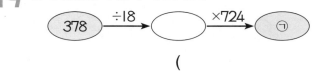

(　　　　　　　)

17 68명이 일하는 인형 공장이 있습니다. 한 사람이 하루에 127개의 인형을 만든다면 이 공장에서 하루에 만드는 인형은 모두 몇 개인지 구해 보세요.

식 _____

답 _____

서술형

20 풍선이 980개 있습니다. 이것을 한 상자에 35개씩 담아서 한 상자에 850원을 받고 모두 팔았습니다. 풍선을 판 돈은 모두 얼마인지 풀이 과정을 쓰고 답을 구하세요.

_____
_____
_____

(　　　　　　　)

4 평면도형의 이동

1 ④ 도형은 ㉮ 도형을 이동한 모양입니다. 이동 방법을 바르게 설명한 것은 어느 것입니까? (   )

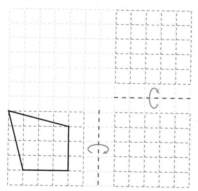

① 왼쪽으로 5cm만큼 밀었습니다.
② 왼쪽으로 9cm만큼 밀었습니다.
③ 오른쪽으로 5cm만큼 밀었습니다.
④ 오른쪽으로 9cm만큼 밀었습니다.
⑤ 오른쪽으로 10cm만큼 밀었습니다.

2 주어진 도형을 오른쪽으로 뒤집고 위쪽으로 뒤집었을 때의 모양을 그려 보세요.

3 도형을 시계 방향으로 270°만큼 돌렸을 때의 모양을 그려 보세요.

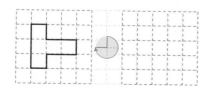

4 오른쪽 도형을 주어진 방향으로 돌렸을 때, 서로 같은 모양끼리 짝지은 것은 어느 것입니까?

(   )

① 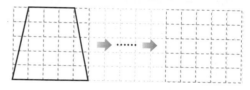 ②
③ ④
⑤

5 왼쪽 도형을 오른쪽으로 2번 뒤집고 시계 반대 방향으로 90°만큼 2번 돌린 모양을 그려 보세요.

6 주어진 도형을 움직여서 생긴 모양을 그린 것입니다. 어떻게 움직였는지 바르게 설명한 것을 찾아 기호를 쓰세요.

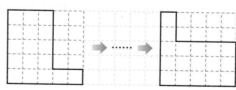

㉠ 아래쪽으로 뒤집은 후 오른쪽으로 뒤집었습니다.
㉡ 위쪽으로 뒤집은 후 시계 방향으로 270°만큼 돌렸습니다.
㉢ 왼쪽으로 2번 뒤집은 후 시계 반대 방향으로 90°만큼 돌렸습니다.

(   )

100점
예상
문제

7 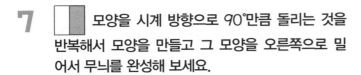 모양을 시계 방향으로 90°만큼 돌리는 것을 반복해서 모양을 만들고 그 모양을 오른쪽으로 밀어서 무늬를 완성해 보세요.

5 막대그래프

어느 아기 동물원의 동물 수를 조사하여 막대그래프로 나타낸 것입니다. 물음에 답하세요. [8~10]

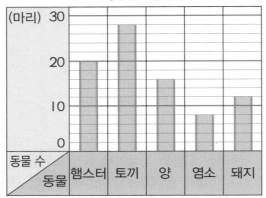

아기 동물원의 동물 수

8 아기 동물원에서 수가 가장 많은 동물은 무엇입니까?

( )

9 막대그래프에서 세로 눈금 한 칸은 몇 마리를 나타냅니까?

( )

10 막대그래프에 나타난 내용을 잘못 설명한 것은 어느 것입니까? ( )

① 가로는 동물을 나타냅니다.
② 세로는 동물 수를 나타냅니다.
③ 토끼는 양보다 12마리 더 많습니다.
④ 동물 수가 염소보다 많고 햄스터보다 적은 동물은 토끼와 양입니다.
⑤ 막대그래프를 통해 아기 동물원의 동물 수를 한 눈에 비교할 수 있습니다.

올림픽 경기 종목 중 현희네 반 학생들이 체험해 보고 싶은 경기 종목을 조사하여 나타낸 표입니다. 물음에 답하세요. [11~14]

학생들이 체험해 보고 싶은 경기 종목

경기 종목	양궁	사격	체조	승마	펜싱	합계
학생 수 (명)	10	2			2	28

서술형

11 승마를 체험해 보고 싶은 학생이 체조보다 2명 더 많습니다. 체조를 체험해 보고 싶은 학생은 몇 명인지 풀이 과정을 쓰고 답을 구하세요.

( )

12 막대그래프로 나타내어 보세요.

학생들이 체험해 보고 싶은 경기 종목

13 가장 많은 학생들이 체험해 보고 싶은 경기 종목은 무엇입니까?

(   )

14 결과에 따라 현희네 반 학생들이 단체로 한 가지만 체험해 보려고 한다면 어떤 경기 종목을 선택해야 합니까?

(   )

6 규칙 찾기

수 배열표를 보고 물음에 답하세요. [15~16]

1001	1011	1021	1031	1041
1101	1111	1121	㉠	1141
1201	1211	1221	1231	㉡
1301	1311	1321	1331	1341
1401	㉢	1421	1431	1441

15 수 배열의 규칙에 맞게 ㉠, ㉡, ㉢에 들어갈 수를 쓰세요.

㉠: (   )
㉡: (   )
㉢: (   )

 서술형

16 초록색으로 색칠된 칸에 나타난 규칙을 찾아 써 보세요.

_____

_____

도형의 배열을 보고 물음에 답하세요. [17~18]

첫째   둘째   셋째   넷째

17 다섯째에 올 도형에서 사각형의 개수를 구하세요.

(   )

18 다섯째에 올 도형을 그려 보세요.

19 계산식 배열의 규칙에 맞게 빈칸에 들어갈 식을 써넣으세요.

$$6 \times 105 = 630$$
$$6 \times 1005 = 6030$$
$$6 \times 10005 = 60030$$

$$6 \times 1000005 = 6000030$$

20 달력을 보고, 규칙적인 계산식을 찾아 ☐ 안에 알맞은 수를 써넣으세요.

○월

일	월	화	수	목	금	토
1	2	3	4	5	6	7
8	9	10	11	12	13	14
15	16	17	18	19	20	21
22	23	24	25	26	27	28
29	30	31				

$$8 + 15 + 22 = 15 \times 3$$
$$9 + 16 + 23 = 16 \times 3$$
$$10 + \boxed{} + \boxed{} = \boxed{} \times 3$$

1 큰 수

1 100원짜리 동전 90개가 있습니다. 10000원이 되려면 얼마가 더 있어야 합니까?

( )

2 빈칸에 알맞은 수나 말을 써넣으세요.

34921	삼만 사천구백이십일
5010009	
	팔억 십만 칠천

3 숫자 3이 3억을 나타내는 수는 어느 것입니까?

( )

① 23578249
② 8294369725
③ 302169014
④ 53206274000
⑤ 92038657000

4 다음과 같은 규칙으로 뛰어 세기를 할 때 315억에서 3번 뛰어 세기를 한 수는 얼마인지 풀이 과정을 쓰고 답을 구하세요.

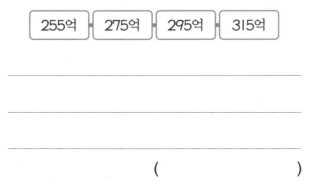

255억 - 275억 - 295억 - 315억

_____

_____

( )

2 각도

5 큰 각부터 차례로 ( ) 안에 번호를 써넣으세요.

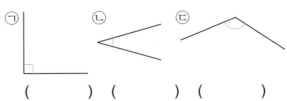

ㄱ   ㄴ   ㄷ

( ) ( ) ( )

서술형

6 ㉠과 ㉡의 각도의 합은 몇 도인지 풀이 과정을 쓰고 답을 구하세요.

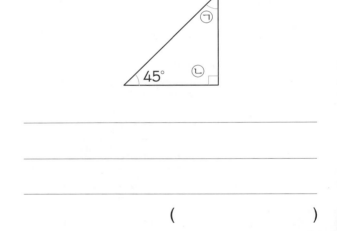

45°

_____

_____

( )

7 ㉠의 각도를 구해 보세요.

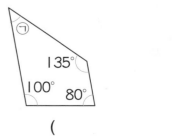

135°
100°   80°

( )

8 계산 결과에 맞게 선으로 이어 보세요.

(1) 400×50 •   • ㉠ 27000

(2) 260×80 •   • ㉡ 20800

(3) 300×90 •   • ㉢ 20000

9 842가구가 살고 있는 아파트 단지가 있습니다. 이 아파트 단지에 살고 있는 모든 가구들이 하루에 15 L 씩 물을 절약한다면 이 아파트 단지에서 하루 동안 절약하게 되는 물의 양은 몇 L인지 구해 보세요.

식 _____

답 _____

10 몫이 가장 작은 것은 어느 것입니까? (   )

① 150÷30   ② 250÷40

③ 268÷70   ④ 513÷60

⑤ 721÷90

11 가운데 도형을 왼쪽과 오른쪽으로 밀었을 때의 모양을 각각 그려 보세요.

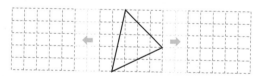

12 모양 조각을 한 번 뒤집은 것입니다. 어느 방향으로 뒤집었는지 말해 보세요.

〈뒤집기 전〉   〈뒤집기 후〉

13 주어진 도형을 오른쪽으로 뒤집고 시계 반대 방향으로 180°만큼 돌렸을 때의 모양을 각각 그려 보세요.

14 일정한 규칙에 따라 무늬를 완성하려고 합니다. 각 번호에 들어갈 모양을 바르게 짝지은 것을 모두 고르세요. (   )

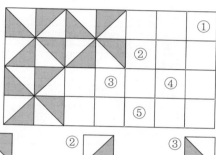

①   ②   ③

④   ⑤

15 주아네 반 학생들이 좋아하는 음식을 조사하여 나타낸 막대그래프입니다. ☐ 안에 알맞은 수를 써넣으세요.

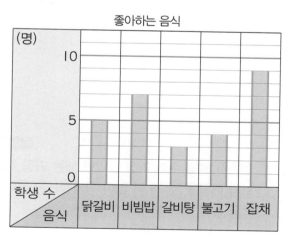

세로 눈금 한 칸은 ☐ 명을 나타내므로 닭갈비를 좋아하는 학생은 ☐ 명, 잡채를 좋아하는 학생은 ☐ 명입니다.

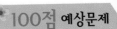

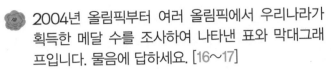
2004년 올림픽부터 여러 올림픽에서 우리나라가 획득한 메달 수를 조사하여 나타낸 표와 막대그래프입니다. 물음에 답하세요. [16~17]

여러 올림픽에서 우리나라가 획득한 메달 수

개최 연도	2004	2008	2012	2016	합계
메달 수 (개)		31	28	21	110

여러 올림픽에서 우리나라가 획득한 메달 수

개최 연도 \ 메달 수	2004	2008	2012	2016	0	10	20	30 (개)

16 막대그래프를 완성해 보세요.

서술형

17 획득한 메달 수가 가장 많았던 해는 가장 적었던 해보다 메달을 몇 개 더 많이 획득했는지 풀이 과정을 쓰고 답을 구해 보세요.

_____

_____

(   )

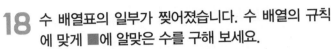
6 규칙 찾기

18 수 배열표의 일부가 찢어졌습니다. 수 배열의 규칙에 맞게 ■에 알맞은 수를 구해 보세요.

10001	10101	10201	10301	10401
20002	20102	20202	20302	20402
30003	30103	30203		
40004	40104	■		
50005	5			

(   )

19 수 배열의 규칙에 맞게 빈칸에 알맞은 수를 써넣으세요.

| 2442 | 2552 | 2662 | | 2882 |

20 나눗셈식에서 규칙을 찾아 빈칸에 알맞은 식을 써넣으세요.

1221÷11=111
2442÷22=111

[   ]

4884÷44=111

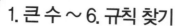

1 큰 수

1 10000이 5개, 1000이 6개, 100이 3개, 10이 9개, 1이 4개인 수를 쓰고 읽어 보세요.

쓰기 _____

읽기 _____

2 수 카드를 2번씩 모두 사용하여 만들 수 있는 가장 큰 8자리 수를 쓰고 읽어 보세요.

쓰기 _____

읽기 _____

3 수의 크기를 비교하여 큰 수부터 차례대로 기호를 쓰세요.

> ㉠ 육조 팔천만
> ㉡ 608억의 100배인 수
> ㉢ 681000000000

(_____)

2 각도

4 각도기를 이용하여 각도를 재어 보세요.

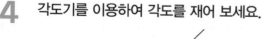

(_____)

5 시계의 긴바늘과 짧은바늘이 이루는 작은 쪽의 각이 둔각인 시각은 어느 것입니까? ( )

① 1시
② 3시
③ 5시 30분
④ 7시 30분
⑤ 10시 30분

6 각도의 합과 차를 구해 보세요.

(1) 95°+30°

(2) 110°−85°

서술형

7 삼각형 2개를 겹쳐 놓은 것입니다. ㉠과 ㉡의 각도의 차는 몇 도인지 풀이 과정을 쓰고 답을 구해 보세요.

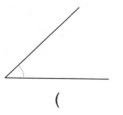

35°

25°

_____

_____

(_____)

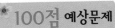
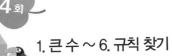

3 곱셈과 나눗셈

8 곱의 크기를 비교하여 ◯ 안에 >, =, <를 알맞게 써넣으세요.

412×23 ◯ 180×45

9 ☐ 안에 알맞은 수를 써넣으세요.

805 ➡ ÷23 ➡ ☐

10 장미 294송이를 한 다발에 15송이씩 묶어 꽃다발을 만들려고 합니다. 만들 수 있는 꽃다발은 몇 다발입니까? 또 남은 장미는 몇 송이입니까?

 _____

답 _____

4 평면도형의 이동

11 주어진 도형을 오른쪽으로 7 cm 밀고 아래쪽으로 3 cm 밀었을 때의 모양을 그려 보세요.

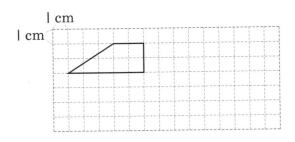

12 주어진 도형을 시계 방향으로 90°만큼 돌렸을 때의 모양을 그려 보세요.

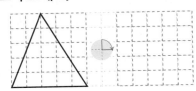

13 어떤 도형을 위쪽으로 2번 뒤집고 시계 방향으로 90°만큼 돌린 모양이 다음과 같았습니다. 처음 도형을 그려 보세요.

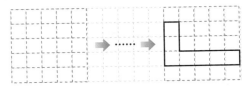

5 막대그래프

 주사위를 30번 굴려서 나온 수를 표로 정리하여 나타낸 것입니다. 물음에 답하세요. [14~16]

주사위를 굴려서 나온 수

주사위 눈의 수	1	2	3	4	5	6	합계
나온 횟수 (번)	4	5	3	6	8	4	30

14 표를 보고 세로 눈금 한 칸이 나온 횟수 1번을 나타내는 막대그래프로 나타내려고 합니다. 그래프의 가로와 세로에는 각각 무엇을 나타내야 합니까?

㉠ 가로: (   )

㉡ 세로: (   )

15 표를 보고 막대그래프로 나타내어 보세요.

주사위를 굴려서 나온 수

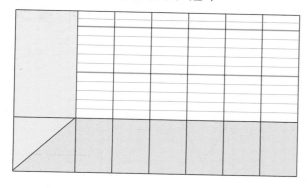

16 나온 횟수가 적은 주사위 눈의 수부터 차례대로 막대그래프로 나타내어 보세요.

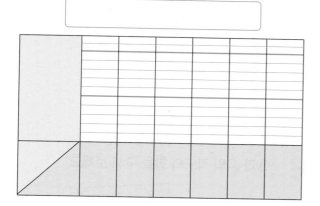

6 규칙 찾기

17 수 배열표를 보고 다음 조건을 만족하는 규칙적인 수의 배열을 찾아 색칠해 보세요.

1001	1101	1201	1301
2001	2101	2201	2301
3001	3101	3201	3301
4001	4101	4201	4301

- 가장 작은 수는 1001입니다.
- 다음 수는 앞의 수보다 1100씩 커집니다.

18 규칙에 따라 빈칸에 올 모양을 알맞게 그리고 색칠해 보세요.

19 덧셈식에서 규칙을 찾아 빈칸에 알맞은 식을 써넣으세요.

400+700=1100
400+1700=2100

400+3700=4100

20 주어진 곱셈식의 규칙을 이용하여 나눗셈식을 써 보세요.

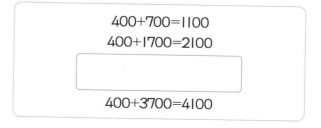

20×11=220
20×22=440
20×33=660
20×44=880

÷　=
÷　=
÷　=
÷　=

100점
예상
문제

1 큰 수

1 설명하는 수가 얼마인지 써 보세요.

> 100만이 32개, 10만이 9개, 만이 5개인 수

( )

2 빈 곳에 알맞은 수를 써넣으세요.

61억 81억 101억

○ ○ ○

( ) ( )

3 어느 해 우리나라의 광역시별 인구 수를 나타낸 표입니다. 인구 수가 두 번째로 많은 곳은 어디인지 풀이 과정을 쓰고 답을 구해 보세요.

서술형

부산광역시	3486570	대구광역시	2481985
인천광역시	2946915	광주광역시	1466451
대전광역시	1508137	울산광역시	1167525

_____

_____

_____

( )

2 각도

4 각의 크기를 재어 ☐ 안에 알맞은 수를 써넣고, 주어진 선분을 이용하여 같은 크기의 각을 그려 보세요.

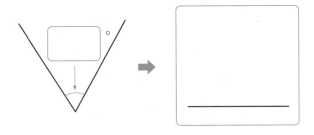

5 ☐ 안에 알맞은 각도를 써넣으세요.

(1) ☐°+40°=90°

(2) 130°−☐°=65°

6 ㉠과 ㉡의 각도의 합을 구해 보세요.

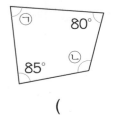

80°
㉠
85°
㉡

( )

3 곱셈과 나눗셈

7 곱이 40000인 것을 모두 찾아 기호를 쓰세요.

| ㉠ 500×80 | ㉡ 160×25 |
| ㉢ 200×20 | ㉣ 800×50 |

( )

8 어느 놀이공원의 시계탑에서는 매 시간 정각에 뻐꾸기 인형이 한 번씩 나옵니다. 1년을 365일로 계산한다면 이 시계탑에서는 뻐꾸기 인형이 1년 동안 몇 번 나오는지 풀이 과정을 쓰고 답을 구하세요.

_____

_____

_____

( )

9 ☐ 안에 알맞은 수를 써넣으세요.

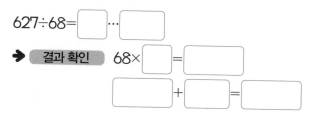

10 길이가 456 m인 도로의 한 쪽에 처음부터 끝까지 24 m 간격으로 나무를 심으려고 합니다. 나무는 모두 몇 그루가 필요합니까? (단, 나무의 두께는 생각하지 않습니다.)

( )

4 평면도형의 이동

11 보기 의 도형을 왼쪽으로 뒤집었을 때의 모양에 ◯표 하세요.

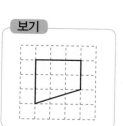

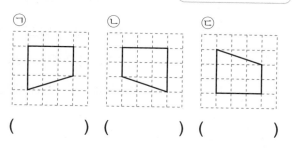

( ) ( ) ( )

12 시계 방향으로 180°만큼 돌렸을 때의 모양이 처음 도형과 같은 것을 모두 고르세요. ( )

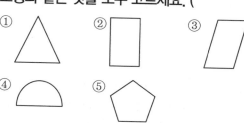

13 왼쪽 도형을 뒤집기와 돌리기를 한 번씩 하였더니 오른쪽 모양이 되었습니다. 도형의 이동 방법을 설명해 보세요.

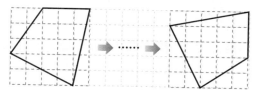

_____

_____

5 막대그래프

 여러 올림픽에 참가한 우리나라 선수 수를 조사하여 나타낸 막대그래프입니다. 물음에 답하세요.

[14~15]

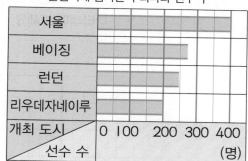

올림픽에 참가한 우리나라 선수 수

14 가로와 세로는 각각 무엇을 나타냅니까?

㉠ 가로: ( )

㉡ 세로: ( )

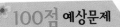 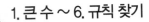 
15 가로 눈금 한 칸은 선수 몇 명을 나타냅니까?

(   )

2014년 소치 동계 올림픽에서 아시아에 있는 나라들이 획득한 메달 수를 조사하여 나타낸 표입니다. 표를 보고 막대그래프로 나타내려고 합니다. 물음에 답하세요. [16~17]

소치 동계 올림픽에서 획득한 메달 수

나라	대한민국	중국	일본	카자흐스탄	합계
메달 수 (개)	8	9		1	26

16 표를 보고 막대그래프로 나타내어 보세요.

(개)
10
5
0

메달 수 / 나라	대한민국	중국	일본	카자흐스탄

17 가로에는 메달 수, 세로에는 나라가 나타나도록 가로로 된 막대그래프로 나타내어 보세요.

대한민국				
중국				
일본				
카자흐스탄				
나라 / 메달 수	0			( )

6 규칙 찾기

18 수 배열표를 보고 ■, ●에 알맞은 수를 각각 구해 보세요.

×	2001	2002	2003	2004	2005
11	1	2	3	4	5
12	2	4	6	■	
13	3	6			
14	4		●		

■ = ☐, ● = ☐

19 수 배열의 규칙에 맞게 빈칸에 알맞은 수를 써넣으세요.

144	72	36		9

20 곱셈식을 보고 다섯째 빈칸에 알맞은 곱셈식을 써넣으세요.

순서	곱셈식
첫째	101×22=2222
둘째	1001×22=22022
셋째	10001×22=220022
넷째	100001×22=2200022
다섯째	

1 큰 수

1 ☐ 안에 알맞은 수를 써넣으세요.

1억 ┬ 10만이 ☐ 개인 수
 ├ 100만이 ☐ 개인 수
 └ 1000만이 ☐ 개인 수

2 보기 와 같은 규칙으로 뛰어 세어 보세요.

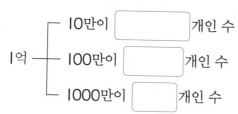

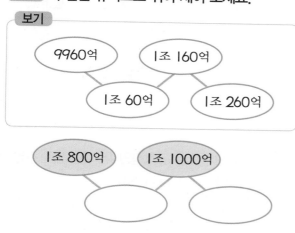

3 1에서 9까지의 숫자 중에서 ☐ 안에 들어갈 수 있는 숫자를 쓰세요.

7258967 < 725☐290

( )

2 각도

4 각을 보고 예각, 둔각 중 어느 것인지 ☐ 안에 써넣으세요.

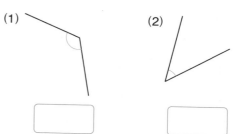

(1) (2)

5 각도가 가장 큰 것을 찾아 기호를 쓰세요.

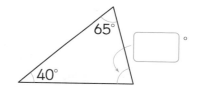

㉠ 70°+60° ㉡ 25°+125°
㉢ 180°−90° ㉣ 100°−15°

( )

6 ☐ 안에 알맞은 각도를 써넣으세요.

65°
☐ °
40°

서술형

7 ㉠의 각도는 몇 도인지 풀이 과정을 쓰고 답을 구하세요.

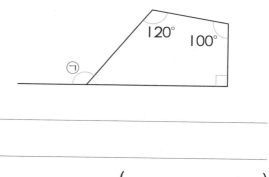

120° 100°
㉠

_____

_____

( )

100점
예상
문제

3 곱셈과 나눗셈

8 잘못 계산한 곳을 찾아 바르게 고치고, 이유를 써 보세요.

```
      4 1 4
    ×   5 8
    3 3 1 2
    2 0 7 0
    5 3 8 2
```
→ ☐

이유

9 어떤 수를 40으로 나누었더니 몫이 7이고 나머지 가 6이었습니다. 이 수를 50으로 나눌 때의 몫과 나머지는 얼마인지 풀이 과정을 쓰고 답을 구하세요.

몫 _____

나머지 _____

10 가장 큰 수를 가장 작은 수로 나눈 몫과 나머지를 구해 보세요.

| 607 | 96 | 706 | 69 |

몫 _____

나머지 _____

4 평면도형의 이동

11 주어진 도형을 위쪽으로 뒤집고 아래쪽으로 뒤집었 을 때의 모양을 그려 보세요.

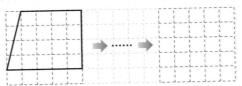

12 오른쪽 모양은 왼쪽 도형을 돌린 모양입니다. 어떻 게 돌렸는지 ☐ 안에 알맞은 것을 모두 고르세요.

(   )

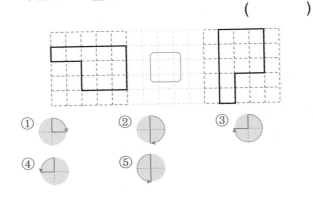

① ② ③
④ ⑤

 ☐ 모양으로 규칙적인 무늬를 만든 것입니다. 물 음에 답하세요. [13~14]

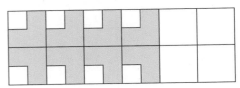

13 어떤 규칙으로 만들었는지 알맞은 말에 ◯표 하세 요.

> ☐ 모양을 오른쪽으로 (밀어서 , 뒤집어서)
> 모양을 만들고 그 모양을 아래쪽으로 (뒤집어서 ,
> 돌려서) 무늬를 만들었습니다.

14 규칙에 따라 빈칸을 채워 무늬를 완성해 보세요.

상협이네 반과 지운이네 반 학생들이 놀이 공원에서 타고 싶어 하는 놀이 기구를 조사하여 나타낸 막대그래프입니다. 물음에 답하세요 [15~17]

상협이네 반 학생들이
타고 싶어 하는 놀이 기구

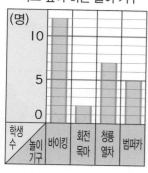

지운이네 반 학생들이
타고 싶어 하는 놀이 기구

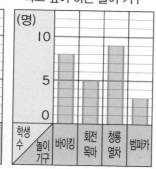

15 각각의 막대그래프에서 타고 싶어 하는 학생 수가 가장 많은 놀이 기구는 무엇입니까?

ㄱ 상협이네 반: (   )

ㄴ 지운이네 반: (   )

16 각각의 막대그래프에서 타고 싶어 하는 학생 수가 가장 적은 놀이 기구는 무엇입니까?

ㄱ 상협이네 반: (   )

ㄴ 지운이네 반: (   )

17 상협이네 반과 지운이네 반 학생들이 함께 놀이 공원에 가서 놀이 기구를 타려고 합니다. 막대그래프를 보고 탈 놀이 기구를 2가지 정한다면 어느 것이 좋을지 써 보세요.

(   )

18 규칙적인 수의 배열에서 ■, ●에 알맞은 수를 각각 구해 보세요.

| 1730 | 1780 | 1830 | ■ | 1930 | ● |

■ = [   ] , ● = [   ]

19 도형과 관련된 수의 규칙을 찾아 빈칸에 들어갈 도형을 그리고, ☐ 안에 알맞은 수를 써넣으세요.

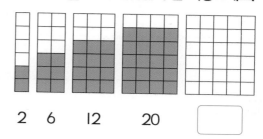

2   6   12   20   [   ]

20 계산식을 보고 값이 8×8이 되는 식을 찾아 써 보세요.

순서	곱셈식
첫째	1+2+1=2×2
둘째	1+2+3+2+1=3×3
셋째	1+2+3+4+3+2+1=4×4
넷째	1+2+3+4+5+4+3+2+1=5×5

식 ＿＿＿＿＿＿＿＿＿＿＿＿＿＿＿＿＿＿

100점
예상
문제

MEMO

10종 검정 교과서

완벽 분석
종합평가

수학

4-1

1 빈칸에 알맞은 수를 써넣으세요.

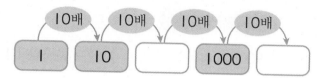

I →(10배)→ 10 →(10배)→ □ →(10배)→ 1000 →(10배)→ □

2 규칙에 따라 빈칸에 알맞은 수를 써넣으세요.

9996   9997   9998   □   □

3 수를 보고 표의 빈칸과 □ 안에 알맞은 수를 써넣으세요.

29374				
만	천	백	십	일
2				4

29374
=20000+9000+□+□+□

4 빈칸에 알맞은 수나 말을 써넣으세요.

58734	오만 팔천칠백삼십사
	사만 육백팔십오
38041	

○서술형○

5 모형 돈이 모두 얼마인지 풀이 과정을 쓰고 답을 구해 보세요.

_____

_____

(   )

6 61450000은 얼마큼의 수인지 알아보려고 합니다. 각 자리의 숫자 6, 1, 4, 5는 각각 얼마를 나타내는지 알아보세요.

6	1	4	5	0	0	0	0
천	백	십	일	천	백	십	일
			만				일

61450000=60000000+□

     +□+50000

7 ○보기○와 같이 나타내어 보세요.

○보기○
17843167
→ 1784만 3167
천칠백팔십사만 삼천백육십칠

29301685

→ _____

→ _____

8 빈칸에 알맞은 수나 말을 써넣으세요.

68340000	육천팔백삼십사만
29010000	
	구천백오십만

9 □ 안에 알맞은 수를 써넣으세요.

(1) 1000만의 10배는 [   ] 입니다.

(2) 100만의 100배는 [   ] 입니다.

10 3517억은 얼마만큼의 수인지 알아보려고 합니다. □ 안에 알맞은 수를 써넣으세요.

	(억)				(만)				(일)		
3	5	1	7	0	0	0	0	0	0	0	0
천	백	십	일	천	백	십	일	천	백	십	일

3517억
=3000억+[   ]+[   ]+[   ]

11 수를 보고 □ 안에 알맞은 수를 써넣으세요.

536074690652

억이 [   ] 개, 만이 [   ] 개, 일이

[   ] 개인 수입니다.

12 □ 안에 알맞은 수를 써넣으세요.

1조는

9000억보다 [   ] 만큼 더 큰 수입니다.

9990억보다 [   ] 만큼 더 큰 수입니다.

9999억보다 [   ] 만큼 더 큰 수입니다.

13 설명하는 수를 쓰고, 읽어 보세요.

조가 125개, 억이 8034개인 수

쓰기 _____

읽기 _____

· 서술형 ·

14 ㉠이 나타내는 값은 ㉡이 나타내는 값의 몇 배인지 풀이 과정을 쓰고 답을 구해 보세요.

2520000000000000
㉠ ㉡

_____

( )

15 주어진 규칙에 맞게 뛰어 세어 보세요.

(1) 20억씩 뛰어 세기

| 117억 | 137억 | | |

(2) 50조씩 뛰어 세기

| 910조 | | 1010조 | |

서술형

16 규칙을 정하여 뛰어 세어 보고 얼마씩 뛰어 세었는지 이야기해 보세요.

| 85억 | | | |

_____

_____

17 뛰어 세기를 하여 빈칸에 알맞은 수를 써넣으세요.

(1)
| 21000 | 23000 | | 27000 | |

(2)
| 780만 | 1080만 | 1380만 | | |

18 두 수의 크기를 비교하여 ○ 안에 >, =, <를 알맞게 써넣으세요.

(1) 3406000 ◯ 470000

(2) 3165만 2700 ◯ 3166만 9000

(3) 162조 2100억 ◯ 162조 1900억

19 657000과 653000을 수직선에 ↓로 나타내고, 두 수의 크기를 비교하여 알맞은 말에 ○표 하세요.

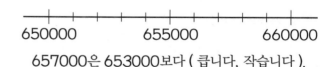

650000   655000   660000

657000은 653000보다 (큽니다, 작습니다).

20 큰 수부터 차례로 기호를 써 보세요.

㉠ 4740000000
㉡ 27억 5400만
㉢ 3100000000

(   )

1 두 각 중에서 더 작은 각을 찾아 ○표 하세요.

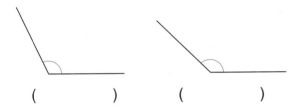

(   )   (   )

2 컴퍼스가 가장 크게 벌어진 것에 ○표 하세요.

(   ) (   ) (   )

3 각의 크기가 가장 큰 각과 가장 작은 각을 각각 찾아 기호를 쓰세요.

가   나   다

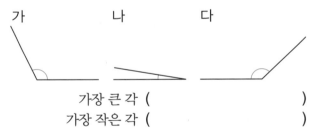

가장 큰 각 (   )

가장 작은 각 (   )

4 각도를 읽어 보세요.

(1)   (2)

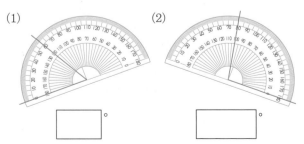

5 각도기를 이용하여 각도를 재어 보세요.

(1)   (2)

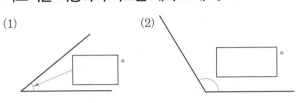

6 각도기를 이용하여 도형의 각도를 재어 보세요.

(1)

(2)

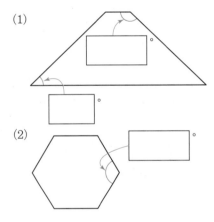

7 각도가 70°인 각 ㄱㄴㄷ을 그리려고 합니다. 점 ㄱ을 어느 곳에 표시해야 할까요?

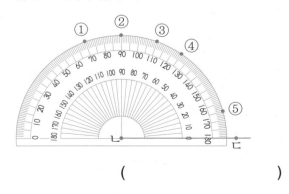

(   )

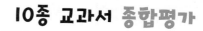

8 주어진 각도의 각을 각도기 위에 그려 보세요.

(1) 110° (2) 70°

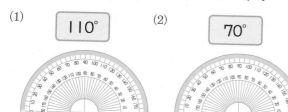

9 □ 안에 알맞은 말을 써넣으세요.

(1) 각도가 0°보다 크고 직각보다 작은 각을
□(이)라고 합니다.

(2) 각도가 직각보다 크고 180°보다 작은 각을
□(이)라고 합니다.

10 각을 보고 예각, 직각, 둔각 중 어느 것인지 □ 안에 써넣으세요.

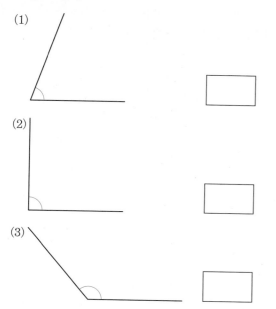

(1)

(2)

(3)

11 주어진 선분을 이용하여 예각과 둔각을 그려 보세요.

(1) 예각 (2) 둔각

12 각도를 어림하고, 각도기로 재어 확인해 보세요.

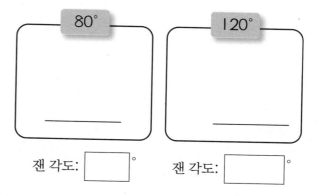

어림한 각도: 약 □°

잰 각도: □°

13 주어진 각도의 각을 어림하여 그리고, 각도기로 확인해 보세요.

80° 120°

잰 각도: □° 잰 각도: □°

14 각도의 합과 차를 구해 보세요.

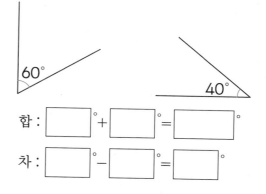

60° 40°

합 : □° + □° = □°

차 : □° - □° = □°

15 각도기로 각도를 재어 두 각도의 합과 차를 구해 보세요.

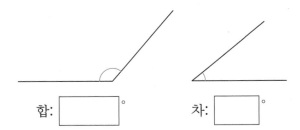

합: ☐°   차: ☐°

16 계산 결과가 가장 큰 것을 찾아 ○표 하세요.

90°+50°   180°−100°   73°+85°

(   )   (   )   (   )

〔서술형〕

17 세 각의 크기를 각도기로 재어 삼각형의 세 각의 크기의 합을 구하려고 합니다. 풀이 과정을 쓰고 답을 구해 보세요.

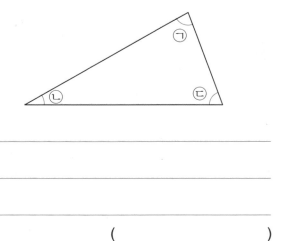

(   )

18 ☐ 안에 알맞은 수를 써넣으세요.

(1)   (2)

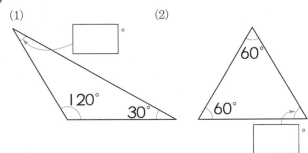

19 ☐ 안에 알맞은 수를 써넣으세요.

(1)   (2)

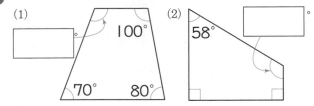

〔서술형〕

20 사각형을 잘라서 네 꼭짓점이 한 점에 모이도록 겹치지 않게 이어 붙였습니다. ㉠의 각도를 구하는 풀이 과정을 쓰고 답을 구해 보세요.

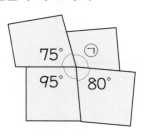

(   )

1 □ 안에 알맞은 수를 써넣으세요.

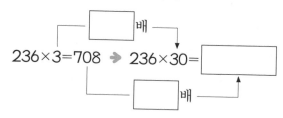

$$236 \times 3 = 708 \;\Rightarrow\; 236 \times 30 = \boxed{}$$

2 계산해 보세요.

(1)
$$\begin{array}{r} 4\;0\;7 \\ \times \quad 4\;0 \\ \hline \end{array}$$

(2)
$$\begin{array}{r} 5\;3\;2 \\ \times \quad 6\;0 \\ \hline \end{array}$$

(3) $272 \times 20 = \boxed{}$

(4) $620 \times 50 = \boxed{}$

3 하마가 사료를 하루에 283 kg씩 먹는다고 합니다. 30일 동안 이 하마가 먹는 사료의 양은 모두 몇 kg 일까요?

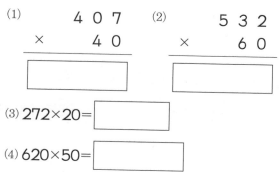

풀이 _____

답 _____

4 □ 안에 알맞은 수를 써넣으세요.

$$\begin{array}{r} 3\;4\;5 \\ \times \quad 2\;3 \quad \leftarrow 20+3 \\ \hline \boxed{} \quad \leftarrow 345 \times \boxed{} \\ \boxed{} \quad \leftarrow 345 \times \boxed{} \\ \hline \boxed{} \end{array}$$

5 계산해 보세요.

(1)
$$\begin{array}{r} 2\;3\;7 \\ \times \quad 3\;2 \\ \hline \end{array}$$

(2)
$$\begin{array}{r} 4\;3\;5 \\ \times \quad 1\;4 \\ \hline \end{array}$$

6 계산 결과를 비교하여 ○ 안에 >, =, <를 알맞게 써넣으세요.

$$275 \times 26 \; \bigcirc \; 159 \times 42$$

서술형

7 수 카드를 한 번씩만 사용하여 만들 수 있는 가장 작은 세 자리 수와 14를 곱하면 얼마인지 풀이 과정을 쓰고 답을 구해 보세요.

_____

_____

(   )

8 빈칸에 알맞은 수를 써넣고 180÷30의 몫을 구해 보세요.

×	5	6	7
30			

180÷30= ☐

9 계산해 보세요.

(1)
$$60\overline{)257}$$

(2)
$$80\overline{)560}$$

몫 ＿＿＿＿＿＿

나머지 ＿＿＿＿＿＿

몫 ＿＿＿＿＿＿

나머지 ＿＿＿＿＿＿

10 몫이 <u>다른</u> 식을 찾아 기호를 써 보세요.

㉠ 120÷20	㉡ 195÷30
㉢ 240÷40	㉣ 380÷50

(＿＿＿＿＿＿)

11 어림한 나눗셈의 몫으로 가장 적절한 곳에 ○표 하세요.

81÷17 —— 2 4 20 40

12 계산을 하고 계산 결과가 맞는지 확인해 보세요.

(1)
$$24\overline{)72}$$

〈확인〉 ＿＿＿＿＿＿＿＿

(2)
$$39\overline{)198}$$

〈확인〉 ＿＿＿＿＿＿＿＿

＿＿＿＿＿＿＿＿＿＿＿＿

13 나눗셈의 몫을 찾아 선으로 이어 보세요.

84÷14	259÷51

•　　　　•

•　　　•　　　•

4　　　5　　　6

14 빈칸에 알맞은 수를 써넣고 385÷18의 몫을 어림해 보세요.

×	10	20	30
18			

385÷18의 몫은 ☐ 보다 크고 ☐ 보다 작습니다.

15 계산해 보세요.

(1)
$$36 \overline{)828}$$

(2)
$$17 \overline{)289}$$

몫 _____

나머지 _____

몫 _____

나머지 _____

16 잘못 계산한 곳을 찾아 바르게 계산해 보세요.

잘못된 계산	바르게 계산하기
$$\begin{array}{r} 16 \\ 31\overline{)527} \\ 31 \\ \hline 217 \\ 186 \\ \hline 31 \end{array}$$	$$31\overline{)527}$$

17 어떤 자연수를 24로 나눌 때 나머지가 될 수 있는 수 중에서 가장 큰 수를 구해 보세요.

( )

18 □ 안에 들어갈 값을 써넣고, 어떤 식의 계산 결과인지 찾아 기호를 써 보세요.

$$\begin{array}{r} 15 \\ 49\overline{)767} \\ 49 \\ \hline 277 \\ \boxed{} \\ \hline 32 \end{array}$$

㉠ 49×10

㉡ 767−490

㉢ 49×5

( )

19 계산해 보세요.

(1)
$$23\overline{)412}$$

(2)
$$14\overline{)709}$$

몫 _____

나머지 _____

몫 _____

나머지 _____

·서술형·

20 책 216권을 책장 한 칸에 15권씩 꽂으려고 합니다. 책을 15권씩 꽂는 책장은 몇 칸인지 풀이 과정을 쓰고 답을 구해 보세요.

_____

_____

_____

( )

1 도형을 오른쪽으로 밀었을 때의 도형을 그려 보세요.

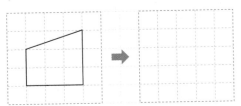

2 도형을 어떻게 민 것인지 □ 안에 알맞은 말을 써넣으세요.

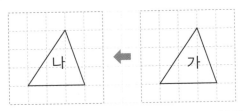

나 도형은 가 도형을 □ 쪽으로 밀었을 때의 도형입니다.

3 주어진 도형을 위쪽으로 4칸 밀었을 때의 도형을 그려 보세요.

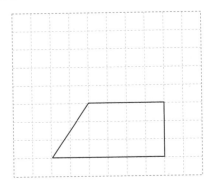

4 □ 안에 알맞은 수나 말을 써넣으세요.

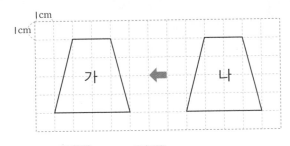

나 도형을 □ 쪽으로 □ cm 밀면 가 도형이 됩니다.

5 주어진 도형을 왼쪽으로 뒤집었을 때의 도형을 그려 보세요.

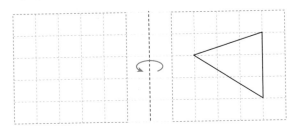

6 가 도형을 한 번 뒤집었을 때 나올 수 있는 도형을 찾아 ○표 하세요.

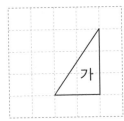

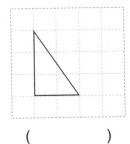   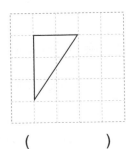

(   )   (   )

7 가 도형은 ●보기●의 도형을 어떤 방향으로 뒤집었을 때의 도형인지를 모두 찾아 기호를 써 보세요.

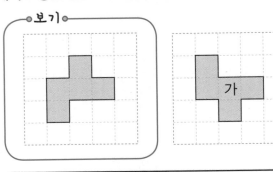

㉠ 위쪽   ㉡ 아래쪽   ㉢ 왼쪽   ㉣ 오른쪽

(   )

8 수 카드 125 를 움직여서 251 이 되게 하려면 어떻게 움직여야 하는지 써 보세요.

125 를 _____

_____

9 도형을 시계 방향으로 90°만큼 돌렸을 때의 도형을 그려 보세요.

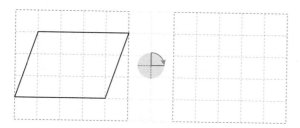

10 모양 조각을 시계 반대 방향으로 180°만큼 돌렸을 때의 도형을 그려 보세요.

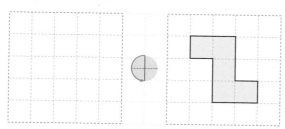

11 모양 조각을 시계 방향으로 90°만큼 돌린 모양으로 알맞은 것을 찾아 ○표 하세요.

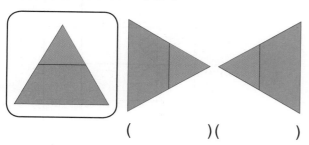

(   )(   )

12 숫자 '6'이 숫자 '9'가 되도록 돌리는 방법을 설명해 보세요.

 6   9

_____

13 주어진 도형을 위쪽으로 뒤집고 시계 방향으로 90°만큼 돌렸을 때의 도형을 각각 그려 보세요.

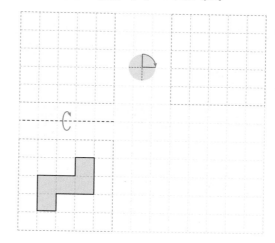

14 도형을 시계 반대 방향으로 90°만큼 2번 돌리고 위쪽으로 1번 뒤집었을 때의 도형을 그려 보세요.

처음 도형   움직인 도형

•서술형•

15 어떻게 움직였는지 설명해 보세요.

처음 도형 　　움직인 도형

_____

_____

16 오른쪽으로 1번 뒤집고 시계 반대 방향으로 180°만큼 돌린 모양이 처음과 같은 글자는 모두 몇 개인지 구해 보세요.

김 어 박 요 아

(　　　　　　)

17  모양으로 밀기를 이용하여 규칙적인 무늬를 만들어 보세요.

18 모양으로 뒤집기를 이용하여 만든 무늬를 찾아 ○표 하세요.

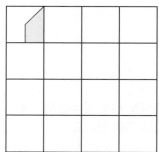

(　　　) 　　 (　　　)

19 모양으로 돌리기를 이용하여 규칙적인 무늬를 만들어 보세요.

20 규칙에 따라 무늬를 만들었습니다. 빈칸을 채워 무늬를 완성해 보세요.

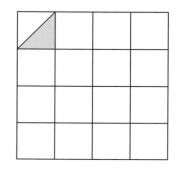

[1~4] 주현이와 친구들의 과녁 맞히기 결과를 조사하여 나타낸 막대그래프입니다. 물음에 답해 보세요.

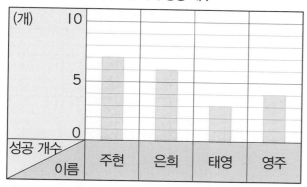

과녁 맞히기 성공 개수

1 막대그래프의 가로와 세로는 각각 무엇을 나타내나요?

가로 (   )

세로 (   )

2 세로 눈금 한 칸은 몇 개를 나타내나요?

(   )

3 주현이가 맞힌 과녁은 몇 개인가요?

(   )

4 과녁을 두 번째로 많이 맞힌 친구는 누구인가요?

(   )

[5~7] 지원이네 마을에서 일주일 동안 나온 쓰레기양을 조사하여 나타낸 막대그래프입니다. 물음에 답해 보세요.

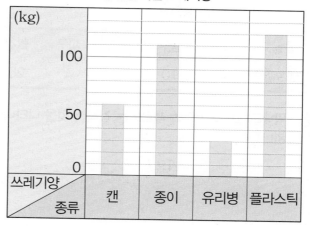

종류별 나온 쓰레기양

5 지원이네 마을에서 일주일 동안 나온 유리병의 양은 몇 kg인가요?

(   )

6 일주일 동안 가장 적게 나온 쓰레기 종류부터 차례로 써 보세요.

(   )

•서술형•

7 일주일 동안 나온 쓰레기 종류 중 가장 많이 나온 쓰레기양은 가장 적게 나온 쓰레기양의 몇 배인지 풀이 과정을 쓰고 답을 구해 보세요.

_____

_____

_____

(   )

[8~10] 정아네 반 학생들이 좋아하는 운동을 조사하여 나타낸 표를 막대그래프로 나타내려고 합니다. 물음에 답해 보세요.

좋아하는 운동

운동	축구	농구	야구	피구	합계
학생 수(명)	8	10	6	4	28

8 막대그래프의 가로와 세로에는 각각 무엇을 나타내야 하나요?

가로 (   )

세로 (   )

9 세로 눈금 한 칸이 학생 1명을 나타낸다면 축구를 좋아하는 학생 수는 몇 칸으로 나타내야 하나요?

(   )

10 막대그래프로 나타내어 보세요.

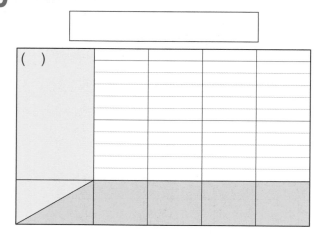

[11~13] 현우네 학교 4학년 학생들의 현장 체험 학습으로 가고 싶어 하는 장소를 조사하여 나타낸 막대그래프입니다. 물음에 답해 보세요.

가고 싶어 하는 장소별 학생 수

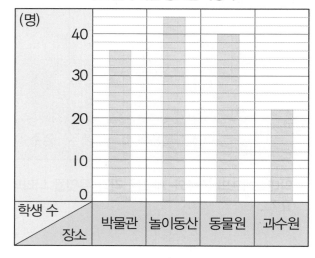

11 세로 눈금 한 칸은 몇 명을 나타내나요?

(   )

12 가장 많은 학생들이 가고 싶어 하는 장소는 어디인가요?

(   )

13 가고 싶어 하는 장소별 학생 수가 동물원보다 적은 장소는 어디어디인가요?

(   )

[14~17] 현수네 반 학생들이 좋아하는 과목을 조사하여 나타낸 막대그래프입니다. 물음에 답해 보세요.

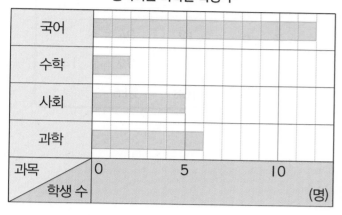

14 사회를 좋아하는 학생은 몇 명인가요?

( )

15 두 번째로 많은 학생들이 좋아하는 과목은 무엇인가요?

( )

16 과학을 좋아하는 학생 수는 수학을 좋아하는 학생 수의 몇 배인가요?

( )

17 10명보다 적은 학생들이 좋아하는 과목은 무엇인지 모두 써 보세요.

( )

[18~20] 형규네 학교 도서관의 요일별 방문 학생 수를 조사하여 나타낸 막대그래프입니다. 물음에 답해 보세요.

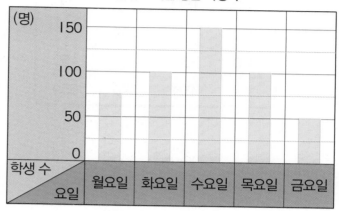

18 도서관 방문 학생 수가 가장 많은 요일은 언제인가요?

( )

19 도서관 방문 학생 수가 같은 요일은 언제인가요?

( )

•서술형•

20 막대그래프를 보고 알 수 있는 내용을 한 가지 이야기해 보세요.

_____

_____

_____

1 가로(→)에서 50씩 커지고, 세로(↓)에서 100씩 커지는 규칙을 가진 수 배열표를 완성해 보세요.

100	150		250
200		300	
300	350		450
	450	500	550

[2~3] 수 배열표를 보고 물음에 답해 보세요.

1105	1125	1145	1165
2105	2125	2145	2165
3105	3125		3165
4105	4125	4145	4165

2 가로와 세로에서 규칙을 찾아 보세요.

[가로 규칙] 오른쪽으로 ☐ 씩
(커집니다 , 작아집니다).

[세로 규칙] 아래쪽으로 ☐ 씩
(커집니다 , 작아집니다).

3 빈칸에 알맞은 수를 구해 보세요.

(　　　　　)

4 가로(→)에서 2배씩 커지고, 세로(↓)에서 3배씩 커지는 규칙을 가진 수 배열표를 완성해 보세요.

2	4		16
6	12	24	
18		72	144
	108	216	

5 수의 배열에서 규칙을 찾아 빈칸에 알맞은 수를 써넣으세요.

◦서술형◦

6 수의 배열에서 규칙을 찾아 쓰고 빈칸에 알맞은 수를 써넣으세요.

625 — 125 — 25 — ☐ — 1

_____

_____

_____

7 도형의 배열에서 규칙을 찾아 다섯째에 알맞은 바둑돌은 몇 개인지 구해 보세요.

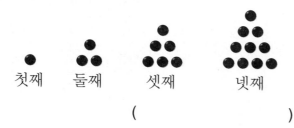

첫째   둘째   셋째   넷째

(   )

[8~9] 도형의 배열을 보고 물음에 답해 보세요.

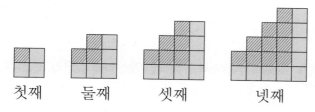

첫째   둘째   셋째   넷째

8 다섯째에 알맞은 도형을 그려 보세요.

다섯째

9 다섯째에 알맞은 도형에서 빗금 칠한 사각형과 빗금 칠하지 않은 사각형의 수를 각각 구해 보세요.

빗금 칠한 사각형 (   )

빗금 칠하지 않은 사각형 (   )

[10~12] 계산식을 보고 물음에 답해 보세요.

순서	계산식
첫째	385-123=◻
둘째	485-223=◻
셋째	585-323=◻
넷째	685-423=◻
다섯째	

10 계산식에서 규칙을 찾아 보세요.

[규칙] 빼지는 수와 빼는 수가 각각 ◻씩 커집니다.

11 계산하여 그 결과를 ☐ 안에 써넣으세요.

12 규칙에 따라 다섯째에 알맞은 계산식을 써 보세요.

 _____

13 계산식의 규칙에 따라 다섯째에 알맞은 계산식을 빈 칸에 써넣으세요.

순서	계산식
첫째	99+2=101
둘째	999+2=1001
셋째	9999+2=10001
넷째	99999+2=100001
다섯째	

[14~16] 계산식의 배열을 보고 물음에 답해 보세요.

순서	계산식
첫째	81÷9=9
둘째	882÷9=98
셋째	8883÷9=987
넷째	88884÷9=9876
다섯째	

14 규칙을 찾아 □ 안에 써넣으세요.

[규칙] 나누어지는 수에 ☐ 이 하나씩 늘어나고

일의 자리 수가 ☐ 씩 커지면 계산 결과는

9부터 8, ☐, ☐ ……이 하나씩 늘어납니다.

15 규칙에 따라 다섯째 빈칸에 알맞은 계산식을 써 보세요.

16 규칙에 따라 계산 결과가 987654가 되는 계산식을 추측하여 쓰고, 추측한 계산식이 맞는지 계산 결과를 이용하여 확인해 보세요.

17 계산식의 규칙에 따라 다섯째에 알맞은 계산식을 빈칸에 써넣으세요.

순서	계산식
첫째	9×9=81
둘째	99×9=891
셋째	999×9=8991
넷째	9999×9=89991
다섯째	

[18~19] 사물함의 수 배열을 보고 물음에 답해 보세요.

1	2	3	4	5
6	7	8	9	10
11	12	13	14	15
16	17	18	19	20
21	22	23	24	25

18 빨간색 부분에서 규칙적인 계산식을 찾으려고 합니다. □ 안에 알맞은 수를 써넣으세요.

$$1+11=6×2$$
$$6+16=☐×2$$
$$11+21=☐×2$$

19 초록색 부분에서 규칙적인 계산식을 찾으려고 합니다. □ 안에 알맞은 수를 써넣으세요.

$$3+15=9×2$$
$$13+15=14×☐$$
$$5+15=☐×2$$

·서술형·

20 달력에 있는 수의 배열에서 규칙을 2가지 찾아보세요.

일	월	화	수	목	금	토
			1	2	3	4
5	6	7	8	9	10	11
12	13	14	15	16	17	18
19	20	21	22	23	24	25
26	27	28	29	30		

1 □ 안에 알맞은 수를 써넣으세요.

10000은

9000보다 □ 만큼 더 큰 수

9900보다 □ 만큼 더 큰 수

9990보다 □ 만큼 더 큰 수

9999보다 □ 만큼 더 큰 수

2 수직선을 보고 □ 안에 알맞은 수를 써넣으세요.

9600　9700　9800

3 □ 안에 알맞은 수를 써넣으세요.

36787은 10000이 □ 개, 1000이 □ 개,

100이 □ 개, 10이 □ 개, 1이 □ 개인 수

입니다.

4 각 자리의 숫자가 나타내는 값의 합으로 나타내어 보세요.

45271

= □ + □ +200+70+1

5 빈칸에 알맞은 수나 말을 써넣으세요.

(1)
수	51427
읽기	

(2)
수	
읽기	삼만 오백육십

6 다음이 나타내는 수를 쓰고 읽어 보세요.

		(만)					(일)
3	7	2	5	0	0	0	0
천	백	십	일	천	백	십	일

쓰기 _____

읽기 _____

서술형

7 놀이공원의 어느 해 방문객 수는 6900000명입니다. 바르게 읽은 사람이 누구인지 쓰고, 그 이유를 쓰세요.

유진: 방문객 수는 육백구십만 명이야.
태호: 방문객 수는 육십구만 명이야.

(　　　　　　)

_____

_____

8 밑줄 친 숫자 5가 나타내는 값이 더 큰 수의 기호를 써 보세요.

> ㉠ 65 5 90000   ㉡ 8 9 500000

(   )

9 □ 안에 알맞은 수를 써넣으세요.

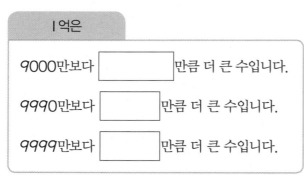

1억은
9000만보다 [ ] 만큼 더 큰 수입니다.
9990만보다 [ ] 만큼 더 큰 수입니다.
9999만보다 [ ] 만큼 더 큰 수입니다.

10 빈칸에 알맞은 수나 말을 써넣으세요.

514900000000	오천백사십구억
	육백삼억
802000000000	

11 설명하는 수를 쓰고, 읽어 보세요.

> 억이 1035개, 만이 287개인 수

쓰기 _____

읽기 _____

12 □ 안에 알맞은 수나 말을 써넣으세요.

1000억이 10개이면 [   ]

또는 1조라 쓰고, [   ] 또는 일조라고 읽습니다.

13 수의 관계를 알아보려고 합니다. 빈칸에 알맞은 수를 써넣으세요.

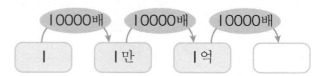

┌─10000배─┐ ┌─10000배─┐ ┌─10000배─┐
| 1 | → | 1만 | | 1억 | → | |

•서술형•

14 십억의 자리 숫자가 가장 큰 수의 기호를 쓰는 풀이 과정을 쓰고 답을 구해 보세요.

> ㉠ 19750000000
> ㉡ 6780조 951억
> ㉢ 4237800000000

_____

_____

_____

(   )

15 뛰어 세기를 보고 규칙을 찾아 써 보세요.

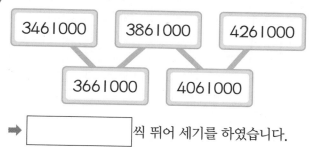

3461000   3861000   4261000

3661000   4061000

➡ [   ]씩 뛰어 세기를 하였습니다.

16 규칙을 정하여 뛰어 세어 보고, 규칙을 설명해 보세요.

80000 ━ [   ] ━ [   ] ━ [   ]

_____

_____

17 규칙을 찾아 뛰어 세어 빈칸에 알맞은 수를 써넣으세요.

31조 6200억		33조 6200억
31조 5200억	32조 5200억	33조 5200억
31조 4200억	32조 4200억	

18 두 수의 크기를 비교하여 ○ 안에 >, =, <를 알맞게 써넣으세요.

⑴ 61750000 ◯ 59230000

⑵ 2387억 520만 ◯ 2387억 2050만

⑶ 74조 4500억 ◯ 113조

19 모니터와 냉장고 중에서 값이 더 비싼 물건을 써 보세요.

모니터   냉장고
1785000원   1879000원

(   )

20 전자 제품의 가격이 높은 것부터 차례로 써 보세요.

노트북	텔레비전	세탁기
985000원	976000원	1070000원

(   )

1 펼쳐진 부채의 각이 더 큰 것을 찾아 ○표 하세요.

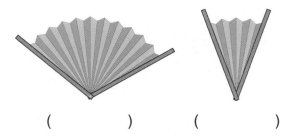

(   )   (   )

2 각의 크기가 큰 순서대로 기호를 써 보세요.

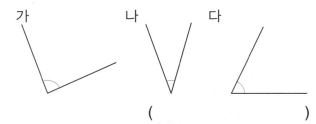

가   나   다

(   )

3 ●보기●보다 각의 크기가 큰 각을 그려 보세요.

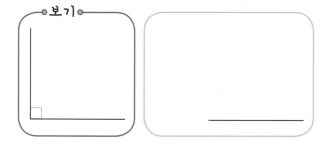

4 각도를 읽어 보세요.

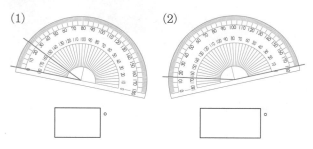

(1)   (2)

      °   °

5 각도기를 이용하여 각도를 재어 보세요.

(1)   (2)

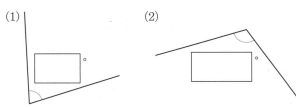

6 각도를 잘못 읽은 이유를 쓰고, 각도를 바르게 재어 보세요.

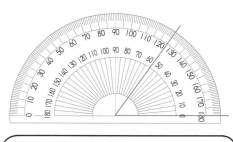

민호: 각도는 I25°입니다.

_____

_____

                         °

7 자를 이용하여 각도가 40°인 각을 각도기 위에 각각 그려 보세요.

(1)

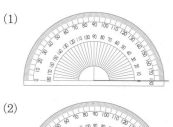

(2)

8 각도기와 자를 이용하여 주어진 각도의 각을 그려 보세요.

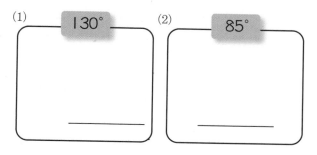

(1) 130°

(2) 85°

9 그림을 보고 물음에 답해 보세요.

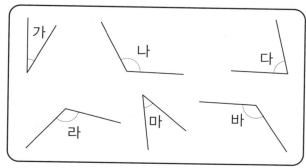

가   나   다
라   마   바

(1) 예각을 모두 찾아 기호를 써 보세요.

( )

(2) 둔각을 모두 찾아 기호를 써 보세요.

( )

10 각도를 예각과 둔각으로 분류하여 빈칸에 써넣으세요.

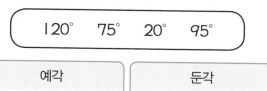

120°   75°   20°   95°

예각	둔각

11 시각에 맞게 시곗바늘을 그리고, 시계의 두 바늘이 이루는 작은 쪽의 각이 예각, 직각, 둔각 중 어느 것인지 □ 안에 써넣으세요.

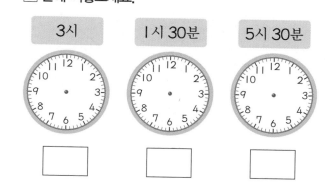

3시   I시 30분   5시 30분

12 부채를 펼친 각도를 어림하고, 각도기로 재어 확인해 보세요.

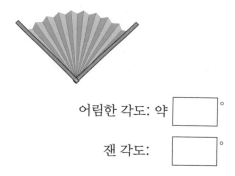

어림한 각도: 약 □°

잰 각도: □°

13 60°를 어림하여 그리고, 각도기로 각도를 재어 확인해 보세요.

잰 각도: □°

14 두 각도의 합과 차를 구해 보세요.

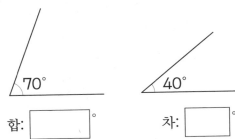

합: ☐° 　　차: ☐°

15 각도의 합과 차를 구해 보세요.

(1) $25° + 130° =$ ☐°

(2) $140° - 95° =$ ☐°

16 ☐ 안에 알맞은 수를 써넣으세요.

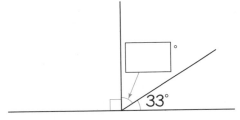

17 ☐ 안에 알맞은 수를 써넣으세요.

(1)
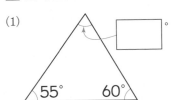

(2)
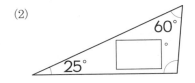

18 ㉠과 ㉡의 각도의 합을 구해 보세요.

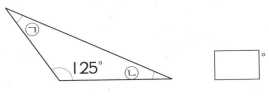

☐°

19 ☐ 안에 알맞은 수를 써넣으세요.

(1)
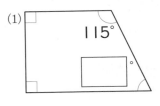

(2)
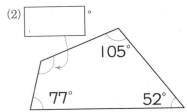

서술형

20 ㉠과 ㉡의 각도의 합을 구하는 풀이 과정을 쓰고 답을 구해 보세요.

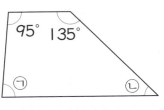

_____

_____

_____

(　　　　　)

1 ◦보기◦와 같이 계산해 보세요.

◦보 기◦
$$235 \times 3 = 705 \rightarrow 235 \times 30 = 7050$$

$130 \times 5 = \boxed{} \rightarrow 130 \times 50 = \boxed{}$

2 계산해 보세요.

(1)
$$\begin{array}{r} 3\ 0\ 7 \\ \times\quad 3\ 0 \\ \hline \end{array}$$

(2)
$$\begin{array}{r} 4\ 3\ 2 \\ \times\quad 2\ 0 \\ \hline \end{array}$$

(3) $572 \times 40 = \boxed{}$

(4) $630 \times 50 = \boxed{}$

3 계산 결과가 20000보다 큰 것에 ◯표 하세요.

| 200×90 | 268×70 | 372×60 |

(   ) (   ) (   )

4 ☐ 안에 알맞은 수를 써넣으세요.

321×23
$321 \times \boxed{} = \boxed{}$
$321 \times 20 = \boxed{}$
합 $\boxed{}$

5 계산해 보세요.

(1)
$$\begin{array}{r} 3\ 0\ 6 \\ \times\quad 5\ 5 \\ \hline \end{array}$$

(2)
$$\begin{array}{r} 8\ 1\ 5 \\ \times\quad 1\ 7 \\ \hline \end{array}$$

(3) $425 \times 26 = \boxed{}$

(4) $762 \times 42 = \boxed{}$

◦서술형◦

6 계산 결과가 큰 것부터 차례로 기호를 쓰려고 합니다. 풀이 과정을 쓰고 답을 구해 보세요.

㉠ 654×51
㉡ 679×52
㉢ 684×49

_____

_____

_____

(   )

7 2024년은 366일이고 하루는 24시간입니다. 2024년은 몇 시간인지 구해 보세요.

식 _____

답 _____

8 곱셈식을 이용하여 몫과 나머지를 구하고, 계산 결과가 맞는지 확인해 보세요.

$$40 \times 6 = 240$$
$$40 \times 7 = 280$$
$$40 \times 8 = 320$$

$$40 \overline{)280}$$

몫 _____   나머지 _____

확인 $40 \times \boxed{} = \boxed{}$

9 계산해 보세요.

(1) $200 \div 50$

몫 _____
나머지 _____

(2) $158 \div 40$

몫 _____
나머지 _____

10 몫이 큰 것부터 순서대로 기호를 써 보세요.

ㄱ $240 \div 80$　　　ㄴ $120 \div 30$
ㄷ $480 \div 60$　　　ㄹ $300 \div 50$

(　　　　　　　　)

11 빈칸에 알맞은 수를 써넣고 $80 \div 16$의 몫을 구해 보세요.

×	3	4	5	6
16				

$80 \div 16 = \boxed{}$

12 계산해 보세요.

(1) $19 \overline{)95}$

몫 _____
나머지 _____

(2) $27 \overline{)190}$

몫 _____
나머지 _____

· 서술형 ·

13 $168 \div 23$의 몫과 나머지를 바르게 구한 친구는 누구인지 풀이 과정을 쓰고 답을 구해 보세요.

몫은 6이고
나머지는 30이야.

태현

몫은 7이고
나머지는 7이야.

주희

_____
_____
_____
_____

(　　　　　　　　)

14 $756 \div 27$의 몫을 어림하려고 합니다. 빈칸에 알맞은 수를 써넣으세요.

×	10	20	30
27	270		

➡ $756 \div 27$의 몫은 $\boxed{}$ 보다 크고 $\boxed{}$ 보다 작습니다.

15 계산해 보세요.

(1)

$$38 \overline{)874}$$

(2)

$$21 \overline{)441}$$

몫 _____   몫 _____

16 몫이 같은 것끼리 선으로 이어 보세요.

368÷23 ·   · 336÷21

434÷31 ·   · 390÷26

480÷32 ·   · 392÷28

17 □ 안에 알맞은 식을 •보기•에서 찾아 써넣으세요.

•보기•

29×20   29×5   735−580

$$29 \overline{)735} \overset{25}{}$$

580 ← _____

155 ← _____

145 ← _____

10

18 계산해 보세요.

(1)

$$27 \overline{)312}$$

(2)

$$16 \overline{)409}$$

몫 _____   몫 _____

나머지 _____   나머지 _____

•서술형•

19 나머지가 더 큰 것을 찾는 풀이 과정을 쓰고 답을 구해 보세요.

㉠ 337÷27   ㉡ 379÷28

_____

_____

_____

_____

(_____)

20 방울토마토 168개를 한 봉지에 15개씩 담으려고 합니다. 방울토마토를 15개씩 담은 봉지는 몇 개이고, 남는 방울토마토는 몇 개인가요?

(_____ , _____)

1 도형을 왼쪽으로 밀었을 때의 도형을 나타내어 보세요.

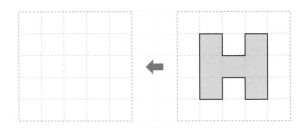

2 주어진 도형을 오른쪽으로 4칸 밀었을 때의 도형을 그려 보세요.

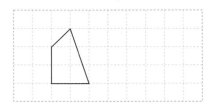

3 나 도형은 가 도형을 어떻게 움직인 것인지 알맞은 것에 ○표 하세요.

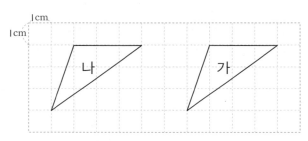

나 도형은 가 도형을 (왼쪽, 오른쪽)으로
(5 cm, 6 cm, 7 cm) 밀어서 이동한 것입니다.

4 주어진 도형을 오른쪽으로 5칸 밀었을 때와 아래쪽으로 6칸 밀었을 때의 도형을 각각 그려 보세요.

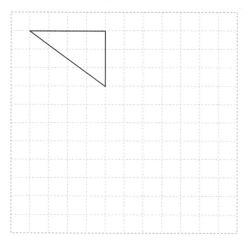

5 모양 조각을 오른쪽으로 뒤집었을 때의 모양에 ○표 하세요.

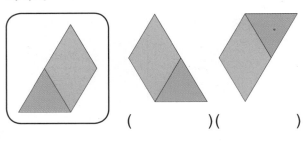

(   )(   )

6 어떤 도형을 왼쪽으로 뒤집었을 때의 도형입니다. 처음 도형을 그려 보세요.

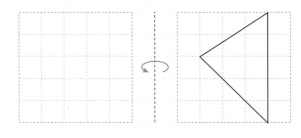

7 주어진 도형을 오른쪽으로 뒤집고 아래쪽으로 뒤집었을 때의 도형을 각각 그려 보세요.

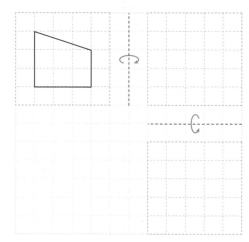

8 아래쪽으로 뒤집었을 때의 모양이 처음과 같아지는 숫자를 모두 찾아 ○표 하세요.

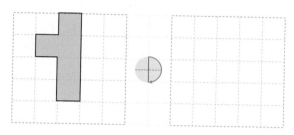

9 도형을 시계 방향으로 I80°만큼 돌렸을 때의 도형을 그려 보세요.

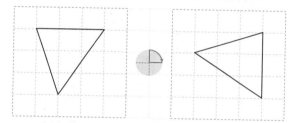

10 도형을 움직인 방법으로 알맞은 말에 ○표 하세요.

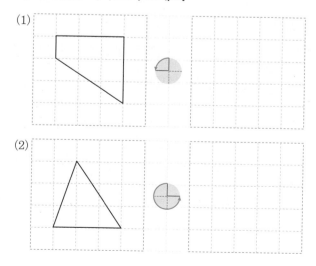

도형을 시계 방향으로 90°만큼 돌리면 도형의 위쪽 부분이 (왼쪽, 오른쪽)으로 움직입니다.

11 도형을 시계 반대 방향으로 주어진 각도만큼 돌렸을 때의 도형을 각각 그려 보세요.

(1)

(2)

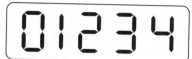

12 처음 숫자는 얼마인지 풀이 과정을 쓰고 답을 구해 보세요.

어떤 숫자를 시계 방향으로 I80°만큼 돌렸더니 **56**이 되었어.

_____

_____

_____

(   )

13 주어진 도형을 시계 반대 방향으로 I80°만큼 돌리고 아래쪽으로 뒤집었을 때의 도형을 각각 그려 보세요.

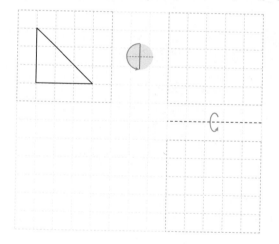

14 도형을 시계 방향으로 270°만큼 돌리고 오른쪽으로 뒤집었을 때의 도형을 그려 보세요.

처음 도형

움직인 도형

• 서술형 •

15 도형을 어떻게 움직인 것인지 은실이와 다른 방법으로 설명해 보세요.

> 은실 : 아래쪽으로 뒤집고 시계 방향으로 90°만큼 돌렸어요.

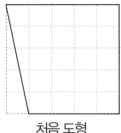

처음 도형

움직인 도형

16 수 카드를 다음 방법에 따라 움직였을 때 만들어지는 수를 구해 보세요.

> 오른쪽으로 뒤집고 시계 방향으로 180°만큼 돌리기

( )

17 모양으로 뒤집기를 이용하여 규칙적인 무늬를 만들어 보세요.

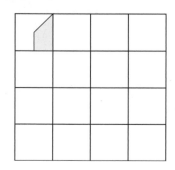

18 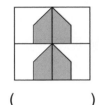 모양으로 무늬를 만들었습니다. 무늬를 만들 때 방법을 •보기•에서 골라 ( ) 안에 써넣으세요.

> ─•보기•─
> 밀기   뒤집기   돌리기

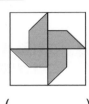

(   ) (   ) (   )

19 규칙에 따라 무늬를 만들었습니다. 빈칸을 채워 무늬를 완성해 보세요.

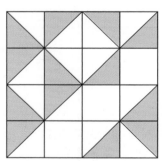

• 서술형 •

20 모양으로 규칙적인 무늬를 만든 것입니다. 만든 방법을 설명해 보세요.

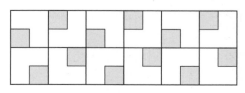

[1~4] 윤서네 반 학생들이 좋아하는 계절을 조사하여 나타낸 막대그래프입니다. 물음에 답해 보세요.

좋아하는 계절별 학생 수

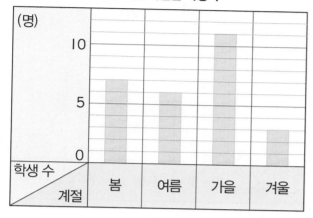

1 가로와 세로는 각각 무엇을 나타내는지 써 보세요.

가로 (   )
세로 (   )

2 막대의 길이는 무엇을 나타내나요?

(   )

3 세로 눈금 한 칸은 몇 명을 나타내나요?

(   )

4 가장 적은 학생들이 좋아하는 계절은 무엇인가요?

(   )

[5~7] 경미네 반 학생들이 좋아하는 과일을 조사하여 나타낸 표를 보고 막대그래프로 나타내려고 합니다. 물음에 답해 보세요.

좋아하는 과일별 학생 수

과일	사과	배	감	딸기	합계
학생 수(명)	10	4	2	7	23

5 막대그래프의 가로에 과일을 나타낸다면 세로에는 무엇을 나타내야 하나요?

(   )

6 세로 눈금 한 칸이 학생 1명을 나타낸다면 배를 좋아하는 학생 수는 몇 칸으로 나타내야 하나요?

(   )

7 표를 보고 막대그래프로 나타내어 보세요.

(   )

과일

[8~10] 문구점에서 하루 동안 팔린 문구 수를 조사하여 나타낸 막대그래프입니다. 물음에 답해 보세요.

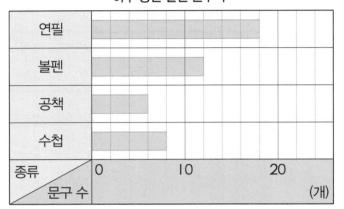

하루 동안 팔린 문구 수

8 문구점에서 팔린 볼펜은 수첩보다 몇 개 더 많은가요?

(   )

9 문구점에서 공책의 2배만큼 팔린 문구는 무엇인가요?

(   )

· 서술형 ·

10 내가 문구점 주인이라면 어느 문구를 더 많이 갖다 놓는 것이 좋을지 생각해 보고 그 이유를 써 보세요.

_____

_____

[11~13] 현미네 반 학생들의 혈액형을 조사하여 나타낸 막대그래프인데 일부분이 찢어졌습니다. AB형인 학생이 B형인 학생보다 5명 더 적다고 합니다. 물음에 답해 보세요.

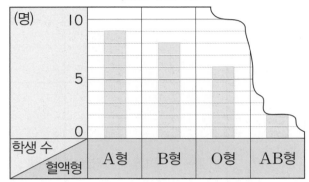

학생들의 혈액형

11 AB형인 학생은 몇 명인가요?

(   )

· 서술형 ·

12 A형인 학생 수는 AB형인 학생 수의 몇 배인지 풀이 과정을 쓰고 답을 구해 보세요.

_____

_____

_____

(   )

13 가장 많은 혈액형부터 차례로 써 보세요.

(,   ,   ,   )

[14~17] 다영이네 반 학생들이 함께 먹을 간식을 정하려고 합니다. 물음에 답해 보세요.

14 다영이네 반 학생들을 대상으로 어떤 주제로 자료를 조사해야 하는지 찾아 기호를 쓰세요.

> ㉠ 다영이네 반 학생들이 좋아하는 운동
> ㉡ 다영이네 반 학생들이 좋아하는 간식
> ㉢ 다영이네 반 학생들이 좋아하는 책

(   )

15 다영이가 자료를 수집하려고 합니다. 다영이가 자료를 조사하는 방법으로 옳은 것을 찾아 기호를 쓰세요.

> ㉠ 가위바위보   ㉡ 묵찌빠
> ㉢ 설문조사   ㉣ 제비뽑기

(   )

16 수집한 자료를 막대그래프로 나타내어 보세요.

좋아하는 간식별 학생 수

간식	치킨	피자	빵	과자	합계
학생 수(명)	7	5	6	5	23

( )			

17 막대그래프를 보고 알 수 있는 내용을 한 가지만 써 보세요.

_____

[18~20] 소풍을 가려고 하는 지역의 월별 비 온 날 수를 조사하여 막대그래프로 나타내었습니다. 물음에 답해 보세요.

월별 비 온 날 수

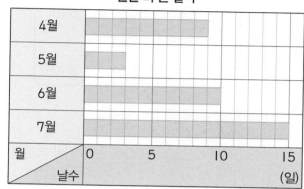

18 비가 가장 많이 온 달은 몇 월인가요?

(   )

19 비 온 날수가 많은 달부터 순서대로 써 보세요.

(,   ,   ,   )

서술형

20 소풍을 언제 가는 것이 좋을지 막대그래프를 이용하여 의견을 써 보세요.

_____

_____

_____

[1~2] 수 배열표를 보고 물음에 답해 보세요.

500	530	560	590
600	630	㉠	690
700	730	760	㉡
800	830	860	890

1 수 배열표에서 규칙을 찾아 보세요.

(1) 가로(→)에서 530−500= [   ] 씩 커집니다.

(2) 세로(↓)에서 600−500= [   ] 씩 커집니다.

(3) ↘ 방향에서 630−500= [   ] 씩 커집니다.

2 수 배열표에서 ㉠, ㉡에 알맞은 수를 각각 구해 보세요.

㉠ (   )

㉡ (   )

3 수 배열표의 규칙에 따라 알맞은 수를 써넣으세요.

5900	5850	5800	
4900	4850		4750
3900		3800	
2900	2850		

[4~6] 수 배열표를 보고 물음에 답해 보세요.

3	9	27	81
12	36	108	324
48	144	432	1296
192	576	★	5184

4 □ 안에 알맞은 수를 써넣으세요.

(1) 9는 3의 [   ] 배이고, 27은 9의 [   ] 배입니다.

(2) 12는 3의 [   ] 배이고, 48은 12의 [   ] 배입니다.

(3) 36은 3의 [   ] 배이고,

432는 36의 [   ] 배입니다.

서술형
5 수 배열표에서 규칙을 찾아 보세요.

(1) 가로(→)에서 _____

(2) 세로(↓)에서 _____

(3) ↘ 방향으로 _____

6 수 배열의 규칙에 따라 ★에 알맞은 수를 구해 보세요.

(   )

7 도형의 배열에서 규칙을 찾아, 다섯째에 알맞은 도형은 몇 개인지 구해 보세요.

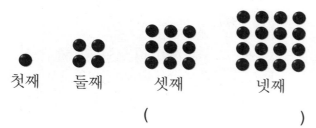

첫째　　둘째　　셋째　　넷째

(　　　　　　　　)

[8~9] 도형의 배열을 보고 물음에 답해 보세요.

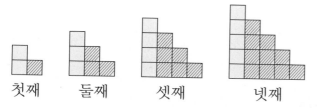

첫째　　둘째　　셋째　　넷째

8 다섯째에 알맞은 도형을 그려 보세요.

다섯째

9 다섯째에 알맞은 도형에서 빗금 칠한 사각형과 빗금 칠하지 않은 사각형의 수를 각각 구해 보세요.

빗금 칠한 사각형 (　　　　　　)

빗금 칠하지 않은 사각형 (　　　　　　)

[10~12] 계산식을 보고 물음에 답해 보세요.

순서	계산식
첫째	275−150=
둘째	375−200=
셋째	475−250=
넷째	575−300=
다섯째	

10 계산식에서 규칙을 찾아 보세요.

[규칙] 빼지는 수가 　　　　 씩 커지고 빼는 수가

　　　　 씩 커집니다.

11 계산하여 그 결과를 □ 안에 써넣으세요.

12 규칙에 따라 다섯째 빈칸에 알맞은 계산식을 써 보세요.

_____

13 계산식의 규칙에 따라 다섯째에 알맞은 계산식을 빈칸에 써넣으세요.

순서	계산식
첫째	9+2=11
둘째	99+12=111
셋째	999+112=1111
넷째	9999+1112=11111
다섯째	

[14~16] 계산식을 보고 물음에 답해 보세요.

순서	계산식
첫째	20×20=400
둘째	20×40=800
셋째	20×60=1200
넷째	20×80=1600
다섯째	

14 계산식에서 규칙을 찾아 보세요.

[규칙] 곱하는 수가 □ 씩 커지면

계산 결과는 □ 씩 커집니다.

15 규칙에 따라 다섯째 계산식을 써 보세요.

_____

16 규칙에 따라 계산 결과가 2400이 되는 계산식을 써 보세요.

_____

17 계산식의 규칙에 따라 다섯째에 알맞은 계산식을 빈 칸에 써넣으세요.

순서	계산식
첫째	9÷3=3
둘째	99÷3=33
셋째	999÷3=333
넷째	9999÷3=3333
다섯째	

[18~20] 승강기 숫자판의 수 배열을 보고 물음에 답해 보세요.

18 수 배열을 보고 규칙을 찾아 보세요.

[규칙] 승강기의 숫자판에서 어떤 수의 아래에 있는

수는 그 수에서 □ 만큼 뺀 수입니다.

19 □ 안에 알맞은 수를 써넣으세요.

(1) 27 − □ = ★   (2) 13 + □ = ★

(3) 19 + □ = ★   (4) 21 − □ = ★

서술형

20 보기와 같이 숫자판에서 세 수를 골라 규칙적인 계산식을 2개 만들어 보세요.

보기
2+18=10×2

_____

_____

1회   1. 큰 수

1 100, 10000   **2** 9999, 10000

3 9, 3, 7 ; 300, 70, 4

4 40685 ; 삼만 팔천사십일

5 예 10000원짜리 지폐가 4장, 1000원짜리 지폐가 5장이므로 45000원입니다. ; 45000원

6 1000000, 400000

7 2930만 1685 ; 이천구백삼십만 천육백팔십오

8 이천구백일만 ; 91500000   **9** (1) 1억 (2) 1억

10 500억, 10억, 7억   **11** 5360, 7469, 652

12 1000억, 10억, 1억

13 125803400000000 ; 백이십오조 팔천삼십사억

14 ㉠은 200조를 나타내고, ㉡은 2조를 나타내므로 ㉠이 나타내는 값은 ㉡이 나타내는 값의 100배입니다. ; 100배

15 (1) 157억, 177억 (2) 960조, 1060조

16 예 90억, 95억, 100억 ; 예 5억씩 뛰어 세었습니다.

17 (1) 25000, 29000 (2) 1680만, 1980만

18 (1) > (2) < (3) >

19 풀이 참조 ; 큽니다에 ○표   **20** ㉠, ㉢, ㉡

9 (1) 1000만의 10배는 1억이라고 합니다.
    (2) 100만의 100배는 1억이라고 합니다.

15 (1) 20억씩 뛰어 세면 10억의 자리 숫자가 2씩 커집니다.
    (2) 50조씩 뛰어 세면 10조의 자리 숫자가 5씩 커집니다.

17 (1) 2000씩 뛰어 셉니다.
    (2) 300만씩 뛰어 셉니다.

18 (1) 자리수가 다르므로 자리수가 많은 쪽이 더 큰 수입니다.
    (2), (3) 자리수가 같으므로 높은 자리수가 큰 쪽이 더 큰 수입니다.

19

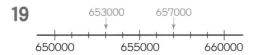

20 ㉠ 4740000000 → 47억 4000만
    ㉢ 3100000000 → 31억
    → ㉠ > ㉢ > ㉡

1회   2. 각도

1 (○)( )   **2** ( )(○)( )   **3** 다, 나

4 (1) 60 (2) 100   **5** (1) 40 (2) 120

6 (1) 45, 135 (2) 120   **7** ③   **8** 풀이 참조

9 (1) 예각 (2) 둔각   **10** (1) 예각 (2) 직각 (3) 둔각

11 풀이 참조   **12** 예 85, 85

13 풀이 참조 ; 예 80, 풀이 참조 ; 예 120

14 60, 40, 100 ; 60, 40, 20   **15** 170, 90

16 ( )( )(○)

17 예 ㉠=80°, ㉡=30°, ㉢=70°,
㉠+㉡+㉢=80°+30°+70°=180° ; 180°

18 (1) 30 (2) 60   **19** (1) 110 (2) 122

20 예 사각형의 네 각의 크기의 합은 360°이므로
㉠=360°-75°-95°-80°=110° ; 110°

4 (1) 각의 한 변이 각도기의 바깥쪽 눈금 0에 맞춰져 있으므로 바깥쪽 눈금을 읽습니다.
    (2) 각의 한 변이 각도기의 안쪽 눈금 0에 맞춰져 있으므로 안쪽 눈금을 읽습니다.

8 (1)   (2)

11 (1) 예   (2) 예

13 예

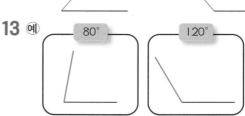

15 각도기를 이용하여 각도를 재면 각각 130°, 40°입니다.
합 : 130°+40°=170°, 차 : 130°-40°=90°

16 90°+50°=140°, 180°-100°=80°,
73°+85°=158°

18 (1) □=180°-120°-30°=30°
    (2) □=180°-60°-60°=60°

19 (1) □=360°-100°-80°-70°=110°
    (2) □=360°-58°-90°-90°=122°

1회   3. 곱셈과 나눗셈
7~9쪽

1 (위에서부터) 10, 7080, 10

2 (1) 16280   (2) 31920   (3) 5440   (4) 31000

3 283×30=8490 ; 8490 kg

4 1035, 6900, 7935 ; 3, 20

5 (1) 7584   (2) 6090   **6** >   **7** ⑩ 가장 작은 세 자리 수는 125입니다. 125×14=1750 ; 1750

8 150, 180, 210 ; 6   **9** (1) 4 ; 17   (2) 7 ; 0

10 ㉣   **11** 4에 ○표   **12** 풀이 참조

13

14 180, 360, 540 ; 20, 30

15 (1) 23 ; 0   (2) 17 ; 0   **16** 풀이 참조   **17** 23

18 245 ; ㉡   **19** (1) 17 ; 21   (2) 50 ; 9

20 ⑩ 216÷15=14…6이므로 15권씩 꽂는 책장은 14칸이고, 남는 책은 6권입니다. ; 14칸

• 풀이 •

3 (하마가 먹는 사료의 양)=283×30=8490(kg)

6 275×26=7150, 159×42=6678
→ 7150>6678

8 30×5=150, 30×6=180, 30×7=210
→ 30×6=180이므로 곱셈식을 나눗셈식으로 바꾸면 180÷30=6입니다.

9 (1)
```
        4
  60 ) 2 5 7
      2 4 0
        1 7
```
(2)
```
        7
  80 ) 5 6 0
      5 6 0
          0
```

10 ㉠ 120÷20=6
㉡ 195÷30=6 … 15
㉢ 240÷40=6
㉣ 380÷50=7 … 30
따라서 몫이 다른 식은 ㉣입니다.

11 81÷17을 80÷20으로 어림하여 계산하면 몫은 4입니다.

12 (1)
```
        3
  24 ) 7 2
      7 2
        0
```
확인: 24×3=72

(2)
```
        5
  39 ) 1 9 8
      1 9 5
          3
```
확인: 39×5=195,
195+3=198

13 84÷14=6, 259÷51=5 … 4

14 385는 360보다 크고 540보다 작기 때문에 몫은 20과 30 사이의 수입니다.

15 (1)
```
         2 3
  36 ) 8 2 8
       7 2
       1 0 8
       1 0 8
           0
```
(2)
```
        1 7
  17 ) 2 8 9
       1 7
       1 1 9
       1 1 9
           0
```

16
```
        1 7
  31 ) 5 2 7
       3 1
       2 1 7
       2 1 7
           0
```
나머지는 나누는 수보다 작아야 합니다. 나머지 31이 나누는 수 31과 같으므로 몫을 1만큼 더 크게 하여 다시 계산합니다.

19 (1)
```
        1 7
  23 ) 4 1 2
       2 3
       1 8 2
       1 6 1
         2 1
```
(2)
```
        5 0
  14 ) 7 0 9
       7 0
          9
```

1회   4. 평면도형의 이동
10~12쪽

1 풀이 참조   **2** 왼   **3** 풀이 참조   **4** 왼, 7

5 풀이 참조   **6** (○)( )   **7** ㉠, ㉡

8 ⑩ 왼쪽(오른쪽)으로 뒤집기를 해야 합니다.

9~10 풀이 참조   **11** (○)( )   **12** ⑩ '6'을 시계 방향으로 180°만큼 돌리면 '9'가 됩니다.

13~14 풀이 참조   **15** ⑩ 시계 반대 방향으로 90°만큼 돌린 후 오른쪽으로 뒤집었습니다.   **16** 2개

17 풀이 참조   **18** ( )(○)   **19~20** 풀이 참조

• 풀이 •

1

3

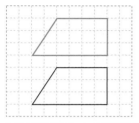

5

8 도형을 왼쪽(오른쪽)으로 뒤집으면 모양은 변하지 않고, 왼쪽과 오른쪽이 서로 바뀝니다.

9

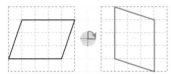

도형을 시계 방향으로 90°만큼 돌리면 도형의 위쪽 부분이 오른쪽으로 이동합니다.

10

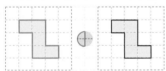

11 모양 조각을 시계 방향으로 90°만큼 돌리면 도형의 위쪽이 오른쪽으로 바뀝니다.

13

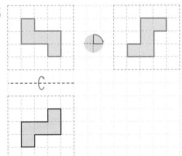

도형을 위쪽으로 뒤집으면 도형의 위쪽과 아래쪽이 서로 바뀌고, 시계 방향으로 90°만큼 돌리면 도형의 위쪽이 오른쪽으로 이동합니다.

14

처음 도형   움직인 도형

도형을 시계 반대 방향으로 90°만큼 2번 돌리면 오른쪽에 있던 가장 긴 선분이 왼쪽으로 이동합니다.
이 도형을 위쪽으로 뒤집으면 위쪽과 아래쪽이 서로 바뀝니다.

16 1번 뒤집고 시계 반대 방향으로 180°만큼 돌린 모양은 다음과 같습니다.
김 → ᄆᆱ → ᄝᆱ, 어 → ㅓ어 → 어, 박 → ㅂ밤 → ᄈᆤ,
요 → 요 → ᅙᅩ, 아 → ㅏ아 → 아

17

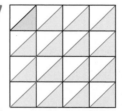

18 돌리기를 이용하여 왼쪽 무늬를, 뒤집기를 이용하여 오른쪽 무늬를 만들 수 있습니다.

19 (예)

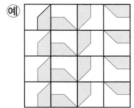

20

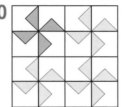

1회   **5. 막대그래프**   13~15쪽

1 이름, 성공 개수   **2** 1개   **3** 7개   **4** 은희
5 30 kg   **6** 유리병, 캔, 종이, 플라스틱
7 (예) 일주일 동안 가장 많이 나온 쓰레기는 플라스틱으로 120 kg이고, 가장 적게 나온 쓰레기는 유리병으로 30 kg입니다. → 120÷30=4(배) ; 4배
8 운동 ; 학생 수   **9** 8칸   **10** 풀이 참조   **11** 2명
12 놀이동산   **13** 박물관, 과수원   **14** 5명   **15** 과학
16 3배   **17** 수학, 사회, 과학   **18** 수요일
19 화요일, 목요일   **20** (예) 도서관 방문 학생 수가 가장 적은 요일은 금요일입니다.

풀이

5 50 kg을 세로 눈금 5칸으로 나타내므로 세로 눈금 한 칸은 50÷5=10(kg)을 나타냅니다.
일주일 동안 나온 유리병의 양은 3칸이므로 30 kg 입니다.

6 막대의 길이가 가장 짧은 쓰레기 종류부터 차례로 쓰면 유리병, 캔, 종이, 플라스틱입니다

10

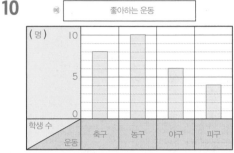

좋아하는 운동

11 세로 눈금 5칸이 10명을 나타내므로 세로 눈금 한 칸은 10÷5=2(명)을 나타냅니다.

16 과학 : 6명, 수학 : 2명 → 6÷2=3(배)

17 막대그래프에서 막대 끝이 눈금 10보다 왼쪽에 있는 과목을 찾으면 수학, 사회, 과학입니다.

19 막대의 길이가 같은 요일은 화요일과 목요일입니다.

4 가로(→)에서 2배씩, 세로(↓)에서 3배씩 커지는 규칙을 가진 수 배열표를 완성합니다.

5 3으로부터 → 방향으로 4를 곱합니다.

7
$$1 \xrightarrow{+2} 3 \xrightarrow{+3} 6 \xrightarrow{+4} 10$$
다섯째에 알맞은 바둑돌은 10+5=15(개)입니다.

8

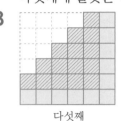

다섯째

13 더해지는 수가 9로 자리 수가 1개씩 많아지고, 더하는 수는 2로 변하지 않으면 계산 결과는 0으로 자리 수가 1개씩 많아집니다.

17 곱해지는 수에 9가 하나씩 늘어날 때마다 계산 결과에도 9가 하나씩 늘어나는 규칙입니다.

1회 **6. 규칙 찾기** 16~18쪽

1 (위쪽부터 순서대로) 200, 250, 350, 400, 400
2 20, 커집니다에 ○표 ; 1000, 커집니다에 ○표
3 3145
4 (위쪽부터 순서대로) 8, 48, 36, 54, 432 **5** 192
6 5 ; 예 625부터 → 방향으로 5로 나눕니다.
빈칸에 알맞은 수는 25를 5로 나눈 5입니다.
7 15개 **8** 풀이 참조 **9** 15개, 11개
10 100 **11** (위에서부터) 262, 262, 262, 262
12 785-523=262
13 999999+2=1000001
14 8, 1, 7, 6 **15** 888885÷9=98765
16 8888886÷9=987654
17 99999×9=899991 **18** 11, 16 **19** 2, 10
20 예 가로(→)로 1씩 커집니다.
세로(↓)로 7씩 커집니다.

풀이

1 가로(→)에서 50씩, 세로(↓)에서 100씩 커지는 규칙을 가진 수 배열표를 완성합니다.

3 오른쪽으로 20씩 커지므로 빈칸에 알맞은 수는 3125보다 20만큼 더 큰 수인 3145입니다.

2회 **1. 큰 수** 19~21쪽

1 1000, 100, 10, 1 **2** 9900, 10000
3 3, 6, 7, 8, 7 **4** 40000, 5000
5 (1) 오만 천사백이십칠 (2) 30560
6 37250000 ; 삼천칠백이십오만
7 유진 ; 예 6900000에서 백만의 자리 숫자는 6, 십만의 자리 숫자는 9이므로 육백구십만 명이라고 읽습니다.
8 ㉠ **9** 1000만, 10만, 1만
10 60300000000 ; 팔천이십억
11 103502870000 ; 천삼십억 이백팔십칠만
12 1000000000000, 조 **13** 1조
14 예 십억의 자리 숫자를 구해 보면 ㉠ 9, ㉡ 5, ㉢ 7입니다. 따라서 십억의 자리 숫자가 가장 큰 수는 ㉠입니다. ; ㉠
15 200000
16 예 90000, 100000, 110000 ; 예 10000씩 뛰어 세었습니다.
17 32조 6200억, 33조 4200억
18 (1) > (2) < (3) < **19** 냉장고
20 세탁기, 노트북, 텔레비전

풀이

8 ㉠ 5000000 ㉡ 500000
  → ㉠ > ㉡

15 십만의 자리 숫자가 2씩 커지므로 20만씩 뛰어 세기를 하는 규칙입니다.

17 가로(→)에서 조의 자리 수가 1씩 커지므로 1조씩 뛰어 셉니다.
  세로(↑)에서 천억의 자리 수가 1씩 커지므로 1000억씩 뛰어 셉니다.

18 자리 수가 같으면 높은 자리 수가 큰 쪽이 더 큰 수입니다.

19 두 수 모두 7자리 수이고, 백만의 자리 수가 같으므로 십만의 자리 수를 비교하면 7<8입니다. 따라서 1785000<1879000이므로 값이 더 비싼 물건은 냉장고입니다.

2회 2. 각도

22~24쪽

1 (○) ( ) **2** 가, 다, 나 **3** 풀이 참조
4 (1) 25 (2) 165 **5** (1) 75 (2) 110 **6** 예 각의 벌어진 각도를 읽지 않았습니다. ; 55
7~8 풀이 참조 **9** (1) 가, 다, 마 (2) 나, 라, 바
10 75°, 20° ; 120°, 95° **11** 직각, 둔각, 예각
12 예 90, 90 **13** 풀이 참조 ; 60 **14** 110, 30
15 (1) 155 (2) 45 **16** 57 **17** (1) 65 (2) 95
18 55 **19** (1) 65 (2) 126
20 예 ㉠+㉡+135°+95°=360°, ㉠+㉡+230°
=360°, ㉠+㉡=360°−230°=130° ; 130°

풀이

3 예

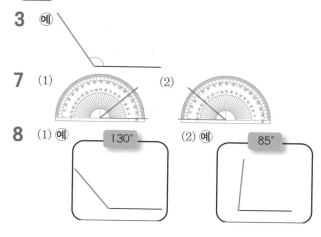

7 (1)   (2)

8 (1) 예 [130°]   (2) 예 [85°]

11

13 예

14 합 : 70°+40°=110°, 차 : 70°−40°=30°
16 □=180°−90°−33°=57°
17 (1) □=180°−55°−60°=65°
  (2) □=180°−25°−60°=95°
18 ㉠+㉡+125°=180°, ㉠+㉡=180°−125°=55°
19 (1) 90°+90°+115°+□=360°, 295°+□=360°,
  □=360°−295°=65°
  (2) 77°+52°+105°+□=360°, 234°+□=360°,
  □=360°−234°=126°

2회 3. 곱셈과 나눗셈

25~27쪽

1 650, 6500
2 (1) 9210 (2) 8640 (3) 22880 (4) 31500
3 ( ) ( ) (○) **4** 3, 963 ; 6420 ; 7383
5 (1) 16830 (2) 13855 (3) 11050 (4) 32004
6 예 ㉠ 654×51=33354, ㉡ 679×52=35308,
  ㉢ 684×49=33516
  → ㉡>㉢>㉠ ; ㉡, ㉢, ㉠
7 366×24=8784 ; 8784시간
8 7 ; 0 ; 7, 280
9 (1) 4 ; 0 (2) 3 ; 38 **10** ㉢, ㉣, ㉡, ㉠
11 48, 64, 80, 96 ; 5 **12** (1) 5 ; 0 (2) 7 ; 1
13 예 168÷23=7 … 7 몫은 7이고 나머지는 7입니다. 따라서 몫과 나머지를 바르게 구한 친구는 주희입니다. ; 주희 **14** 540, 810 ; 20, 30
15 (1) 23 (2) 21
16   •   •   **17** 29×20 ; 735−580 ; 29×5
  ⤬⤬
18 (1) 11 ; 15 (2) 25 ; 9

19 예 337÷27=12 … 13, 379÷28=13 … 15
나머지를 비교하면 13<15이므로 나머지가 더 큰 것
은 ㉡ 379÷28입니다. ; ㉡

20 11개, 3개

20 (전체 방울토마토의 수)÷(한 봉지에 담는 방울토마
토의 수)=168÷15=11 … 3
168개를 한 봉지에 15개씩 담으면 15개씩 담은 봉
지는 11개이고, 남는 방울토마토는 3개입니다.

• 풀이 •

3 200×90=18000, 268×70=18760,
372×60=22320

7 (2024년의 시간 수)=366×24=8784(시간)

8
$$
\begin{array}{r}
7 \\
40{\overline{)280}} \\
280 \\
\hline
0
\end{array}
$$
40×7=280이므로 280÷40=7입니다.
몫 : 7, 나머지 : 0, 확인 : 40×7=280

10 ㉠ 3 ㉡ 4 ㉢ 8 ㉣ 6 → 8>6>4>3

11 16×3=48, 16×4=64, 16×5=80, 16×6=96
→ 16×5=80이므로 곱셈식을 나눗셈식으로 바꾸
면 80÷16=5입니다.

12 (1)
$$
\begin{array}{r}
5 \\
19{\overline{)95}} \\
95 \\
\hline
0
\end{array}
$$
(2)
$$
\begin{array}{r}
7 \\
27{\overline{)190}} \\
189 \\
\hline
1
\end{array}
$$

14 756은 540보다 크고 810보다 작기 때문에 몫은
20과 30 사이의 수입니다.

15 (1)
$$
\begin{array}{r}
23 \\
38{\overline{)874}} \\
76 \\
\hline
114 \\
114 \\
\hline
0
\end{array}
$$
(2)
$$
\begin{array}{r}
21 \\
21{\overline{)441}} \\
42 \\
\hline
21 \\
21 \\
\hline
0
\end{array}
$$

16 368÷23=16, 434÷31=14, 480÷32=15,
336÷21=16, 390÷26=15, 392÷28=14

18 (1)
$$
\begin{array}{r}
11 \\
27{\overline{)312}} \\
27 \\
\hline
42 \\
27 \\
\hline
15
\end{array}
$$
(2)
$$
\begin{array}{r}
25 \\
16{\overline{)409}} \\
32 \\
\hline
89 \\
80 \\
\hline
9
\end{array}
$$

2회　4. 평면도형의 이동
28~30쪽

1~2 풀이 참조 **3** 왼쪽, 6 cm에 ○표 **4** 풀이 참조
5 (○)( ) **6~7** 풀이 참조 **8** 0, 1, 3에 ○표
9 풀이 참조 **10** 오른쪽에 ○표 **11** 풀이 참조
12 예 56을 시계 반대 방향으로 180°만큼 돌리면 처
음 숫자와 같아집니다. 따라서 처음 숫자는 95입니다. ;
95 **13~14** 풀이 참조
15 예 시계 반대 방향으로 90°만큼 돌린 다음에 위쪽
으로 뒤집었습니다. **16** 58 **17** 풀이 참조
18 뒤집기, 밀기, 돌리기 **19** 풀이 참조
20 예 주어진 모양을 시계 방향으로 90°씩 돌린 규칙
을 가지고 무늬를 만들었습니다.

• 풀이 •

1

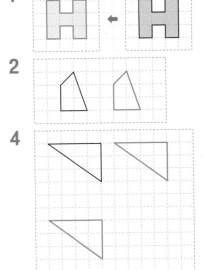

5 모양 조각을 오른쪽으로 뒤집으면 모양 조각의 왼쪽
과 오른쪽이 서로 바뀝니다.

6
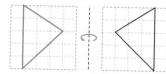

왼쪽으로 뒤집은 도형을 거꾸로 오른쪽으로 뒤집으면 처음 도형이 됩니다.

7
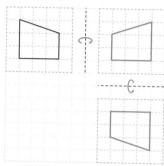

도형을 오른쪽으로 뒤집으면 도형의 오른쪽과 왼쪽이 서로 바뀌고, 아래쪽으로 뒤집으면 도형의 아래쪽과 위쪽이 서로 바뀝니다.

9
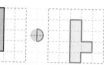

도형을 시계 방향으로 180°만큼 돌리면 도형의 위쪽이 아래쪽으로 이동합니다.

11 (1)
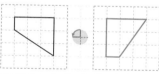

도형을 시계 반대 방향으로 90°만큼 돌리면 도형의 위쪽이 왼쪽으로 이동합니다.

(2)

도형을 시계 반대 방향으로 270°만큼 돌리면 도형의 아래쪽이 왼쪽으로 이동합니다.

13
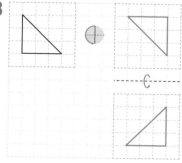

14

처음 도형   움직인 도형

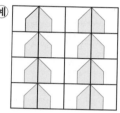

16 28 → 85 → 58

17 (예)
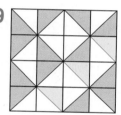

오른쪽으로 뒤집은 모양을 반복적으로 사용하여 무늬를 만들어 봅니다.

19

2회 **5. 막대그래프**

31~33쪽

1 계절 ; 학생 수   **2** 학생 수   **3** 1명   **4** 겨울
5 학생 수 **6** 4칸 **7** 풀이 참조 **8** 4개 **9** 볼펜
10 (예) 연필을 더 많이 갖다 놓는 것이 좋을 것 같습니다. 가장 많이 팔린 문구가 연필이기 때문입니다.
11 3명
12 (예) A형인 학생 수 : 9명, AB형인 학생 수 : 3명
→ 9÷3=3(배) ; 3배
13 A형, B형, O형, AB형   **14** ㉡   **15** ㉢
16 풀이 참조
17 (예) 피자와 과자를 좋아하는 학생 수가 같습니다.
18 7월   **19** 7월, 6월, 4월, 5월
20 (예) 막대의 길이가 가장 짧은 5월이 비가 가장 적게 오는 달이므로 5월에 소풍을 가는 것이 좋습니다.

● 풀이 ●

3 세로 눈금 5칸이 5명을 나타내므로 세로 눈금 한 칸
은 5÷5=1(명)을 나타냅니다.

5 가로에 과일을 나타내면 세로에는 학생 수를 나타냅
니다.

6 배를 좋아하는 학생은 4명이므로 4칸으로 나타내야
합니다.

7

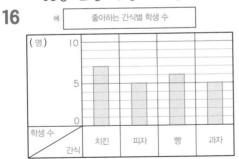

8 볼펜 : 12개, 수첩 : 8개
→ 문구점에서 팔린 볼펜은 수첩보다 12−8=4(개)
더 많습니다.

9 공책은 6개이고, 6개의 2배는 12개이므로 문구점
에서 12개 팔린 것은 볼펜입니다.

10 문구점에서 가장 많이 팔린 문구가 연필이므로 연필
을 더 많이 갖다 놓는 것이 좋을 것 같습니다.

11 B형인 학생 수 : 8명
(AB형인 학생 수)=8−5=3(명)

13 A형 : 9명, B형 : 8명, O형 : 6명, AB형 : 3명
→ A형>B형>O형>AB형

16

예 | 좋아하는 간식별 학생 수 |

막대그래프에서 가로는 간식을, 세로는 학생 수를 나
타냅니다.

19 4월 : 9일, 5월 : 3일, 6월 : 10일, 7월 : 15일
→ 7월, 6월, 4월, 5월

---

1 (1) 30 (2) 100 (3) 130   **2** ㉠ 660 ㉡ 790
3 (위에서부터) 5750, 4800, 3850, 3750, 2800,
2750   **4** (1) 3, 3 (2) 4, 4 (3) 12, 12
5 (1) 예 3배씩 커집니다. (2) 예 4배씩 커집니다.
(3) 예 12배씩 커집니다.
6 1728   **7** 25개   **8** 풀이 참조   **9** 15개, 6개
10 100, 50   **11** 125, 175, 225, 275
12 675−350=325
13 99999+11112=111111   **14** 20, 400
15 20×100=2000   **16** 20×120=2400
17 99999÷3=33333   **18** 7
19 (1) 7 (2) 7 (3) 1 (4) 1
20 예 4+18=11×2, 15+17=16×2

● 풀이 ●

3 가로(→)에서 50씩, 세로(↓)에서 1000씩 작아지는
규칙을 가진 수 배열표를 완성합니다.

6 576×3=1728

7 도형은 1개에서 시작하여 4개, 9개, 16개, …로 3
개, 5개, 7개, …씩 늘어나므로 다섯째에 알맞은 도
형은 1+3+5+7+9=25(개)입니다.

8
예

다섯째

9 빗금 칠한 사각형은 1+2+3+4+5=15(개)이고
빗금 칠하지 않은 사각형은 5+1=6(개)입니다.

13 더해지는 수가 9로 자리 수가 1개씩 많아지고, 더하
는 수는 1이 1개씩 많아지면 계산 결과는 1로 자리
수가 1개씩 많아집니다.

17 나누어지는 수가 9로 자리 수가 1개씩 많아지고, 나
누는 수는 3으로 변하지 않으면 계산 결과는 3으로
자리 수가 1개씩 많아집니다.

20 승강기 숫자판에서 세 수를 골라 만들 수 있는 규칙
적인 계산식은 여러 가지 있습니다.

10종 검정 교과서 완벽 분석 종합평가

수학

선생님이 강력 추 천하는

개념 PLUS +
단원평가

선생님이 강 력 추 천하는

개념 PLUS

단원평가

수학

정답과 풀이

4-1

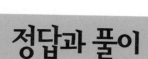

정답과 풀이

1 큰 수

수학 익힘 풀기
9쪽

1 100   2 (1) 9997, 9999 (2) 9980, 10000
3 100   4 3000, 70
5 57350 또는 5만 7350 ; 오만 칠천삼백오십
6 49700원

풀이

1 9900보다 100만큼 더 큰 수는 10000입니다.
2 (1) 일의 자리 숫자가 1씩 커집니다.
   (2) 십의 자리 숫자가 1씩 커집니다.
3 100원이 10개이면 1000원이고 1000원이 10개이면 10000원이므로 100원이 100개 있어야 10000원이 됩니다.
4 천의 자리의 3은 3000을 나타내고, 십의 자리의 7은 70을 나타냅니다.
5

만의 자리	천의 자리	백의 자리	십의 자리	일의 자리
5	7	3	5	0

6 10000원짜리 4장, 1000원짜리 9장, 100원짜리 7개이므로 40000+9000+700=49700(원)입니다.

수학 익힘 풀기
11쪽

1 25860000 또는 2586만 ; 이천오백팔십육만
2 (1) 5000000 (2) 50000
3 35870000 또는 3587만 ; 삼천오백팔십칠만
4 (1) 9900 (2) 9990
5 (1) 95억 1825만 6347
  (2) 35조 2147억 8923만 1687
6 (1) 1억 (2) 1조

풀이

1

쓰기	▲●■◆0000 또는 ▲●■◆만 (숫자)
읽기	▲천●백■십◆만 (한글)

2 (1) 85430000에서 5는 백만의 자리 숫자입니다.
   (2) 23650000에서 5는 만의 자리 숫자입니다.

3

3	5	8	7	0	0	0	0
천	백	십	일	천	백	십	일
			만				

5 (1)

		9	5	1	8	2	5	6	3	4	7
천	백	십	일	천	백	십	일	천	백	십	일
	조				억				만		

(2)

		3	5	2	1	4	7	8	9	2	3	1	6	8	7
천	백	십	일	천	백	십	일	천	백	십	일	천	백	십	일
	조				억				만						

6 (1) 1000만이 10개이면 1억입니다.
  (2) 1000억이 10개이면 1조입니다.

수학 익힘 풀기
13쪽

1 3680000, 5680000
2 200만씩   3 150000원
4 43250 > 43170   5 (1) < (2) >
6 ㉠, ㉡, ㉢

풀이

1 100만씩 뛰어 세면 백만의 자리 숫자가 1씩 커집니다.
2 250억 2536만에서 250억 2736만으로 200만 커졌으므로 200만씩 뛰어 센 것입니다.
3

30000 →	30000 →	30000 →	30000 →
8월	9월	10월	11월	12월

8월	9월	10월	11월	12월
30000	60000	90000	120000	150000

4 가장 높은 자리 숫자부터 차례대로 비교하여 숫자가 큰 쪽이 더 큰 수입니다. 43250과 43170은 만의 자리 숫자와 천의 자리 숫자가 같고, 백의 자리 숫자가 다르므로 백의 자리 숫자끼리 비교합니다.
5 (1) 24356816 < 24453681
            └─ 3<4 ─┘
   (2) 26조 3587만 > 26조 3578만
              └─ 8>7 ─┘
6 ㉠ 67920000
   ㉡ 125934867
   ㉢ 134500000

정답과 풀이

1회 단원**평가** 연습

1 10000 또는 1만 ; 만 또는 일만 **2** ③
3 47693 **4** 20000, 900 **5** 70300명
6 (1) ⓒ (2) ㉠ (3) ㉡
7 260000 ; 삼천구십칠만 **8** ④
9 ㉮ 백만 원짜리 2장은 2000000원, 십만 원짜리 9장은 900000원, 만 원짜리 7장은 70000원이므로 냉장고 값으로 낸 돈은 2970000원입니다. ; 2970000원 또는 297만 원
10 1000만, 100만, 10만, 1만 **11** 100억, 1조
12 ㉮ 빛이 100년 동안 갈 수 있는 거리는 9조 4600억의 100배입니다. 9조 4600억의 10배는 94조 6000억, 94조 6000억의 10배는 946조이므로 빛이 100년 동안 갈 수 있는 거리는 946조 km입니다. ; 946조 km
13 700000, 710000 **14** 1000억
15 1조 1165억 **16** 380억 **17** (1) > (2) <
18 ㉡ **19** 8, 9 **20** 수성

풀이

1 1000이 10개인 수를 10000 또는 1만이라 쓰고 만 또는 일만이라고 읽습니다.
2 ③ 10000은 1000이 10개인 수입니다.
　　1000이 100개인 수는 100000입니다.
3 10000이 4개이면 40000, 1000이 7개이면 7000, 100이 6개이면 600, 10이 9개이면 90, 1이 3개이면 3입니다. 따라서 40000+7000+600+90+3=47693입니다.
4 각 자리의 숫자가 나타내는 수를 덧셈식으로 나타냅니다.
5 칠만삼백 → 7만 300 → 70300
6 10000이 10개이면 10만, 100개이면 100만, 1000개이면 1000만입니다.
7 이십육만 → 26만 → 260000
　　30970000 → 3097만 → 삼천구십칠만
8 숫자 5가 나타내는 값을 각각 구하면
　① 500000　　② 50000
　③ 50000　　④ 5000000
　⑤ 50000
11 1000억의 10배는 1000억이 10개인 수이므로 1조입니다.

---

13 10000씩 뛰어 세면 만의 자리 숫자가 1씩 커집니다.
14 천억의 자리 숫자가 1씩 커지고 있으므로 1000억씩 뛰어 세기를 한 것입니다.
15 1조 865억 − 1조 965억 − 1조 1065억 − 1조 1165억
16 280억은 230억보다 50억 큰 수이므로 50억씩 뛰어 센 것입니다. 따라서 50억씩 뛰어 세면 230억 − 280억 − 330억 − 380억 − 430억이므로 ㉠에 알맞은 수는 380억입니다.
17 (1) (여섯 자리 수) > (다섯 자리 수)
　　(2) 8조 109억 < 8조 1001억
18 ㉠ 40조 4000억
　　㉡ 40조 − 41조 − 42조 − 43조
19 만의 자리 숫자가 5>2이므로 □ 안에는 7보다 큰 숫자가 들어갈 수 있습니다.
20 지구: 1억 4960만 km
　　목성: 7억 7830만 km
　　수성: 5791만 km
　　화성: 2억 2800만 km

2회 단원**평가** 도전

1 (1) 9000 (2) 10000 **2** 100, 10, 1
3 9, 2, 7, 3, 0 **4** 90000, 3000, 600, 2
5 천의 자리, 3000 **6** 96410, 구만 육천사백십
7 1000000(100만), 10000000(1000만)
8 12690000 **9** 6000000원 또는 600만 원
10 ③ **11** 육십조 칠천사억 **12** 9개
13 ㉮ 1조가 21개이면 21조, 1억이 362개이면 362억, 만이 1200개이면 1200만입니다. 따라서 길호가 가지고 있는 모형 돈은 21조 362억 1200만 원입니다. ; 21조 362억 1200만 원 또는 21036212000000원
14 180억 40만, 200억 40만, 220억 40만
15 118조, 119조, 123조
16 ㉮ 320억에서 4번 뛰어 세어 400억이 되었으므로 20억씩 뛰어 센 것입니다. 20억씩 뛰어 세면 십억의 자리 숫자가 2씩 커지므로 ㉠에 알맞은 수는 420억입니다. ; 420억 **17** 백만의 자리
18 ㉠ 6030200000000 ㉡ 6031000000000
; ㉠ **19** 여학생 **20** 0, 1, 2, 3

풀이

4 십의 자리 숫자는 0이므로 덧셈식에는 쓰지 않습니다.

5   2 3 7 0 8
　　만 천 백 십 일
　　　└→ 천의 자리 숫자이므로 3000을 나타냅니다.

6 숫자가 큰 수 카드부터 차례로 늘어놓습니다.
9 6 4 1 0

8　100만이　12개이면　　　12000000
　　　10만이　6개이면　　　　　600000
　　　　만이　9개이면　　　　　　90000
　　　　　　　　　　　　　　12690000

9 숫자 6은 백만의 자리 숫자이므로 6000000원을 나타냅니다.

10 ①, ②, ④, ⑤는 1억을 나타내고, ③은 9900만
100을 나타냅니다.
③ 1억은 9900만보다 100만만큼 더 큰 수입니다.

12 수로 나타내면 1090730000004003이므로 0은 모두 9개입니다.

14 20억씩 뛰어 세기를 하면 십억의 자리 숫자가 2씩 커집니다.

15 1조씩 뛰어 세는 규칙입니다.

17 두 수 모두 15자리 수이고 백조, 십조, 조, 천억, 백억, 십억, 억, 천만의 자리 숫자가 각각 같으므로 백만의 자리 숫자를 비교해야 합니다.

18 억이 6031인 수는 6031억이고 6031억의 10배인 수는 6조 310억입니다.

19 (다섯 자리 수)<(여섯 자리 수)

20 백만, 만의 자리 숫자가 같고 천의 자리 숫자가 5<8이므로 □ 안에 들어갈 수 있는 숫자는 4보다 작은 수입니다.
따라서 □ 안에 들어갈 수 있는 숫자는 0, 1, 2, 3 입니다.

 3회 단원평가 〔기출〕
20~22쪽

1 10000
2 (1) 9998, 10000 (2) 9900, 10000
3 3, 7　**4** ③　**5** ⑤　**6** 5700000원
7 48630000 또는 4863만, 사천팔백육십삼만

8 예 만 원짜리 250장은 250만 원입니다. 250만은 10만이 25개인 수이므로 10만 원짜리 수표 25장으로 바꿔야 합니다. ; 25장
9 1억, 1조　**10** 1000배　**11** ㉠
12 예 만들 수 있는 가장 작은 수는 123456789입니다. 숫자 3은 백만의 자리 숫자이므로 3000000을 나타냅니다. ; 3000000 또는 300만
13 120000, 160000, 200000　**14** ④
15 130503090000 또는 1305억 309만 ; 천삼백오억 삼백구만
16 예 10번 뛰어 세어 1조가 커졌습니다. 1조는 1000억의 10배이므로 1000억씩 뛰어 세기를 한 것입니다. ; 1000억
17 작습니다　**18** ㉡ (○)　**19** ㉢
20 54123

풀이

1 10000은 100의 100배인 수, 1000의 10배인 수, 9990보다 10만큼 더 큰 수, 9000보다 1000만큼 더 큰 수입니다.

2 (1) 일의 자리 숫자가 1씩 커집니다.
(2) 백의 자리 숫자가 1씩 커집니다.

3 10000이 3개, 1000이 7개, 100이 2개, 10이 1개, 1이 4개인 수는 37214입니다.

4 숫자가 0인 자리는 읽지 않습니다.

5 숫자 7이 나타내는 수는 ① 700 ② 70000
③ 7000 ④ 700 ⑤ 70입니다.

6 만이 10개이면 10만입니다.
10만이 57개이면 570만이고 5700000이라고 씁니다.

7 100만이 48개이면 4800만, 10만이 6개이면 60만, 만이 3개이면 3만이므로 4863만입니다.

10 ㉠의 숫자 3은 억의 자리 숫자이므로 300000000을 나타내고 ㉡의 숫자 3은 십만의 자리 숫자이므로 300000을 나타냅니다.
따라서 ㉠은 ㉡의 1000배입니다.

11 ㉠ 106000000000 → 10개
㉡ 4102060300000072 → 9개

14 십조의 자리 숫자가 5씩 커졌으므로 50조씩 뛰어 세기를 한 것입니다.

15 1265억 309만 - 1275억 309만 -
1285억 309만 - 1295억 309만 -
1305억 309만

17

```
├─────┼─────┼─────┼─────┼─────┤
27100       27500          28000
      27300        27600
```

수직선에서 왼쪽에 있는 수가 더 작습니다.

18 508조 94억 < 508조 904억

19 ㉠ 1200006900700000
㉡ 1206900007000000
㉢ 1206900070000000

20 54000보다 크고 54200보다 작은 수이므로 구하는 수는 541□□입니다. 따라서 일의 자리 수가 홀수이므로 구하는 수는 54123입니다.

4회 단원평가 ^{실전}

23~25쪽

1 ㉠, ㉢　　**2** (1) 30 (2) 60　　**3** 25800원

4 (1) 육만 이천일 (2) 70560　　**5** ③

6 예 높은 자리부터 작은 숫자를 놓습니다. 이때 0은 맨 앞자리에 올 수 없으므로 두 번째로 작은 숫자인 1을 만의 자리에 놓고 작은 숫자부터 차례로 씁니다. ; 10469　　**7** ㉢　　**8** 팔백육십일만 사천구십칠

9 예 수표의 수를 가장 적게 찾으려면 100만 원짜리 수표를 될 수 있는 한 많이 찾아야 합니다. 420만 원 중 20만 원은 100만 원짜리 수표로 찾을 수 없으므로 400만 원을 100만 원짜리 수표로 4장을 찾아야 합니다. ; 4장

10 158007200050　　**11** ③

12 8조 4271억 405만 9060 ; 팔조 사천이백칠십일억 사백오만 구천육십

13 예 516억 20만의 10배인 수는 5160억 200만, 5160억 200만의 10배인 수는 5조 1600억 2000만입니다. 따라서 ㉠에 알맞은 수의 천억의 자리 숫자는 1입니다. ; 1

14 105조 20억, 505조 20억

15 ㉠ 25700 ㉡ 35900

16 예 500000원씩 3000000원이 될 때까지 뛰어 세기를 하면 500000 - 1000000 - 1500000 - 2000000 - 2500000 - 3000000이므로 6개월이 걸립니다. ; 6개월

---

17 <　　**18** ㉡

19 예 천만의 자리, 백만의 자리 숫자가 같고 만의 자리 숫자가 8>7이므로 □ 안에는 7보다 큰 8, 9가 들어갈 수 있습니다. ; 2개

20 >

풀이

1 ㉡ 10000은 100이 100개인 수입니다.
㉢ 10000은 9900보다 100만큼 더 큰 수입니다.

3 10000원짜리 2장, 1000원짜리 5장, 100원짜리 8개이므로 20000+5000+800=25800(원)입니다.

4 (1) 수를 읽을 때에는 뒤에서부터 네 자리씩 끊어서 읽습니다.
(2) 수로 나타낼 때에는 자릿값이 없는 자리에는 0을 씁니다.

5 숫자 6이 나타내는 값은
① 600 ② 6 ③ 60000 ④ 6000 ⑤ 60입니다.

7 ㉠ 3178524에서 8은 천의 자리 숫자이므로 8000을 나타냅니다.
㉡ 8614097에서 8은 백만의 자리 숫자이므로 8000000을 나타냅니다.
㉢ 12870436에서 8은 십만의 자리 숫자이므로 800000을 나타냅니다.

8 ㉠ 3178524에서 십만의 자리 숫자는 1입니다.
㉡ 8614097에서 십만의 자리 숫자는 6입니다.
㉢ 12870436에서 십만의 자리 숫자는 8입니다.

10 억이 1580개, 만이 720개, 1이 50개
→ 1580억 720만 50 → 158007200050

11 ③ 1조는 9999억보다 1억만큼 더 큰 수입니다.

14 100조씩 뛰어 세기를 하면 백조의 자리 숫자가 1씩 커집니다.

15 아래로 10000씩 뛰어 세기를 하는 규칙이고 오른쪽으로 200씩 뛰어 세기를 하는 규칙입니다.

17 2601800000 < 2618000000
　　　　　└─────0<1─────┘

18 ㉠ 70000800000000
㉡ 7820000000000
㉢ 70080020000000

20 □ 안에 0을 넣어도 38740952>38740724이므로 항상 3874□952>38740724입니다.

탐구 서술형 평가

1 **1단계** 120000원　**2단계** 24000원
3단계 3500원　**4단계** 147500원

1-1 (예) 10000원짜리는 모두 200000원, 1000원짜리는 모두 12000원, 100원짜리는 모두 7400원입니다. 따라서 저금통에 있던 돈은 모두 200000+12000+7400=219400(원)입니다. ; 219400원

2 **1단계** 20569　**2단계** 20596　**3단계** 500

2-1 (예) 만들 수 있는 가장 작은 다섯 자리 수는 30578이므로 만들 수 있는 둘째로 작은 다섯 자리 수는 30587입니다. 30587에서 숫자 8은 십의 자리 숫자이므로 80을 나타냅니다. ; 80

3 **1단계** 1억　**2단계** 1억　**3단계** 24억

3-1 (예) 100만씩 뛰어 세기를 100번 하면 수는 1억이 커지므로 어떤 수는 50억보다 1억 적은 수입니다. 따라서 어떤 수는 50억보다 1억 적은 수인 49억입니다. ; 49억

4 (예) 10000원짜리는 모두 1130000원, 1000원짜리는 모두 35000원, 100원짜리는 2800원, 10원짜리는 190원입니다. 따라서 효주가 가지고 있는 모형 돈은 모두 1130000+35000+2800+190=1167990(원)입니다. ; 1167990원

5 (예) 만들 수 있는 가장 작은 여섯 자리 수는 103479이므로 만들 수 있는 둘째로 작은 여섯 자리 수는 103497입니다. 103497에서 숫자 3은 천의 자리 숫자이므로 3000을 나타냅니다. ; 3000

풀이

2 **1단계** 0을 제외한 가장 작은 숫자를 맨 앞에 오도록 하고 다음 자리에 0을, 그리고 나머지 숫자를 작은 수부터 차례로 씁니다.
2단계 **1단계**에서 만든 수 20569에서 일의 자리 숫자 9와 십의 자리 숫자 6의 자리를 바꾸어 씁니다.

3 **1단계** 1000만이 10개인 수는 1억입니다.
2단계 어떤 수에서 1000만씩 10번 뛰어 세어 1억이 커져 25억이 되었으므로 어떤 수는 25억보다 1억 적은 수입니다.
3단계 어떤 수는 25억보다 1억 적은 수이므로 24억입니다.

2　각도

수학 익힘 풀기

1 ㉡　**2** ㉡　**3** ㉡　**4** (1) 120° (2) 35°
5 (1) 180° (2) 360°　**6** (1) 60° (2) 120°

풀이

1 투명 종이에 ㉠을 그대로 그려 ㉡에 겹쳐 보면 ㉡의 각의 크기가 더 큽니다.

2 ㉠에는 부챗살이 이루는 각이 6개 있고, ㉡에는 부챗살이 이루는 각이 8개 있으므로 ㉠보다 ㉡이 더 큽니다.

3 ㉠보다 ㉡ 지붕의 각이 더 큽니다.

4 각도기의 밑금과 각의 한 변이 만난 쪽의 눈금에서 시작하여 각의 나머지 변이 각도기의 눈금과 만나는 부분을 읽습니다.

5 (1) 직각(90°)이 두 개이므로 180°입니다.
(2) 직각(90°)이 네 개이므로 360°입니다.

6 (1) 각도기의 밑금과 각의 한 변이 만난 쪽의 눈금에서 시작하여 각의 나머지 변이 각도기의 눈금과 만나는 부분을 읽으면 60°가 됩니다.

수학 익힘 풀기

1 풀이 참조　**2** 풀이 참조　**3** 풀이 참조
4 ㉡, ㉢ ; ㉠, ㉣ ; ㉢, ㉥　**5** ㉠ 예 ㉡ 직 ㉢ 둔
6 (1) 예각 (2) 둔각

풀이

1 (예)

각도기의 밑금에서 시작하여 각도가 110°가 되는 눈금에 점을 표시하고, 꼭짓점과 찍은 점을 이어 나머지 변을 긋습니다.

2

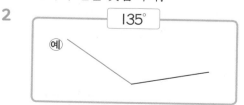

135°

(예)

3

자를 이용하여 각의 한 변을 그립니다. → 각도기의 중심과 각의 꼭짓점을 맞추고, 각도기의 밑금과 선을 맞춥니다. → 각도기의 밑금에서 시작하여 각도가 75°가 되는 눈금에 점을 표시합니다. → 각도기를 떼고, 자를 이용하여 변을 그려 각도가 75°인 각을 완성합니다.

4 0°<(예각)<90°<(둔각)<180°입니다.

5 ㉠은 90°보다 작으므로 예각이고, ㉡은 90°이므로 직각이고, ㉢은 90°보다 크므로 둔각입니다.

6 (1) 90°보다 작으므로 예각입니다.
(2) 90°보다 크므로 둔각입니다.

수학 익힘 풀기 35쪽

1 ㉠ 예 30 ㉡ 30   **2** ㉠ 예 70 ㉡ 70
3 ㉠ 예 110 ㉡ 110   **4** ㉠ 105 ㉡ 55
5 (1) 110 (2) 65 (3) 171 (4) 89   **6** 105°

풀이

1 주어진 각의 크기를 30°, 60°와 비교해 봅니다.

2 ① 주어진 각의 크기를 30°, 60°와 비교해 봅니다.
② 60°보다 커 보이므로 얼마나 큰지 어림해 봅니다.

3 ① 주어진 각의 크기를 90°와 비교하면 90°보다 큽니다.
② 90°보다 얼마나 큰지 어림해 봅니다.
이러한 과정을 반복하면 각도에 대한 어림 능력을 향상할 수 있습니다.

4 ㉠ 80°+25°=105°   ㉡ 80°−25°=55°

5 (1) 35+75=110 → 35°+75°=110°
(2) 130−65=65 → 130°−65°=65°
(3) 46+125=171 → 46°+125°=171°
(4) 178−89=89 → 178°−89°=89°

6 • 왼쪽 피자 조각: 45°
• 오른쪽 피자 조각: 60°
• 두 피자 조각의 각도의 합: 45°+60°=105°

수학 익힘 풀기 37쪽

1 (1) 85 (2) 30   **2** 105°   **3** 180°   **4** 75
5 115   **6** 75

풀이

1 삼각형의 세 각의 크기의 합은 180°입니다.
(1) 180°−50°−45°=85°
(2) 180°−80°−70°=30°

2 삼각형의 세 각의 크기의 합은 180°이므로 75°+㉠+㉡=180°입니다. 그러므로 ㉠+㉡=105°입니다.

3 모든 삼각형의 세 각의 크기의 합은 180°입니다.

4 사각형의 네 각의 크기의 합은 360°입니다.
360°−105°−110°−70°=75°

5

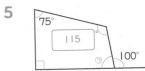

일직선이 이루는 각도는 180°이고, 사각형의 네 각의 크기의 합은 360°임을 이용합니다.
㉠=180°−100°=80°, 75°+90°+80°+□°=360°
→ □°=360°−75°−90°−80°=115°

6 사각형의 네 각의 크기의 합은 360°입니다.
105°+□°+75°+105°=360°
→ □°=360°−105°−75°−105°=75°

1회 단원 평가 (연습) 38~40쪽

1 ㉡ (○)   **2** ㉡   **3** ㉠ (○)   **4** 95°   **5** 65°
6 ㉠, ㉢, ㉡, ㉣   **7** 풀이 참조   **8** ㉠, ㉣, ㉂
9 ①   **10** (1) 예각 (2) 둔각   **11** (1) 130 (2) 50
12 예 70°+85°=㉠이므로 ㉠=155°입니다.
㉡−90°=55°, ㉡=55°+90°=145°
따라서 ㉠−㉡=155°−145°=10°입니다. ; 10°
13 풀이 참조   **14** 15   **15** 180
16 ㉠ 35° ㉡ 180°   **17** 65   **18** 180, 360
19 120, 360
20 예 사각형의 네 각의 크기의 합은 360°이므로 ㉠+75°+㉡+90°=360°입니다. 따라서 ㉠+㉡=360°−75°−90°=195°입니다. ; 195°

2 두 변의 벌어진 정도가 가장 큰 것을 찾으면 ㉡입니다.

3

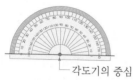

각도기의 중심

4 각도기의 오른쪽에 있는 눈금 0에서 시작하여 왼쪽 방향으로 눈금을 읽으면 95입니다.

5 각도기의 중심과 각의 꼭짓점을, 각도기의 밑금과 각의 한 변을 맞춘 후 각도를 잽니다.

7

각도기의 중심과 각의 꼭짓점 ㄱ을 맞춘 후 각도기의 밑금과 선분 ㄱㄴ을 맞추어 각을 그립니다.

8 0°보다 크고 90°보다 작은 각을 모두 찾습니다. ㉡은 직각, ㉢과 ㉤은 둔각입니다.

9 둔각은 ㉢, ㉤으로 2개입니다.

10 (1)

(2)

13

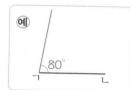

60°+50°=110°이므로 각도가 110°인 각을 그립니다.

14 □=45°−30°=15°

15 일직선이 이루는 각도는 180°이므로 삼각형의 세 각의 크기의 합은 180°입니다.

16 삼각형의 세 각의 크기의 합은 180°이므로 ㉡=180°입니다.
㉠=180°−105°−40°=35°

17

㉠+120°=180°이므로 ㉠=180°−120°=60°
□°=180°−55°−60°=65°

19 사각형의 네 각의 크기의 합은 360°이므로 나머지 한 각의 크기는 360°−105°−80°−55°=120°입니다.

1 ② **2** ㉡ **3** ㉡, ㉣ **4** 65 **5** ④
6 풀이 참조 **7** (1) ㉡ (2) ㉠ (3) ㉢ **8** ②, ④
9 ㉠ **10** ㉠ 예 120 ㉡ 120
11 ㉠ 185° ㉡ 75° **12** = **13** 75°
14 예 일직선은 180°이므로 90°+55°+㉠=180°입니다. 따라서 ㉠=180°−90°−55°=35°입니다. ; 35°
15 65, 50, 65, 180 **16** (왼쪽부터) 90, 30
17 75° **18** 100° **19** 50°
20 예 사각형에서 30°+90°+125°+㉡=360°이므로 ㉡=360°−30°−90°−125°=115°입니다. 또 삼각형에서 30°+㉠+㉡=180°이므로 30°+㉠+115°=180° ㉠=180°−30°−115°=35°입니다. ; ㉠ 35°
㉡ 115°

1 두 변이 가장 적게 벌어진 것은 ②입니다.

2

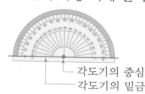

각도기의 중심
각도기의 밑금

3 ㉠ 40° ㉡ 130°

4 각도기의 중심과 각의 꼭짓점을, 각도기의 밑금과 각의 한 변을 정확히 맞추어 잽니다.

5 각도기의 밑금을 맞춘 변 ㄱㄴ이 오른쪽의 0부터 시작하므로 아래에 있는 눈금이 50°인 점과 이어서 각을 그립니다.

6

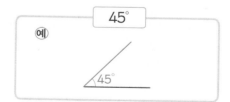

각의 꼭짓점을 어느 점으로 정하느냐에 따라 각의 방향이 달라집니다.

8 ①, ⑤ 직각 ②, ④ 예각 ③ 둔각

9 ㉠

㉡

(둔각의 크기) > (예각의 크기)

11 합: 130°+55°=185°, 차: 130°-55°=75°

12 45°+40°=85° ⊜ 150°-65°=85°

13 ㉠의 각도는 120°, ㉡의 각도는 45°이므로 두 각도의 차는 120°-45°=75°입니다.

15 삼각형의 세 각의 크기의 합은 180°입니다.

16

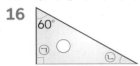

㉠은 직각이므로 90°입니다.
㉡=180°-60°-90°=30°

17 두 직각 삼각자의 가장 작은 각도의 합을 구합니다.

45°+30°=75°

18 사각형의 네 각의 크기의 합은 360°이므로
㉠=360°-105°-75°-80°=100°

19 120°+65°+35°+㉠+90°=360°
→ ㉠=360°-120°-65°-35°-90°=50°

3회 단원평가 **기출**

44~46쪽

1 현희　　　　　　**2** ㉢, ㉠, ㉡

3 예 각도기의 밑금과 각의 한 변을 맞추지 않았습니다.

4 ㉠ 115° ㉡ 65°　　**5** ㉠ 65 ㉡ 95 ; ㉡

6 풀이 참조　　　　**7** 풀이 참조

8 ㉠ 예각 ㉡ 둔각 ㉢ 둔각 ㉣ 예각

9 ㉠ 4개 ㉡ 3개　　**10** 풀이 참조

11 예 가장 큰 각도는 120°, 가장 작은 각도는 95°이므로 각도의 합은 120°+95°=215°, 차는 120°-95°=25°입니다. ; ㉠ 215° ㉡ 25°

12 30, 70, 100　　　**13** 110°

14 예 (가 피자 한 조각의 각도)=360°÷4=90°, (나 피자 한 조각의 각도)=360°÷6=60°이므로 두 피자 조각의 각도의 합은 90°+60°=150°입니다. ; 150°

15 45°

16 예 ㉠=180°-65°-80°=35°, ㉡=180°-80°=100°이므로 ㉠+㉡=35°+100°=135°입니다. ; 135°

17 15°　　　　　　**18** 60, 105, 360

19 2, 180, 2, 360　　**20** 145

풀이

6 예

7 예

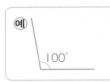

보기 의 각의 크기는 100°이므로 크기가 100°인 각을 그립니다.

8 0°보다 크고 직각보다 작은 각을 예각, 직각보다 크고 180°보다 작은 각을 둔각이라고 합니다.

9

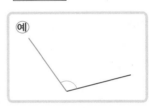

10 예

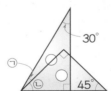

주어진 선분을 이용하여 직각보다 크고 180°보다 작은 각을 그립니다.

13 (각 ㄱㄴㄷ)=140°-30°=110° 또는 150°-40°=110°

15 삼각형의 세 각의 크기의 합은 180°이므로 나머지 한 각의 크기는 180°-60°-75°=45°입니다.

17

㉡=180°-90°-45°=45°
㉠+㉡=180°-30°-90°=60°
→ ㉠=(㉠+㉡)-㉡=60°-45°=15°

18 사각형의 네 각의 크기의 합은 360°입니다.

19 사각형은 삼각형 2개로 나눌 수 있으므로 사각형의 네 각의 크기의 합은 삼각형의 세 각의 크기의 합의 2배입니다.

20

㉠+115°=180°이므로 ㉠=180°-115°=65°
사각형의 네 각의 크기의 합은 360°이므로
90°+60°+65°+☐=360°
☐=360°-90°-60°-65°=145°

1 ④
2 (1) 1 (2) 90
3 근우 ; ⑩ 각도기의 중심과 각의 꼭짓점을 맞추지 않았습니다.
4 ㉢
5 풀이 참조
6 풀이 참조
7 다, 마 ; 나 ; 가, 라
8 ②, ⑤
9 6개
10 ㉠ ⑩ 60 ㉡ 60
11 (1) 125 (2) 65
12 ⑩ 일직선이 이루는 각은 180°이므로 ㉠+90°+60°=180°, ㉠=180°−90°−60°=30°입니다. ; 30°
13 ⑩ 어림한 각도와 잰 각도의 차를 구해 보면 하성: 110°−90°=20°, 정후: 50°−45°=5°, 지영: 155°−140°=15°이므로 각도를 가장 잘 어림한 사람은 어림한 각도와 잰 각도의 차가 가장 적은 정후입니다. ; 정후
14 45°
15 80
16 ⑩ 삼각형의 나머지 한 각의 크기는 180°−35° −45°=100°입니다. 따라서 ㉠=180°−100°=80°입니다. ; 80°
17 ㉡, 10°
18 ⑩ ㉠=180°−55°−90°=35°, ㉡=360°−45°−110°−90°=115°이므로 ㉠과 ㉡의 각도의 차는 ㉡−㉠=115°−35°=80°입니다. ; 80°
19 360, 180, 360, 360
20 145°

 풀이

4 보기 의 각의 각도는 70°입니다.
㉠ 60° ㉡ 80° ㉢ 70°

5
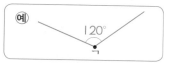
자를 이용하여 점 ㄱ을 지나는 반직선을 그립니다. 각도기의 중심과 점 ㄱ을 맞춘 후 각도기의 밑금과 주어진 변을 맞추어 각을 그립니다.

6

각 ㄱㄷㄴ의 크기는 45°이므로 각도가 45°인 각을 그립니다.

8

① 직각 ② 예각 ③ 둔각 ④ 직각 ⑤ 예각

9 각 1개로 이루어진 예각은 모두 3개, 각 2개로 이루어진 예각은 모두 2개, 각 3개로 이루어진 예각은 1개이므로 3+2+1=6(개)입니다.

11 각도의 합과 차는 자연수의 합과 차와 같은 방법으로 구한 후 °를 붙입니다.

14 ㉠=90°−45°=45°

15 45°+☐°+55°=180°
→ ☐°=180°−45°−55°=80°

17 30°+10°+㉡+90°=180°이므로 ㉡=180°−30°−10°−90°=50°, ㉠+㉡+90°=㉠+50°+90°=180°이므로 ㉠=180°−50°−90°=40°입니다. ㉠은 40°이고 ㉡은 50°이므로 ㉡이 10° 더 큽니다.

19 사각형을 4개의 삼각형으로 나누었으므로 180° ×4=720°에서 안쪽의 필요 없는 각의 합 360°를 빼야 합니다.

20 30°+90°+㉡=180°이므로 ㉡=180°−30°−90°=60° ㉢+90°+25°=180°이므로 ㉢=180°−90°−25°=65° ㉢+90°+㉡+㉠=360°이므로 65°+90°+60°+㉠= 360°, ㉠=360°−65°−90°−60°=145°

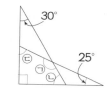

1 1단계 4개 2단계 3개
3단계 2개 4단계 9개

1-1 ⑩ 각 1개로 이루어진 예각은 모두 5개, 각 2개로 이루어진 예각은 모두 4개, 각 3개로 이루어진 예각은 모두 2개입니다. 각 4개, 5개로 이루어진 각은 모두 예각이 아니므로 크고 작은 예각은 모두 5+4+2=11(개)입니다. ; 11개

2 1단계 30° 2단계 60°
3단계 105°

2-1 예 130°+㉠=180°이므로 ㉠의 각도는 180° -130°=50°입니다. ㉠+㉡+70°=180°, 50°+㉡ +70°=180°이므로 ㉡의 각도는 180°-50°-70° =60°입니다. ㉡+145°+㉢+70°=60°+145°+㉢ +70°=360°이므로 ㉢의 각도는 360°-60°-145° -70°=85°입니다. ; 85°

3 **1단계** 145° **2단계** 80°
3단계 70° **4단계** 215°

3-1 예 삼각형의 나머지 한 각의 크기는 180° -100°-30°=50°이므로 ㉠의 각도는 180°-50° =130°입니다. ㉢의 각도는 180°-135°=45°입니다. ㉡의 각도는 360°-85°-45°-120°=110°입니다. 따라서 ㉠과 ㉡의 각도의 차는 130°-110°=20°입니다. ; 20°

4 예 각 1개로 이루어진 예각은 모두 6개, 각 2개로 이루어진 예각은 모두 3개, 각 3개로 이루어진 예각은 모두 2개입니다. 각 4개, 5개, 6개로 이루어진 각은 모두 예각이 아니므로 크고 작은 예각은 모두 6+3+2=11개입니다. ; 11개

5 예 삼각형의 나머지 한 각의 크기는 180°-65° -50°=65°이므로 ㉠의 각도는 180°-65°=115°입니다. ㉢의 각도는 180°-120°=60°입니다. ㉡의 각도는 360°-130°-85°-60°=85°입니다. 따라서 ㉠과 ㉡ 중 ㉠이 115°-85°=30° 더 큽니다. ; ㉠, 30°

풀이

1 **4단계** 각 4개, 5개로 이루어진 각은 모두 예각이 아니므로 도형에서 크고 작은 예각은 모두 4+3+2=9(개)입니다.

2 **1단계** 150°+㉠=180°이므로 ㉠=30°입니다.
2단계 ㉠+㉡+90°=180°이므로
30°+㉡+90°=180°,
☐=180°-30°-90°=60°
3단계 ㉡+105°+☐+90°=360°이므로
60°+105°+☐+90°=360°,
☐=360°-60°-105°-90°=105°

3 **1단계** 삼각형의 나머지 한 각의 크기는
180°-90°-55°=35°이므로
㉠=180°-35°=145°입니다.
2단계 180°-100°=80°
3단계 ㉡=360°-120°-80°-90°=70°

---

3 **곱셈과 나눗셈**

수학 익힘 풀기 55쪽

1 (순서대로) 3, 7, 5, 375 ; 3, 7, 5, 0, 3750
2 500×80=40000 ; 40000원
3 5, 1170, 7020, 8190 **4** 풀이 참조
5 197×34=6698 ; 6698개
6 356×21=7476 ; 7476 mL **7** ㉡
8 365×24=8760 ; 8760시간

풀이

1 125×3=375
어떤 수를 10배하면 자릿값이 올라갑니다. 그러므로 375의 10배는 3750입니다.

2 (몇백)×(몇십)을 계산할 때는 (몇)×(몇)의 값에 두 수의 0의 개수만큼 0을 붙입니다.
➜ 5×8=40에 0을 3개 붙입니다.

3 ① 세 자리 수와 두 자리 수의 일의 자리 수를 곱합니다.
② 세 자리 수와 두 자리 수의 십의 자리 수를 곱합니다.
③ 두 곱셈의 계산 결과를 더합니다.

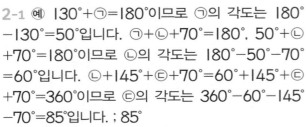

$$\begin{array}{r} 234 \\ \times\ \ 35 \\ \hline 1170 \\ 7020\ \\ \hline 8190 \end{array}$$
→ 세로 계산에서 십의 자리를 곱할 때 일의 자리 0의 표시를 생략합니다.

4
$$\begin{array}{r} 205 \\ \times\ \ 74 \\ \hline 820 \\ 1435\ \\ \hline 15170 \end{array}$$

205×70=14350이므로 십의 자리에 5를 써야 합니다.

6 356 mL씩 21일 동안 마신 물의 양은
356×21=7476 (mL)입니다.

7 ㉠ 235×62=14570
㉡ 612×28=17136
㉢ 728×19=13832

8 1년은 365일이고 1일은 24시간입니다.

수학 익힘 풀기

57쪽

1 ④

2 (1) 풀이 참조 ; 예 30×9=270, 270+16=286

(2) 풀이 참조 ; 예 40×7=280, 280+15=295

3 116÷12=9…8 ; 9일, 8쪽

4 (1) 풀이 참조 ; 32×3=96

(2) 풀이 참조 ; 예 43×9=387, 387+13=400

5 ㉡   **6** 풀이 참조

풀이

2 (1)
```
         9
  30)286
     270
      16
```
(2)
```
         7
  40)295
     280
      15
```

3 하루에 12쪽씩 9일 동안 풀면 8쪽이 남습니다.

4 (1)
```
        3
  32)96
     96
      0
```
(2)
```
        9
  43)400
     387
      13
```

5

	몫	나머지
㉠	6	5
㉡	9	15

6
```
         5
  47)265
     235
      30
```
곱한 값(282)이 나누어지는 수(265)보다 크므로 뺄 수 없습니다. 따라서 몫을 1 작게 하여 다시 계산합니다.

수학 익힘 풀기

59쪽

1 ㉡   **2** ㉡, ㉢, ㉠, ㉣   **3** 28, 14, 2, 2   **4** ㉡

5 370÷23=16…2 ; 16개, 2개   **6** 672

풀이

1 ㉠은 몫이 15이고, ㉡은 몫이 9인 나눗셈입니다.

2 ㉡은 29×2가 아니라 29×20입니다.

3 나머지(28)가 나누는 수(14)보다 크므로 더 나눌 수 있는 수(28÷14=2)만큼 몫을 크게 수정합니다. (31+2=33)

4

	몫	나머지
㉠	14	32
㉡	15	51

5
```
        16
  23)370
     23
     140
     138
       2
```
재윤이네 반 학생들이 16개씩 나누어 먹을 수 있고, 2개 남습니다.

6 나누어지는 수가 1이 작아지면 나머지도 1이 작아집니다. 나누어지는 수가 682일 때 나머지가 17이므로, 나머지가 7이 되려면 나누어지는 수는 672가 되어야 합니다.

1회 단원 평가 (연습)

60~62쪽

1 6, 8, 2, 682 ; 6, 8, 2, 0, 6820

2 (1) 20000 (2) 16920

3 250×20=5000 ; 5000원

4 30, 10920, 13832   **5** 16149

6 예 만들 수 있는 가장 작은 세 자리 수는 104이고, 가장 큰 두 자리 수는 95이므로 곱은 104×95=9880입니다. ; 9880

7 950×15=14250 ; 14250원   **8** 2100개

9 280, 350, 420 ; 5   **10** 풀이 참조

11 ㉡, ㉣, ㉠, ㉢   **12** 6

13 (1) 4, 96, 0 (2) 7, 399, 51   **14** 풀이 참조

15 19   **16** ③, ④

17 예 ㉮ 문방구의 도화지 한 장의 값은 900÷20=45(원), ㉯ 문방구의 도화지 한 장의 값은 720÷15=48(원)이므로 도화지 한 장의 값이 더 싼 곳은 ㉮ 문방구입니다. ; ㉮ 문방구

18 624   **19** 16…3 ; 5…42   **20** 52

풀이

1 341×20은 341×2의 10배와 같습니다.

3 (산 연필의 값)=(연필 한 자루의 값)×(연필 수)

4 364×38은 364×8과 364×30의 결과를 더합니다.

5 769×21=16149

7 (빵의 값)=(빵 1개의 값)×(산 빵의 개수)

8 2주일은 7×2=14(일)이므로 2주일 동안 생산하는 달걀은 150×14=2100(개)입니다.

10

```
        6
60 ) 4 1 8
     3 6 0
         5 8
```

결과 확인 (예) 60×6=360, 360+58=418

11 ㉠ 8 ㉡ 5 ㉢ 9 ㉣ 7

12 29는 약 30이고 30×6=180이므로 몫은 6 정도로 어림할 수 있습니다.

13 (1) **결과 확인** 24×4=96

(2) **결과 확인** (예) 57×7=399, 399+51=450

14

```
        6
34 ) 2 3 0
     2 0 4
         2 6
```

34×7=238이 나누어지는 수보다 크므로 뺄 수 없습니다.
따라서 몫을 1 작게 하여 계산합니다.

15 646÷34=19

16 ① 342÷38=9
② 406÷58=7
③ 559÷43=13
④ 624÷52=12
⑤ 688÷86=8

18 나누어지는 수가 1 작아지면 나머지도 1 작아집니다.
654÷39=16…30이므로 654보다 30 작은 수인 624는 39로 나누어떨어집니다.

19

```
       1 6              5
19 ) 3 0 7      53 ) 3 0 7
     1 9              2 6 5
     1 1 7              4 2
     1 1 4
         3
```

20 어떤 수를 □라고 하면
856÷□=16…24, □×16+24=856
□×16=832, □=832÷16=52

---

1 26220   **2** ②   **3** 18400 m
4 1188, 396, 5148   **5** 10585   **6** 풀이 참조
7 450×24=10800 ; 10800원
8 108×30=3240 ; 3240원   **9** ③   **10** 33
11 (예) 236÷30=7…26이므로 30쪽씩 7일 동안 읽고 나머지 26쪽을 하루 더 읽어야 하므로 8일 만에 모두 읽을 수 있습니다. ; 8일
12 (1) 4 (2) 9…2   **13** 35   **14** >
15 (예) 260÷35=7…15이므로 35명씩 7대의 버스에 타고 15명이 남습니다. 나머지 15명도 버스에 타야 하므로 버스는 적어도 7+1=8(대)가 필요합니다. ; 8대
16 ㉡ (○)   **17** 780÷65=12 ; 12개
18 15 ; 2   **19** (순서대로) 2, 4, 8, 6, 4, 1, 1
20 (예) 몫은 12이고 나머지는 0부터 27이 될 수 있습니다. 28×12+0=336, 28×12+27=363이므로 □ 안에 들어갈 수 있는 수는 3, 4, 5로 모두 3개입니다. ; 3개

풀이

1 437×60은 437×6의 10배와 같습니다.

2 ① 7200 ② 72000 ③ 7200
④ 7200 ⑤ 7200

3 460×40=18400(m)

4

```
      1 9 8
  ×     2 6  ← 20+6
  1 1 8 8  ← 198×6
    3 9 6  ← 198×20
  5 1 4 8
```

6

```
        8 5 4
    ×     5 3
    2 5 6 2
  4 2 7 0
  4 5 2 6 2
```

854×50=42700이므로 십의 자리에 0을 써야 합니다.

7 (귤 한 상자의 값)=(귤 한 개의 값)×(귤의 수)

8 (한 달 동안 절약한 전기 요금)
=(하루에 절약한 전기 요금)×30

9 381보다 크지 않으면서 381에 가장 가까운 곱을 찾으면 90×4=360입니다.

10 $306 \div 40 = 7 \cdots 26 \rightarrow 7+26=33$
　　　　　　몫　나머지

12 (1) **결과 확인** $17 \times 4 = 68$

　　(2) **결과 확인** 예 $26 \times 9 = 234$, $234+2=236$

13 나머지는 나누는 수보다 작아야 하므로 나머지는 36보다 작아야 합니다. 36보다 작은 수 중 가장 큰 수는 35입니다.

14 $204 \div 17 = 12 \,\textcircled{>}\, 374 \div 34 = 11$

16 나누어지는 수의 왼쪽 두 자리의 수가 나누는 수보다 크면 몫이 두 자리 수가 됩니다.

17 (만들 수 있는 리본의 수)
　＝(전체 끈의 길이)÷(리본 하나를 만드는 데 필요한 끈의 길이)

18 ㉠ 272 ㉡ 18 → $272 \div 18 = 15 \cdots 2$

19
```
        ㉠㉡
    32)7㉢5
       ㉣㉤
       ㉥45
       ㉦28
        17
```
나누어지는 수의 백의 자리 숫자가 7이므로 ㉠=2,
㉠=2이므로 ㉣=6, ㉤=4,
7㉢−64=㉥4이므로 ㉢=8, ㉥=1,
㉦=1, $32 \times ㉡ = 128$이므로 ㉡=4

3회 단원 **평가**

1 2380, 23800 ; 10　　**2** 10320　　**3** ②

4 (1) 9758　(2) 15680　　**5** 39732

6 4, 5, 7, 4　　**7** $180 \times 28 = 5040$; 5040 mL

8 예 할인한 공책 한 권의 값은
$1000−120=880$(원)이므로 공책 23권의 값은 모두 $880 \times 23 = 20240$(원)입니다. ; 20240원

9 336　　**10** 4…14 ; 7…3

11 예 $260 \div 30 = 8 \cdots 20$이므로 남기지 않으려면 나머지 20자루가 30자루가 되도록 맞추어야 합니다. 즉 $30−20=10$(자루)이 더 있으면 9자루씩 똑같이 나누어 줄 수 있습니다. ; 10자루

12 ㉡, ㉢, ㉠　　**13** $152 \div 24 = 6 \cdots 8$; 6상자

14 ㉠ 206 ㉡ 184　　**15** 풀이 참조　　**16** ④

17 2, 2, 39　　**18** ( )(○)　　**19** 12 ; 28

20 예 몫이 가장 크려면 만들 수 있는 가장 큰 세 자리 수로 가장 작은 두 자리 수를 나누어야 합니다. 따라서 $876 \div 34$일 때 몫이 가장 큽니다.
$876 \div 34 = 25 \cdots 26$; 25 ; 26

풀이 ▶

1 (세 자리 수)×(몇십)은 (세 자리 수)×(몇)의 10배와 같습니다.

2 $172 \times 6 = 1032$
　$172 \times 60 = 10320$

3 ① 14000　② 25000　③ 24000
　④ 24000　⑤ 18000

4
(1)
```
      2 8 7
   ×    3 4
   1 1 4 8
   8 6 1
   9 7 5 8
```
(2)
```
      3 2 0
   ×    4 9
   2 8 8 0
   1 2 8 0
   1 5 6 8 0
```

5 가장 큰 수는 462, 가장 작은 수는 86이므로
$462 \times 86 = 39732$입니다.

6
```
        ㉠ 9
   ×    ㉡ 6
     2 5 ㉢ 4
   2 1 ㉣ 6
   2 4 0 2 4
```
㉠$29 \times 6 = 25㉢4$에서 ㉠=4, ㉢=7
$429 \times ㉡ = 21㉣5$에서 ㉡=5, ㉣=4

7 (효민이네 반 학생들이 마신 우유의 양)
　＝180×(학생 수)

9 **결과 확인** 예 $80 \times 4 = 320$, $320+16=336$

12
㉠
```
        4
   18)76
      72
       4
```
㉡
```
        3
   29)94
      87
       7
```
㉢
```
         5
   42)216
      210
        6
```

13 $152 \div 24 = 6 \cdots 8$이므로 6상자까지 팔 수 있고 8개가 남습니다.

14 23으로 나눌 때 몫이 8이 되는 가장 큰 수는 나머지가 22일 때이고, 가장 작은 수는 나누어떨어질 때입니다. 가장 큰 수는 $23 \times 8 + 22 = 206$이고 가장 작은 수는 $23 \times 8 = 184$입니다.

15
```
         2 1
   34)7 1 4
      6 8
        3 4
        3 4
          0
```
나누어떨어지므로 결과 확인은
(나누는 수)×(몫)=(나누어지는 수)입니다.
즉 $34 \times 21 = 714$입니다.

16 ① 324÷12=27
② 513÷19=27
③ 621÷23=27
④ 806÷31=26
⑤ 972÷36=27

18 650÷16의 계산에는 몫이 40인데 일의 자리에 0을 쓰지 않았습니다.

19 376÷29=12…28

 4회 단원평가 실전   69~71쪽

1 504, 5040
2 (순서대로) 11220, 28000, 26180, 12000
3 예 50원짜리 동전은 50×124=6200(원), 500원짜리 동전은 500×70=35000(원)을 모았으므로 모두 6200+35000=41200(원)입니다. ; 41200원
4 ㉢, ㉣   **5** 43488   **6** ②
7 282×85=23970 ; 23970 L
8 예 (초콜릿의 수)=125×44=5500(개)이고, (사탕의 수)=270×35=9450(개)입니다. 따라서 사탕이 9450−5500=3950(개) 더 많습니다. ; 사탕, 3950개
9 ⑤   **10** >
11 예 나머지가 15가 되는 수는 60으로 나누어떨어지는 수보다 15 큰 수입니다. 360은 60으로 나누어떨어지기 때문에 구하는 수는 360보다 15 큰 수인 375입니다. ; 375
12 8…10 ; 5…60 ; 4…50   **13** 358
14 299   **15** ㉡, ㉢, ㉠   **16** 43   **17** 2
18 16, 720, 720, 5, 725   **19** 풀이 참조
20 예 644÷32=20…4입니다. ㉠÷32=30…4이므로 ㉠은 32×30=960, 960+4=964입니다. ; 964

풀이

1 126×4=504 → 126×40=5040 (10배, 10배)

2 374×30=11220, 70×400=28000,
374×70=26180, 30×400=12000

5
```
    9 0 6
  ×   4 8
  7 2 4 8
3 6 2 4
4 3 4 8 8
```

6 곱하는 두 수가 커야 곱도 커지므로 9와 8이 각각 두 수의 맨 앞자리가 되는 경우를 구하여 비교합니다.
① 842×95=79990
② 852×94=80088
③ 942×85=80070
④ 952×84=79968
⑤ 954×82=78228

7 (85명이 하루에 사용하는 물의 양)=(1인당 하루 물 사용량)×85

9 나머지는 나누는 수보다 작아야 합니다. 나누는 수가 30이므로 나머지는 30보다 작아야 합니다.

10 420÷60=7
618÷90=6…78

13 (어떤 수)÷49=7…15
나눗셈의 결과를 확인해 보면
49×7=343, 343+15=(어떤 수)
(어떤 수)=358입니다.

14 200보다 크고 300보다 작은 수 중에서 60으로 나누어떨어지는 수는 240입니다.
60으로 나누었을 때 가장 큰 나머지는 59입니다.
따라서 240보다 59 큰 수는 299입니다.

16 □×17=731, □= 731÷17=43

17 559÷43=13이므로 ㉠=13
962÷37=26이므로 ㉡=26
→ ㉡÷㉠=26÷13=2

18 결과 확인 예 45×16=720, 720+5=725

19
```
      2 5
32 ) 8 0 2
     6 4
     1 6 2
     1 6 0
         2
```

나머지가 나누는 수보다 크므로 몫을 1 크게 해야 합니다.

탐구 서술형 평가

72~75쪽

1 **1단계** 864×97=83808

2단계 246×35=8610   **3단계** 92418

1-1 예 곱이 가장 큰 수가 나오는 곱셈식은 954×86=82044, 곱이 가장 작은 수가 나오는 곱셈식은 405×23=9315입니다. 따라서 곱이 가장 큰 경우와 곱이 가장 작은 경우의 곱의 차는 82044−9315=72729입니다. ; 72729

2 **1단계** 907개   **2단계** 75개   **3단계** 12150원

2-1 예 쌀은 모두 80×12+5=965(kg)입니다. 965÷15=64…5이므로 봉지는 64개 필요합니다. 따라서 봉지의 값으로 모두 450×64=28800(원)이 필요합니다. ; 28800원

3 **1단계** 674÷□=17…28

2단계 38   **3단계** 25612

3-1 예 어떤 수를 □라고 할 때, 잘못 계산한 식을 써 보면 908÷□=25…8입니다. 어떤 수를 구해 보면 □×25+8=908, □×25=900, □=900÷25=36입니다. 따라서 바르게 계산한 값은 908×36=32688입니다. ; 32688

4 예 곱이 가장 큰 수가 나오는 곱셈식은 854×96=81984이고, 곱이 가장 작은 수가 나오는 곱셈식은 104×25=2600입니다. 따라서 곱이 가장 큰 경우와 곱이 가장 작은 경우의 곱의 차는 81984−2600=79384입니다. ; 79384

5 예 어떤 수를 □라고 할 때, 잘못 계산한 식을 써 보면 846÷□=34…30입니다. 어떤 수를 구해 보면 □×34+30=846, □×34=816, □=816÷34=24입니다. 따라서 바르게 계산한 값은 846×24=20304입니다. ; 20304

풀이

1 **1단계** ㉮ 상자의 공으로 만들 수 있는 가장 큰 세 자리 수와 ㉯ 상자의 공으로 만들 수 있는 가장 큰 두 자리 수의 곱을 구합니다.

2단계 ㉮ 상자의 공으로 만들 수 있는 가장 작은 세 자리 수와 ㉯ 상자의 공으로 만들 수 있는 가장 작은 두 자리 수의 곱을 구합니다.

2 **2단계** 907÷12=75…7이므로 선물용 봉지는 75개 필요합니다.

3 **2단계** □×17+28=674, □×17=646, □=38

---

4 **평면도형의 이동**

수학 익힘 풀기

77쪽

1 ㉢   **2** (1) 아래, 2 (2) 3   **3** 풀이 참조   **4** ㉢

5 풀이 참조   **6** 같습니다

풀이

1 도형을 어느 방향으로 밀어도 모양과 크기는 항상 처음 도형과 같습니다.

2 모눈종이 1칸이 1 cm이므로 칸의 수를 세어서 일정한 방향과 일정한 길이만큼 도형을 민 모양을 생각합니다.

3

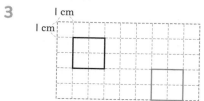

4 도형을 위쪽으로 뒤집으면 도형의 위쪽과 아래쪽이 서로 바뀝니다.

5

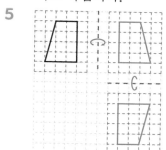

도형을 오른쪽으로 뒤집으면 도형이 왼쪽과 오른쪽이 서로 바뀌고, 아래쪽으로 뒤집으면 도형의 위쪽과 아래쪽이 서로 바뀝니다.

6 도형을 왼쪽으로 뒤집었을 때와 오른쪽으로 뒤집었을 때의 모양이 서로 같습니다.

수학 익힘 풀기

79쪽

1 ㉢   **2** 풀이 참조   **3** 92   **4** 풀이 참조

5 풀이 참조   **6** 시계, 270 ; 시계 반대, 90

풀이

1 시계 반대 방향으로 90°만큼 돌렸을 때의 모양: ㉢
시계 반대 방향으로 180°만큼 돌렸을 때의 모양: ㉤

시계 반대 방향으로 270°만큼 돌렸을 때의 모양: ㉠
시계 반대 방향으로 360°만큼 돌렸을 때의 모양: ㉣

2

3 시계 반대 방향으로 180°만큼 돌리면 92로 보입니다.

4

5

⬤와 반대인 ⬤와 같이 돌린 도형을 그립니다.

6 시계 방향으로 270°만큼 돌린 모양(⬤)은 시계 반대 방향으로 90°만큼 돌린 모양(⬤)과 같습니다.

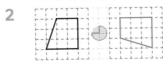

수학 익힘 풀기
81쪽

1 ㉢	**2** 풀이 참조	**3** 풀이 참조
4 풀이 참조	**5** 풀이 참조	**6** 풀이 참조

풀이 ▶

1

2

3

위쪽으로 2번 뒤집으면 처음 모양과 같아지고, 시계 방향으로 90°만큼 4번 돌리면 처음 모양과 같아집니다.

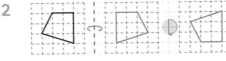

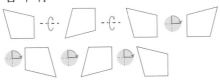

4

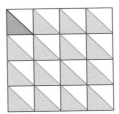

도형을 오른쪽으로 미는 것을 반복해서 모양을 만들고 그 모양을 아래쪽으로 밀어서 무늬를 만들었습니다.

5 (예)

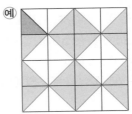

도형을 오른쪽으로 뒤집는 것을 반복해서 모양을 만들고 그 모양을 아래쪽으로 뒤집어서 무늬를 만들었습니다.

6

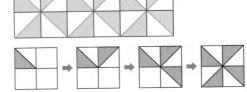

1회 단원평가 (연습)
82~84쪽

1 ㉢ (○)	**2** 풀이 참조	**3** 풀이 참조	
4 풀이 참조	**5** ㉠ (○)	**6** ④	**7** ㉠, ㉢
8 뒤집으면	**9** 90°	**10** ㉢	**11** 풀이 참조

12 (1) ㉢ (2) ㉢ (3) ㉣ (4) ㉠

13 (예) 만들 수 있는 가장 큰 세 자리 수는 986입니다. 986을 시계 반대 방향으로 180° 돌렸을 때 만들어지는 수는 986입니다. ; 986

14 풀이 참조   **15** 풀이 참조   **16** 다릅니다.

17 (예) 처음 모양을 오른쪽(왼쪽)으로 뒤집고 시계 방향(시계 반대 방향)으로 180°만큼 돌렸습니다.

18 풀이 참조   **19** ⑤   **20** 시계 방향, 90°

풀이 ▶

1 도형을 어느 방향으로 밀더라도 모양과 크기는 변하지 않습니다.

2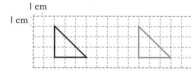

도형을 오른쪽으로 8 cm만큼 이동합니다.

3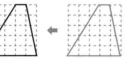

도형을 왼쪽으로 밀면 모양이 변하지 않으므로 밀었을 때 생기는 모양과 밀기 전의 모양이 같습니다.

4 도형을 아래쪽으로 뒤집으면 도형의 위쪽과 아래쪽이 서로 바뀝니다.

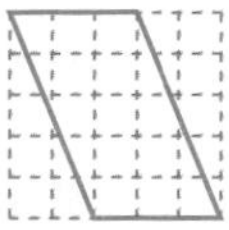

5

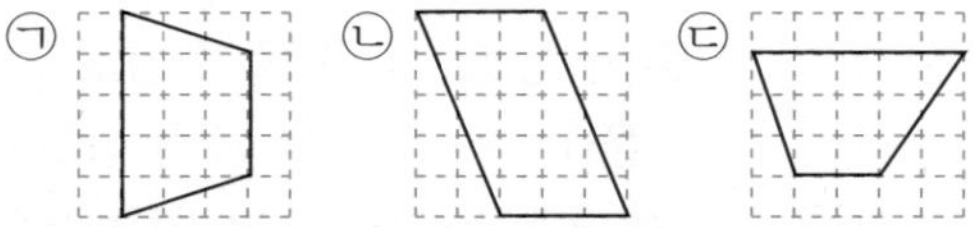

6 주어진 도형과 왼쪽과 오른쪽이 서로 바뀐 것을 찾습니다.

7 ㉡ 도형을 아래쪽으로 한 번 뒤집으면 도형의 위쪽 부분은 아래쪽으로, 아래쪽 부분은 위쪽으로 바뀝니다.

8 도형을 왼쪽으로 뒤집으면 왼쪽과 오른쪽이 서로 바뀝니다.

9 ㉡ 도형의 위쪽 부분이 ㉢ 도형의 오른쪽으로 이동하였으므로 도형을 시계 방향으로 90°만큼 돌린 것입니다.

10

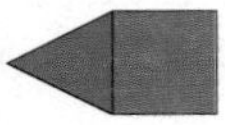

11

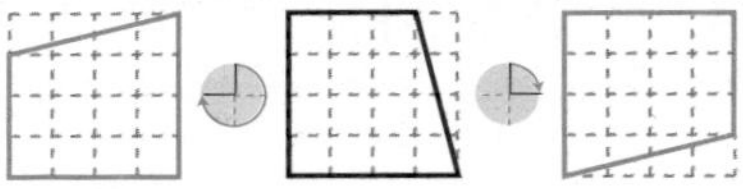

주어진 도형을 시계 방향으로 270°만큼 돌린 모양을 왼쪽에, 시계 방향으로 90°만큼 돌린 모양을 오른쪽에 그립니다.

12 화살표 끝이 가리키는 위치가 같으면 도형을 각 방향으로 돌렸을 때 생기는 모양이 같습니다.

14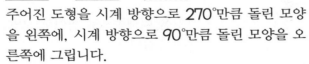

15

16 도형을 움직인 방법의 순서가 다르기 때문에 모양의 결과는 서로 다릅니다.

17

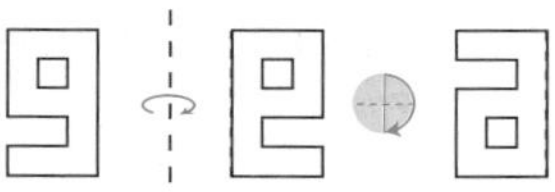

18

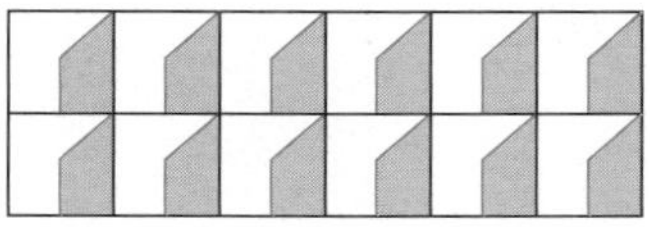

도형을 오른쪽으로 미는 것을 반복해서 모양을 만들고 그 모양을 아래쪽으로 밀어서 무늬를 만듭니다.

19 ⑤

2회 단원 평가   도전

1 풀이 참조   **2** 위쪽, 4   **3** 풀이 참조
4 왼쪽과 오른쪽   **5** 풀이 참조   **6** 2개
7 풀이 참조   **8** ㉡   **9** ㉠   **10** 풀이 참조
11 풀이 참조   **12** 예 모양이 서로 같습니다.
13 예 수 카드를 시계 방향으로 180°만큼 돌렸을 때 만들어지는 수는 819이므로 처음 수와의 합은 618+819=1437입니다. ; 1437
14 ④   **15** ㉣   **16** ㉤   **17** ㉢
18 예 � 모양을 오른쪽으로 미는 것을 반복해서 모양을 만들고 그 모양을 아래쪽으로 밀어서 무늬를 만들었습니다.
19 풀이 참조   **20** ㉡ (○), ㉣ (○)

풀이

1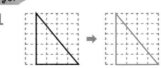

도형을 밀면 모양은 변하지 않습니다.

3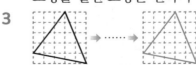

도형을 어느 쪽으로 밀어도 모양은 변하지 않습니다.

4 도형을 왼쪽 또는 오른쪽으로 뒤집으면 도형의 왼쪽과 오른쪽이 서로 바뀝니다.

5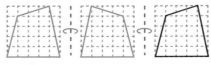

도형을 왼쪽으로 뒤집으면 도형의 왼쪽과 오른쪽이
서로 바뀝니다.

6 으로 2개입니다.

7

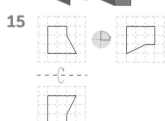 을 위쪽으로 뒤집고 오른쪽으
로 뒤집으면 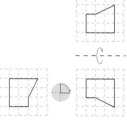 이 됩니다.

8 모양 조각을 오른쪽으로 뒤집으면 왼쪽과 오른쪽이
서로 바뀝니다.

9 모양 조각을 시계 방향으로 180°만큼 돌리면 위쪽
부분이 아래쪽으로 이동합니다.

10 시계 방향으로 90°만큼 돌리면 위쪽 부
분이 오른쪽으로 이동합니다.

11 시계 반대 방향으로 90°만큼 3번 돌립
니다. 시계 반대 방향으로 270°만큼 돌
렸을 때의 모양은 시계 방향으로 90°만
큼 돌렸을 때의 모양과 같습니다.

14

15

16

17 처음 도형은 보기 의 도형을 시계 방향으로 180°
만큼 돌리고 오른쪽으로 뒤집은 도형과 같습니다.

19

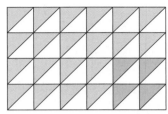

20 시계 방향으로 90°만큼 돌리는 것을 반복해서 모양
을 만들었습니다.

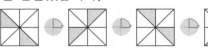

3회 단원평가 기출
88~90쪽

1 모양, 위치　　**2** 풀이 참조　　**3** 풀이 참조
4 ㉢　　**5** ㉢　　**6** 풀이 참조　　**7** 풀이 참조
8 예 수 카드를 오른쪽으로 뒤집었을 때 만들어지는
수는 105입니다. 201−105=96이므로 처음 수와
96 차이가 납니다. ; 96
9 ㉣　　**10** ㉡　　**11** ㉠, ㉢　　**12** ④
13 풀이 참조　　**14** ㉠ (○)　　**15** 풀이 참조
16 풀이 참조
17 예 ・도형을 시계 방향으로 180°만큼 돌리기를
했습니다. ・도형을 오른쪽으로 뒤집기를 하고, 다시
위쪽으로 뒤집기를 했습니다.
18 풀이 참조　　**19** ㉡, ㉣
20 풀이 참조 ; 예 시계 방향으로 90°만큼 돌리기를
반복해서 모양을 만들고 그 모양을 오른쪽과 아래쪽
으로 밀어서 무늬를 만들었습니다.

풀이

2 도형을 아래쪽으로 밀어도 모양은 변
하지 않습니다.

3

도형을 왼쪽이나 오른쪽으로 밀어도 모양은 변하지
않습니다.
4 도형을 왼쪽으로 뒤집으면 도형의 왼쪽과 오른쪽이
서로 바뀝니다.

5 도형을 아래쪽으로 뒤집으면 도형의 위쪽과 아래쪽이 서로 바뀝니다.

6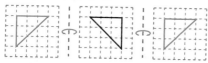

도형을 왼쪽으로 뒤집은 모양과 오른쪽으로 뒤집은 모양은 같습니다.

7

도형을 아래쪽으로 2번 뒤집으면 처음 모양과 같습니다.

8

9 도형을 시계 반대 방향으로 90°만큼 돌리면 위쪽 부분이 왼쪽으로 이동합니다.

10 도형을 시계 방향으로 180°만큼 돌리면 위쪽 부분이 아래쪽으로 이동합니다.

11 시계 방향으로 90°만큼 돌린 모양은 시계 반대 방향으로 270°만큼 돌린 모양과 같습니다.

12 위쪽 부분이 아래쪽으로 이동하였으므로 시계 방향으로 180°만큼 또는 시계 반대 방향으로 180°만큼 돌린 것입니다.

13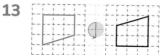

처음 도형은 오른쪽 모양을 시계 방향으로 180°만큼 돌린 모양입니다.

14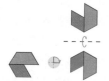

15

도형을 위쪽으로 2번 뒤집으면 처음 모양과 같아지고, 시계 방향으로 90°만큼 4번 돌리면 처음 모양과 같아집니다

16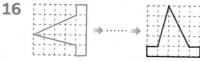

처음 도형은 오른쪽 모양을 시계 방향으로 90°만큼

돌리고 왼쪽으로 뒤집은 것입니다.

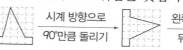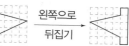

17 예 • 도형을 시계 반대 방향으로 180°만큼 돌리기 했습니다.

18 예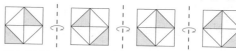

도형을 아래쪽으로 뒤집어서 모양을 만들고 그 모양을 오른쪽으로 뒤집어서 무늬를 만들었습니다.

19 오른쪽으로 뒤집기를 반복해서 모양을 만들었습니다.

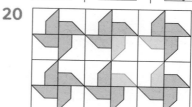

20

4회 단원평가 실전
91~93쪽

1 ㉢   **2** 5 cm, 위쪽, 2 cm
3 예 오른쪽으로 7 cm만큼 밀어서 이동한 도형입니다.
4 풀이 참조   **5** ㉡, ㉢   **6** ㉡, ㉢   **7** 풀이 참조
8 ⑤   **9** ㉢ (○)   **10** ㉢   **11** ㉠   **12** ②
13 풀이 참조   **14** ③   **15** 풀이 참조
16 풀이 참조
17 예 오른쪽으로 뒤집고 시계 반대 방향으로 180° 돌렸을 때 처음과 같은 알파벳이 되는 것은 ○, ×로 모두 2개입니다. ; 2개
18 ㉠
19 예 오른쪽으로 미는 것을 반복해서 모양을 만들고 그 모양을 아래쪽으로 밀어서 무늬를 만들었습니다.
20 풀이 참조 ; 예 오른쪽으로 미는 것을 반복해서 모양을 만들고 그 모양을 아래쪽으로 뒤집어서 무늬를 만들었습니다.

풀이

1 모양 조각을 오른쪽으로 밀어도 모양은 변하지 않습니다.

2

4

도형을 오른쪽으로 뒤집으면 도형의 왼쪽과 오른쪽이 서로 바뀝니다.

5 **보기**의 도형을 왼쪽 또는 오른쪽으로 뒤집었을 때의 모양은 ㉡, 위쪽 또는 아래쪽으로 뒤집었을 때의 모양은 ㉢입니다.

6

7

도형을 위쪽으로 뒤집으면 도형의 위쪽과 아래쪽이 서로 바뀝니다.

8 ⑤

9 모양 조각을 시계 방향으로 90°만큼 돌리면 위쪽 부분이 오른쪽으로 이동합니다.

10 도형을 시계 방향으로 180°만큼 돌리면 위쪽 부분이 아래쪽으로 이동합니다.

11 처음 도형은 도형 ㉡을 시계 방향으로 90°만큼 돌린 모양입니다.

12 도형을 시계 방향이나 시계 반대 방향으로 180°만큼 돌리면 위쪽 부분이 아래쪽으로 이동합니다.

13

주어진 도형을 시계 반대 방향으로 90°만큼 돌리면 위쪽 부분이 왼쪽으로, 시계 방향으로 90°만큼 돌리면 위쪽 부분이 오른쪽으로 이동합니다.

14
아래쪽으로 뒤집기 → 시계 반대 방향으로 270°만큼 돌리기

15
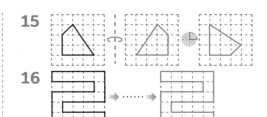

16

도형을 아래쪽으로 4번 뒤집으면 처음 모양과 같아지고, 시계 반대 방향으로 180°만큼 2번 돌려도 처음 모양과 같아집니다.

20 예
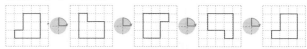

탐구 서술형 평가
94~97쪽

1 **1단계** 152 **2단계** 251 **3단계** 521

1-1 예 처음 수 카드가 나타내는 수는 508입니다. 처음 수 카드를 시계 방향으로 90°만큼 2번 돌렸을 때 생기는 수는 805이고, 다시 왼쪽으로 뒤집었을 때 생기는 수는 208입니다. ; 208

2 **1단계** 풀이 참조 **2단계** 모양이 같습니다.
3단계 풀이 참조

2-1 예 ㉠ 도형을 시계 방향으로 90°만큼 차례로 돌렸을 때의 모양은

입니다.

도형을 시계 방향으로 90°만큼 4번, 8번…… 돌렸을 때의 모양은 모두 같으므로 ㉠ 도형을 시계 방향으로 90°만큼 8번 돌렸을 때의 모양은 ㉠ 도형과 같습니다. ; 풀이 참조

3 **1단계** 예 오른쪽으로 뒤집는 것을 반복해서 무늬를 만들었습니다. **2단계** 풀이 참조

3-1 예 오른쪽으로 뒤집는 것을 반복해서 무늬를 만들었습니다. ; 풀이 참조

4 예 처음 수 카드가 나타내는 수는 8012입니다. 처음 수 카드를 시계 방향으로 90°만큼 2번 돌렸을 때 만들어지는 수는 2108이고, 다시 아래쪽으로 뒤집었을 때 만들어지는 수는 5108입니다. ; 5108

5 예 시계 방향으로 90°만큼 돌리는 것을 반복해서 무늬를 만들었습니다. ; 풀이 참조

풀이

1

1단계
$\boxed{125}$ $\xrightarrow{\text{왼쪽으로}\atop\text{뒤집기}}$ $\boxed{251}$ $\xrightarrow{\text{시계 반대 방향으로}\atop 180°\text{만큼 돌리기}}$ $\boxed{152}$

2단계 시계 반대 방향으로 90°만큼 2번 돌린 것은 시계 반대 방향으로 180°만큼 돌린 것입니다.

$\boxed{152}$ $\xrightarrow{\text{시계 반대 방향으로}\atop 180°\text{만큼 돌리기}}$ $\boxed{251}$

3단계 처음 수 카드를 시계 반대 방향으로 90°만큼 2번 돌린 모양이 $\boxed{251}$ 이므로

$\boxed{251}$ $\xrightarrow{\text{위쪽으로}\atop\text{뒤집기}}$ $\boxed{521}$

1-1 처음 수 카드가 나타내는 수는

$\boxed{802}$ $\xrightarrow{\text{아래쪽으로}\atop\text{뒤집기}}$ $\boxed{805}$ $\xrightarrow{\text{시계 방향으로}\atop 180°\text{만큼 돌리기}}$ $\boxed{508}$ 입니다.

2

1단계

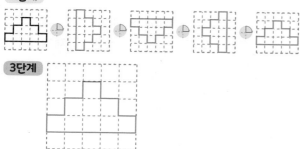

3단계

㉠ 도형을 시계 방향으로 90°만큼 8번 돌렸을 때의 모양은 처음 도형과 같습니다.

2-1

3

2단계

3-1

4 처음 수 카드가 나타내는 수는

$\boxed{8015}$ ⟳ $\boxed{2108}$ ⟳ $\boxed{8012}$ 입니다.

5

---

5 막대그래프

수학 익힘 풀기

99쪽

1 ㉠ 놀이 기구 ㉡ 학생 수 **2** 학생 수
3 (1) 표 (2) 막대그래프 **4** 김밥
5 ㉠ 예 아이스크림 ㉡ 예 날씨가 더워서 가장 많은 학생들이 아이스크림을 먹고 싶어 할 것 같습니다.

풀이

2 세로 눈금 한 칸은 1명을 나타내므로 회전목마를 좋아하는 학생 수는 3명이고, 바이킹을 좋아하는 학생 수는 6명입니다.

3 (1) 표의 합계를 보면 전체 학생 수를 알 수 있습니다.
(2) 가장 많은 학생들이 좋아하는 놀이 기구는 막대의 길이가 가장 긴 바이킹입니다.

4 장훈이네 반과 채원이네 반 학생들 중 가장 많은 학생이 먹고 싶어 하는 간식은 김밥입니다.(총 14명)

김밥	토스트	빵	아이스크림
14명	6명	11명	11명

5 그래프의 자료를 보고 예측하여 답할 수 있습니다. 7월의 기온은 4월의 기온보다 높으므로 운동을 한 다음에는 시원한 아이스크림을 먹고 싶어 하는 학생들이 많아질 것입니다.

수학 익힘 풀기

101쪽

1 ㉠, ㉢, ㉡, ㉣ **2** 풀이 참조 **3** 풀이 참조
4 풀이 참조
5 예 오전 9시에서 오후 2시까지 기온이 점점 높아집니다.

풀이

2
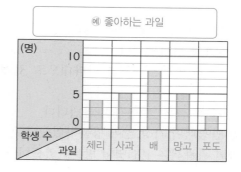

3

좋아하는 간식

간식	김밥	토스트	빵	햄버거	합계
학생 수 (명)	6	2	7	6	21

4

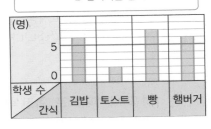

예 좋아하는 간식

11

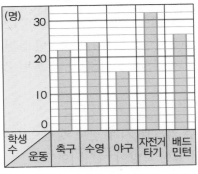

주말에 즐겨하는 운동

12 막대그래프에서 막대의 길이가 가장 긴 운동을 찾습니다.

13 표의 합계를 보면 4학년 학생 수를 알 수 있습니다.

14 막대그래프에서 막대의 길이를 비교하여 알아봅니다.

15

학생들이 좋아하는 운동

운동	축구	야구	수영	체조	합계
학생 수 (명)	7	10	5	7	29

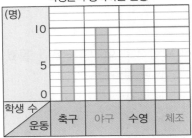

학생들이 좋아하는 운동

그래프를 보면 수영을 좋아하는 학생이 5명이므로 체조를 좋아하는 학생은 29-7-10-5=7(명)입니다.

16 ② 수영을 좋아하는 학생은 5명입니다.

③ 야구를 좋아하는 학생이 가장 많습니다.

17

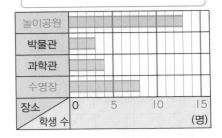

예 현장 체험 학습을 가고 싶어 하는 장소

가로 눈금 한 칸이 1명을 나타내므로 그래프로 나타냅니다.

1회 단원평가 연습 102~104쪽

1 막대그래프 **2** ㉠ 월 ㉡ 비 온 날수

3 비 온 날수 **4** 2개 **5** 31개 **6** 런던, 시드니

7 예 과수원별 복숭아 생산량을 나타낸 것입니다. 각 과수원별 생산량이 같습니다.

8 복숭아 그림, 막대 **9** ②, ⑤

10 예 방문한 외국인 관광객 중 중국인 관광객 수가 가장 많으므로 중국어로 된 안내 책을 만드는 것이 좋습니다. ; 중국

11 풀이 참조 **12** 자전거 타기 **13** 표

14 막대그래프 **15** 풀이 참조 **16** ②, ③

17 풀이 참조 **18** 풀이 참조 **19** 놀이공원

20 예 날씨가 더워서 가장 많은 학생들이 수영장에 가고 싶어 할 것 같습니다. ; 예 수영장

풀이

4 세로 눈금 5칸이 메달 10개를 나타내므로 눈금 한 칸은 메달 2개를 나타냅니다.

5 세로 눈금 한 칸이 메달 2개를 나타내므로 31개입니다.

9 ① 세로 눈금 한 칸은 20명을 나타냅니다.

③ 중국인 관광객이 가장 많이 방문하였습니다.

④ 타이완인 관광객은 120명이 방문하였습니다.

18 예 현장 체험 학습을 가고 싶어 하는 장소

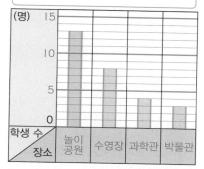

놀이공원, 수영장, 과학관, 박물관의 순서로 가고 싶어 하는 학생이 많습니다.

19 가장 많은 학생들이 가고 싶어 하는 장소인 놀이공원으로 가는 것이 좋습니다.

2회 단원평가 도전

105~107쪽

1 ㉠ 과목 ㉡ 학생 수 **2** 학생 수 **3** 1명
4 영국
5 예 독일을 나타내는 막대보다 길이가 더 긴 나라를 찾으면 영국과 러시아로 모두 2개국입니다. ; 2개국
6 11개 **7** 6점 **8** 6점
9 예 D조에서 1위를 한 나라는 코스타리카이고 승점은 7점입니다. 7=3×2+1이므로 코스타리카는 3경기 중 2경기를 이기고 1경기를 비겼습니다. ; 2경기
10 경기 종목 **11** 풀이 참조 **12** 야구, 핸드볼
13 ㉠ **14** 7명 **15** 6명 **16** 풀이 참조
17 예 (국화를 좋아하는 학생 수)=3×2=6(명), (안개꽃을 좋아하는 학생 수)=31−6−3−6−9=7(명)이므로 안개꽃을 좋아하는 학생은 벚꽃을 좋아하는 학생보다 7−3=4(명) 더 많습니다. ; 4명
18 풀이 참조 **19** 국화, 코스모스 **20** 2명

풀이

3 세로 눈금 5칸이 5명을 나타내므로 세로 눈금 한 칸은 1명을 나타냅니다.

4 금메달을 가장 많이 획득한 나라는 막대의 길이가 가장 긴 영국입니다.

6 러시아 19개, 이탈리아 8개 → 19−8=11(개)

7 세로 눈금 한 칸은 1점을 나타냅니다.

8 승점이 가장 높은 나라: 독일(7점)
승점이 가장 낮은 나라: 가나(1점)

11

경기 종목별 한 팀의 선수 수

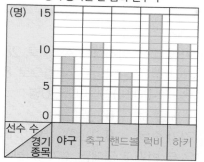

야구를 나타내는 막대의 길이가 세로 눈금 9칸이므로 세로 눈금 한 칸은 1명을 나타냅니다.

12 축구를 나타내는 막대보다 길이가 더 짧은 경기 종목은 야구와 핸드볼입니다.

13 ㉠ 한 팀의 선수 수가 가장 많은 경기 종목은 럭비입니다.
㉡ 야구보다 한 팀의 선수 수가 더 많은 경기 종목은 축구, 럭비, 하키입니다.

14 세로 눈금 한 칸은 1명을 나타냅니다.

15 취미가 게임인 학생은 11명, 취미가 요리인 학생은 5명이므로 취미가 게임인 학생이 11−5=6(명) 더 많습니다.

16

학생들의 취미

18

학생들이 좋아하는 꽃

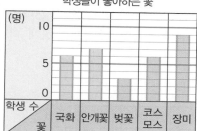

19 막대그래프에서 막대의 길이가 같은 꽃들을 찾습니다.

20 장미를 좋아하는 학생 수: 9명,
안개꽃을 좋아하는 학생 수: 7명
→ 9−7=2(명)

3회 단원**평가** **기출**

108~110쪽

1 표   **2** 막대그래프   **3** 2명

4 예 학생 수가 가장 많은 혈액형은 A형으로 28명이고 학생 수가 가장 적은 혈액형은 AB형으로 8명이므로 그 차는 28-8=20(명)입니다. ; 20명

5 ㉠ 경기 종목 ㉡ 메달 수   **6** 메달 수

7 ㉠ 메달 수 ㉡ 경기 종목   **8** ①, ③   **9** 2개국

10 예 대한민국은 두 번째로 금메달 수가 많습니다. 일본의 금메달 수는 중국보다 많습니다.

11 동전 수   **12** 4칸   **13** 풀이 참조

14 10원짜리   **15** 풀이 참조

16 예 기르고 있는 동물별 수의 많고 적음을 한눈에 알아보기 쉽습니다.

17 풀이 참조   **18** 풀이 참조

19 예 프랑스에 가 보고 싶어 하는 학생은 28-8-6-2=12(명)이므로 세로 눈금 12÷2=6(칸)으로 나타내어야 합니다. ; 6칸

20 풀이 참조

풀이▶

1 표를 보면 전체 학생 수가 28명임을 알 수 있습니다.

3 세로 눈금 5칸이 10명을 나타내므로 세로 눈금 한 칸은 10÷5=2(명)을 나타냅니다.

8 ② 일본의 금메달 수는 중국의 2배보다 많습니다.
④ 가로 눈금 한 칸은 금메달 2개를 나타냅니다.
⑤ 대한민국의 금메달 수는 중국보다 4개 더 많습니다.

9 중국보다 더 많은 금메달을 획득한 나라는 대한민국과 일본으로 2개국입니다.

10 예 일본의 금메달 수는 카자흐스탄의 3배입니다.
대한민국의 금메달 수는 중국보다 4개 더 많습니다.

13

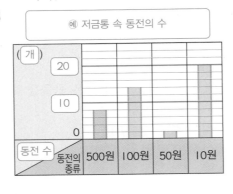

14 막대그래프에서 막대의 길이가 가장 긴 것은 10원짜리 동전입니다.

15

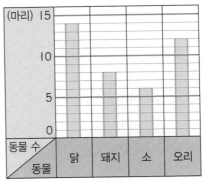

막대그래프의 세로 눈금 한 칸은 1마리를 나타내므로 닭은 14칸, 돼지는 8칸, 소는 6칸, 오리는 12칸으로 나타내어야 합니다.

16 막대그래프의 길이를 보고 동물 수의 많고 적음을 한눈에 알 수 있습니다.

17

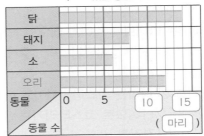

18

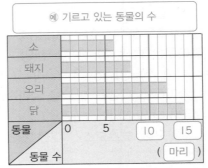

수가 가장 적은 소부터 차례대로 막대를 그립니다.

20

학생들이 가 보고 싶어 하는 나라

막대그래프의 세로 눈금 한 칸이 2명을 나타내도록 막대를 그립니다.

4회 단원 평가

111~113쪽

1 종목, 점수 **2** 1점 **3** 리본, 9점 **4** 1점
5 산책하기 **6** 34킬로칼로리 **7** 자전거 타기
8 ㉮ 핸드볼 ㉯ 럭비 **9** 하키, 럭비, 축구
10 선수 수, 구기 종목, 선수 수 **11** 예 세로 눈금
한 칸의 크기가 ㉮는 1명, ㉯는 2명입니다. 가로에
나타낸 구기 종목이 다릅니다. **12** ㉡, ㉣
13 예 대한민국의 금메달 수는 이란의 3배입니다.
카자흐스탄과 이란의 금메달 수는 같습니다.
14 9, 4, 5, 6, 24 **15** 풀이 참조 **16** 풀이 참조
17 예 가장 많은 학생들이 먹고 싶어 하는 간식은
김밥이므로 김밥을 준비해야 합니다. ; 김밥
18 예 (한나의 윗몸 일으키기 횟수)=10−2=8(회)
이므로 (선규의 윗몸 일으키기 횟수)=8+4=12(회)
입니다. ; 12회 **19** 풀이 참조 **20** 풀이 참조

풀이

15

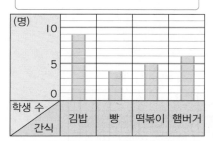
예 학생들이 먹고 싶어 하는 간식

16

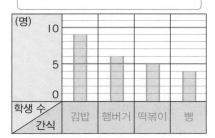
예 학생들이 먹고 싶어 하는 간식

19

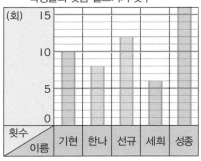
학생들의 윗몸 일으키기 횟수

20

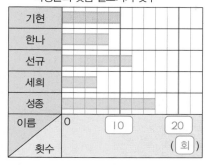
학생들의 윗몸 일으키기 횟수

탐구 서술형 평가

114~117쪽

1 **1단계** 5회 **2단계** 20회 ; 55회 **3단계** 35회
1-1 예 세로 눈금 한 칸은 윗몸 일으키기 2회를 나
타내므로 광호의 윗몸 일으키기 횟수는 30회, 예진
이의 윗몸 일으키기 횟수는 16회입니다. 따라서 광
호는 예진이보다 윗몸 일으키기를 30−16=14(회)
더 많이 했습니다. ; 14회
2 **1단계** 풀이 참조 **2단계** 9명
2-1 예 표와 막대그래프를 완성해 보면 가장 많은
학생들이 좋아하는 구기 종목은 야구, 가장 적은 학
생들이 좋아하는 구기 종목은 농구입니다. 따라서 야
구를 좋아하는 학생 수와 농구를 좋아하는 학생 수
의 합을 구하면 12+3=15(명)입니다. ; 15명
3 **1단계** 32명 **2단계** 파란색
3단계 파란색, 144개
3-1 예 과일 주스를 좋아하는 학생은 18+4=22(명)
입니다. 따라서 가장 많은 학생들이 좋아하는 음료는
생수이고 학생 수는 22+36+18+22=98(명)이므로
생수를 98병 준비하는 것이 좋습니다. ; 생수, 98병
4 예 가로 눈금 한 칸은 매달리기 1초를 나타내므로
의란이의 매달리기 기록은 26초, 효주의 매달리기
기록은 9초입니다. 따라서 의란이는 효주보다 매달
리기를 26−9=17(초) 더 많이 했습니다. ; 17초
5 예 표와 막대그래프를 완성해 보면 가장 많은 학
생들이 좋아하는 계절은 가을, 가장 적은 학생들이
좋아하는 계절은 여름입니다. 따라서 가장 많은 학생
들이 좋아하는 계절과 가장 적은 학생들이 좋아하는
계절의 학생 수의 차는 11−5=6(명)입니다. ; 6명

풀이 ▶

1

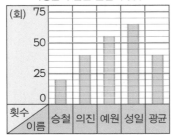

학생들이 넘은 줄넘기 횟수

1단계 세로 눈금 5칸이 25회를 나타내므로 세로 눈금 한 칸은 25÷5=5(회)를 나타냅니다.

2단계 승철이는 세로 눈금 4칸이므로 5×4=20(회)입니다. 예원이는 세로 눈금 11칸이므로 5×11=55(회)입니다.

3단계 55−20=35(회)

1-1

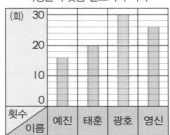

학생들의 윗몸 일으키기 기록

2 **1단계**

좋아하는 과일별 학생 수

과일	귤	복숭아	포도	체리	사과	합계
학생 수 (명)	11	3	2	9	4	29

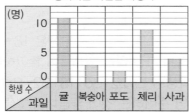

좋아하는 과일별 학생 수

2-1

좋아하는 구기 종목별 학생 수

구기 종목	축구	야구	농구	배구	합계
학생 수(명)	9	12	3	4	28

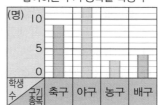

좋아하는 구기 종목별 학생 수

3

학생들이 좋아하는 색

1단계 16×2=32(명)

2단계 막대의 길이가 가장 긴 색은 파란색입니다.

3단계 학생 수는 30+22+16+32+44=144(명)이므로 파란색 모자를 144개 준비하는 것이 좋습니다.

3-1

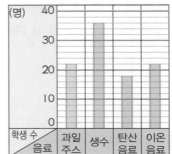

학생들이 좋아하는 음료

4

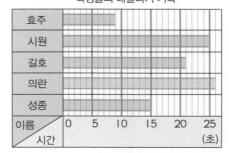

학생들의 매달리기 기록

5

좋아하는 계절별 학생 수

계절	봄	여름	가을	겨울	합계
학생 수 (명)	7	5	11	6	29

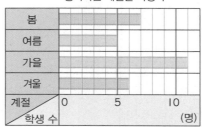

좋아하는 계절별 학생 수

6 규칙 찾기

수학 익힘 풀기
119쪽

1 1001	2 6589	3 ㉠ B207 ㉡ D208
4 645	5 336	6 8

풀이

1 6602−5601=1001
  7603−6602=1001
  8604−7603=1001
  9605−8604=1001

2 2585에서 시작하여 ↘ 방향으로 1001씩 커지는 규칙이므로 5588에서 1001 큰 수를 찾으면 6589입니다.

3 ① 가로로 보면 알파벳은 그대로이고 숫자만 1씩 커집니다.
  ② 세로로 보면 알파벳은 순서대로 바뀌고 숫자는 그대로입니다.
  ③ 그러므로 ㉠은 B207이고 ㉡은 D208입니다.

4 35에서 시작하여 가로(→)로 5씩 커집니다.
  35에서 시작하여 세로(↓)로 100, 200, 300, 400……씩 커집니다.

5 42에서 시작하여 42, 84, 168, 336……씩 커집니다.
  42+42=84
  84+84=168
  168+168=336
  336+336=672

6 **규칙** 두 수의 곱셈의 결과에서 일의 자리 숫자를 씁니다. **예** 24×7=168이므로 8을 써넣습니다.

수학 익힘 풀기
121쪽

1 1   2 9개   3 풀이 참조
4 423+486=909   5 1097−145=952
6 **예** 같은 자리의 수가 똑같이 커지는 두 수의 차는 항상 일정합니다.

풀이

1 가로와 세로가 각각 몇 개씩 더 늘어나는지 알아봅니다.

2 1개에서 시작하여 오른쪽과 위쪽으로 각각 1개씩 더 늘어나는 규칙이 있습니다. 그러므로 1개, 3개, 5개, 7개, 9개……가 필요합니다.

3 왼쪽 아래에서 시작하여 위쪽, 오른쪽으로 1개씩, ╱ 방향으로 1개씩 번갈아 가며 늘어나는 규칙입니다.

4 백의 자리 수가 1씩 커지는 수와 십의 자리 수가 1씩 커지는 수의 합은 110씩 커집니다.

5 백의 자리 수가 1씩 작아지는 수와 백의 자리 수가 1씩 커지는 수의 차는 200씩 작아집니다.
  1097−145=952
  997−245=752

수학 익힘 풀기
123쪽

1 8×100005=800040
2 777777777÷63=12345679
3 300÷10=30   4 212, 215   5 3, 3, 207
6 5÷5=1, 25÷5÷5=1, 125÷5÷5÷5=1

풀이

1 8에 105, 1005, 10005……와 같이 자릿수가 하나씩 늘어나는 수를 곱하면 840, 8040, 80040……과 같은 결과가 나옵니다.

2 나누는 수인 63은 9×7입니다.
  ➔ 777777777÷63=12345679

3 나누어지는 수는 300씩 줄어들고 나누는 수는 10씩 줄어드는 규칙이 있습니다.

4 210+215=211+214, 211+216=212+215 등의 규칙적인 계산식을 찾을 수 있습니다.

5 연결된 세 수의 합은 가운데 있는 수의 3배입니다.

6 나누어지는 수는 5, 5×5, 5×5×5로 늘어나고, 나누는 수는 5가 1개, 2개, 3개로 늘어나는 규칙이 있습니다.

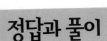 **1회 단원평가** 연습 124~126쪽

1 100, 100   **2** 1   **3** 602, 603, 604, 605
4 7117   **5** 일   **6** 0, 3
7 ⓔ ╱ 방향으로 같은 숫자가 있습니다.
8 96   **9** 5, 7   **10** 25개   **11** 풀이 참조
12 ⓔ 계산 결과는 더하는 수의 개수를 두 번 곱한 것과 같습니다.
13 1+3+5+7+9+11=36
14 1+3+5+7+9+11+13=49   **15** ㉯   **16** ㉰
17 1234321÷1111=1111
18 140+250=150+240   **19** 3, 3, 3, 150
20 4, 8, 16

풀이 ▶

2 일의 자리 숫자가 1씩 커집니다.
3 오른쪽으로 1씩 커지는 규칙이므로 601에서 시작하여 오른쪽으로 1씩 커지는 수를 써넣습니다.
4 2112에서 시작하여 오른쪽으로 1001씩 커집니다.
5 16+1001=1017에서 일의 자리 숫자 7을 쓴 것입니다.
6 18+1002=1020에서 ■=0,
19+1004=1023에서 ●=3
7 ╱ 방향으로 8-8, 9-9-9, 0-0-0-0…… 등 같은 숫자가 있습니다.
8 3에서 시작하여 2씩 곱한 수가 오른쪽에 있습니다.
10 넷째 도형보다 9개 더 많은 25개입니다.
11

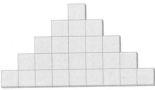

맨 아래 칸의 도형이 9개이고, 한 칸씩 위로 올라올수록 2개씩 줄어듭니다.
12 덧셈식에서 2씩 큰 수를 더하고 더하는 수의 개수가 1개씩 커지고 있습니다.
13 다섯째 더하는 수는 6개이므로 계산 결과는 6×6=36과 같습니다.
14 49=7×7이므로 더하는 수의 개수가 7개입니다.
15 1부터 44까지의 수 중에서 십의 자리 수와 일의 자리 수가 같은 수는 11, 22, 33, 44이고, 이 수에 20을 곱하여 백의 자리 수와 십의 자리 수가 같은

세 자리 수가 되는 곱셈식은 ㉯입니다.
16 일의 자리 수가 0인 수에 11을 곱한 계산식은 ㉰입니다.
17 나눗셈의 결과는 나누어지는 수의 가운데 숫자만큼 1의 개수를 씁니다.
18 대각선의 두 수를 더한 값은 서로 같습니다.
19 연속한 세 수의 합은 가운데 수의 3배와 같습니다.
20 맨 앞의 나누어지는 수가 2배씩 커지고 나누는 수 2의 개수가 1개씩 많아집니다.

2회 단원평가 도전 127~129쪽

1 ㉠, ㉢   **2** (위에서부터) 2031, 5011   **3** 1010
4 3605, 4605   **5** 일   **6** 2
7 ⓔ 1부터 시작하는 가로(→)는 1씩 커집니다.
8 11200
9 ⓔ ● 표시된 사각형을 중심으로 5개부터 시작하여 시계 방향으로 1개씩 늘어납니다.
10 풀이 참조   **11** 10개   **12** ㉰
13 979-251=728
14 777, 543, 234 ; 777, 432, 345 ; 777, 321, 456
15 ⓔ 계산 결과의 0의 개수는 곱하는 수의 0의 개수와 같습니다.
16 5×1000001=5000005
17 5×100000001=500000005
18 204, 211, 205, 210 ; 205, 212, 206, 211
19 ⓔ 203+210+217=205+210+215, 204+211+218=206+211+216
20 202, 203, 204, 3

풀이 ▶

1 가로줄에 나타난 규칙은 십의 자리 숫자가 1씩 커지므로 1001에서 시작하여 오른쪽으로 10씩 커집니다.
세로줄에 나타난 규칙은 천의 자리 숫자가 1씩 커지므로 1001에서 시작하여 아래쪽으로 1000씩 커집니다.
3 천의 자리 숫자와 십의 자리 숫자가 1씩 커지므로 1010씩 커집니다.

4 백의 자리 숫자가 5씩 커졌으므로 오른쪽으로 500
씩 커집니다.
➡ 3105+500=3605, 4105+500=4605

6 13×104=1352이므로 ♥=2입니다.

7 예 2부터 시작하는 세로(↓)는 2씩 커집니다.

8 1200에서 시작하여 1000, 2000, 3000, 4000
……씩 커집니다.

10

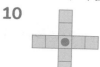

11 다섯째 도형보다 1개 더 많은 10개입니다.

13 빼어지는 수의 백의 자리 수가 1씩 커지면 그 결과
도 백의 자리 수가 1씩 커집니다.

16 다섯째에는 곱하는 수의 0의 개수가 5개이므로
5×1000001=5000005입니다.

17 계산 결과의 0의 개수가 7개이므로 곱하는 수의 0
의 개수도 7개입니다.

18 대각선의 두 수를 더한 값은 서로 같습니다.

19 대각선의 세 수를 더한 값은 서로 같습니다.

3회 단원평가 기출
130~132쪽

1 20203, 30001, 40102　　**2** ㉠ D5 ㉡ E2
3 (2) (○)　　**4** 523, 846　　**5** 3　　**6** 620
7 예 20에서 시작하여 세로(↓)로 100, 200,
300……씩 커집니다.
8 43256　　**9** 풀이 참조　　**10** 1
11 예 가로, 세로가 각각 0개, 1개, 2개, 3개……인
정사각형 모양입니다.
12 41000−37000=4000　　**13** 200, 900
14 예 더하는 두 수가 각각 100씩 커지면 그 합은
200씩 커집니다.
15 예 11, 111, 1111……과 같이 자릿수가 하나씩
늘어난 수에 55를 곱하고 6을 더하면 611, 6111,
61111……과 같이 1의 개수가 곱해지는 수와 같은
결과가 나옵니다.
16 11111×55+6=611111
17 1111111×55+6=61111111
18 14 ; 23, 24 ; 17, 18, 24, 25
19 예 11+18+25=18×3　　**20** 17

풀이

1 가로(→)로 101씩 커집니다.
세로(↓)로 10000씩 커집니다.

10001	10102	10203	10304
20001	20102	20203	20304
30001	30102	30203	30304
40001	40102	40203	40304

2 ・가로(→)로 보면 알파벳은 그대로이고 숫자만 1
씩 커집니다.
・세로(↓)로 보면 알파벳은 순서대로 바뀌고 숫자
는 그대로입니다.

3 (1) 가로(→)로 보면 알파벳은 그대로이고 숫자만 1
씩 커집니다.

4 첫째 줄은 823에서 시작하여 오른쪽으로 100씩
작아집니다.
➡ ■=623−100=523
둘째 줄은 1146에서 시작하여 오른쪽으로 100씩
작아집니다.
➡ ●=946−100=846

6 617+3=620

8 34256에서 시작하여 3000씩 커진 수가 오른쪽
에 있습니다.

9

12 같은 자리의 수가 똑같이 커지는 두 수의 차는 항
상 일정합니다.

16 넷째에는 자릿수가 다섯 자리인 11111에 55를 곱
하고 6을 더합니다.

17 61111111의 1의 개수가 7개이므로 일곱 자리 수인
1111111에 55를 곱하고 6을 더합니다.

18 위 칸의 두 수의 합은 아래 칸의 두 수의 합보다 14
작습니다.

19 세로로 놓인 세 수의 합은 가운데 수의 3배와 같습
니다.

20 □ 안에 있는 9개의 수의 합 153을 9로 나눈 몫은
한가운데 수인 17입니다.

정답과 풀이

4회 단원평가 실전

1 50105, 50305   **2** 풀이 참조   **3** 567
4 1204, 2404   **5** 풀이 참조   **6** 5, 0
7 ⑩ 점선을 따라 접었을 때 만나는 수들은 같은 수입니다.
8 1620   **9** 풀이 참조
10 ⑩ 왼쪽 위에서 시작하여 ↘ 방향으로 1개씩, 오른쪽과 아래쪽으로 1개씩 번갈아 가며 늘어나는 규칙입니다.
11 10개
12 ⑩ 100씩 커지는 수에 100씩 커지는 수를 더하고 100씩 커지는 수를 빼면 결과도 100씩 커집니다.
13 603+701-702=602   **14** 일곱째
15 300, 800, 240000   **16** 560000
17 ⑩ 121÷11=11, 242÷22=11, 363÷33=11, 484÷44=11
18 ⑩ 왼쪽에서 오른쪽으로 수가 1씩 커집니다. 위에서 아래로 수가 6씩 작아집니다.
19 ⑩ 7+14+21=9+14+19, 8+15+22=10+15+20
20 ⑩ 1+2+3+4=10, 7+8+9+10=34, 13+14+15+16=58

풀이

1 세로(↓)로 10000씩 커집니다.

2

123	134	145	156
223	234	245	256
323	334	345	356
423	434	445	456

123에서 시작하여 111씩 커지는 수의 배열은 123-234-345-456입니다.

3 123에서 시작하여 ↘ 방향으로 111씩 커지는 규칙이므로 456에서 111 큰 수는 567입니다.

4 오른쪽으로 100씩 커집니다.
➜ ■=1104+100=1204
● =2304+100=2404

5 두 수의 곱셈의 결과에서 일의 자리 숫자를 쓴 것입니다.

×	111	112	113	114	115
11	1	2	3	4	5
12	2	4	6	8	0
13	3	6	9	2	5
14	4	8	2	6	0
15	5	0	5	0	5

8 4860에서 시작하여 3으로 나눈 수가 오른쪽에 있습니다.

9

11 일곱째 도형은 여섯째보다 2개 더 많은 10개입니다.

14 다섯째 식이 603+701-702=602이고, 여섯째 식이 703+801-802=702이므로 일곱째 식은 803+901-902=802입니다.

15 곱해지는 수가 100씩 커지면 그 결과는 80000씩 커집니다.

16 480000보다 80000 큰 560000입니다.

17 ⑩ 121÷11=11, 242÷11=22, 363÷11=33, 484÷11=44

19 대각선의 세 수를 더한 값은 서로 같습니다.

20 10, 34, 58과 같이 계산 결과가 24씩 커집니다.

탐구 서술형 평가

1 **1단계** 4207   **2단계** 5407   **3단계** 9614
1-1 ⑩ 954에서 시작하여 오른쪽으로 100씩 작아집니다. ➜ ⑩ ㉠=754-100=654, 1454에서 시작하여 오른쪽으로 100씩 작아집니다.
➜ ⑩ ㉡=1254-100=1154
따라서 ㉠+㉡=654+1154=1808입니다. ; 1808
2 **1단계** ⑩ 1, 4, 7, 10······으로 3씩 커집니다.
2단계 풀이 참조   **3단계** 13

2-1 풀이 참조 ; 예 1개에서 시작하여 2개, 3개, 4개……씩 늘어나는 규칙입니다. 맨 아랫줄의 ●가 1개씩 늘어나므로 빈칸에 들어갈 도형의 맨 아랫줄에는 5개가 놓입니다. ☐ 안에 알맞은 수는 10에서 5 늘어난 15입니다.

3 1단계 예 11에 101, 202, 303……과 같이 101씩 커지는 수를 곱하면 그 결과는 1111, 2222, 3333……과 같이 1111씩 커집니다.

2단계 11×505=5555

3-1 예 나누어지는 수는 111111, 222222, 333333……과 같이 111111씩, 나누는 수는 3, 6, 9……로 3씩 커지고 결과는 37037로 모두 같습니다. 다섯째에는 444444보다 111111 큰 수인 555555를 12보다 3 큰 수인 15로 나누고 그 결과는 37037입니다. ; 555555÷15=37037

4 예 양 끝의 수는 1이고 바로 윗줄의 양쪽에 있는 수를 더해서 아래 칸에 차례로 씁니다. 따라서 빈칸에 들어갈 수는 왼쪽에서부터 1, 7, 21, 35, 35, 21, 7, 1입니다. ; 1, 7, 21, 35, 35, 21, 7, 1

5 예 123……과 같이 자릿수가 하나씩 늘어난 수에 각각 9를 곱하고 2, 3, 4……와 같이 1씩 커지는 수를 더하면 11, 111, 1111……과 같은 결과가 나옵니다. 따라서 아홉째에 알맞은 계산식은 123456789×9+10=1111111111입니다.
; 123456789×9+10=1111111111

풀이 ▶

1 1단계 4007에서 시작하여 오른쪽으로 100씩 커집니다. ➡ ㉠=4107+100=4207

2단계 5207에서 시작하여 오른쪽으로 100씩 커집니다. ➡ ㉡=5307+100=5407

3단계 ㉠+㉡=4207+5407=9614

2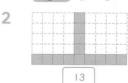

2단계 왼쪽, 오른쪽, 위쪽으로 각각 1개씩 늘어납니다.

3단계 3씩 커지므로 10+3=13 입니다.

| 13 |

2-1

| 15 |

1 ⑤   2 10배   3 천이십삼만 사천오백육십칠
4 ㉠   5 ㉠ 1조 8000억 ㉡ 2조   6 4794조
7 <   8 ㉠   9 ③, ⑤   10 풀이 참조
11 ③   12 ㉢, ㉡, ㉠, ㉣   13 95°
14 예 삼각형의 세 각의 크기의 합은 180°, 사각형의 네 각의 크기의 합은 360°이므로 두 도형의 모든 각도의 합은 180°+360°=540°입니다. ; 540°
15 1240 ; 12400   16 ㉠, ㉢, ㉣, ㉡
17 127×68=8636 ; 8636개   18 ④
19 15204
20 예 980÷35=28이므로 판 풍선은 모두 28상자입니다. 따라서 (풍선을 판 돈)=850×28=23800(원)입니다. ; 23800원

풀이 ▶

1 ① 10000 ② 10000 ③ 10000
  ④ 10000 ⑤ 7300

2 ㉠의 숫자 6이 나타내는 값은 6000000000, ㉡의 숫자 6이 나타내는 값은 600000000이므로 10배입니다.

3 만들 수 있는 가장 작은 수는 10234567입니다.

4 ㉠ 80000(4개)
  ㉡ 1256700(2개)
  ㉢ 570069203(3개)

5 백억의 자리가 5씩 커졌으므로 500억씩 뛰어 세기를 한 것입니다.

6 5094조에서 거꾸로 100조씩 3번 뛰어 세기를 하면 5094조-4994조-4894조-4794조이므로 어떤 수는 4794조입니다.

7 51001900000000 < 51090000000000
                └───── 0<9 ─────┘

8 각의 크기는 그려진 변의 길이와 관계없이 두 변의 벌어진 정도에 따라 다릅니다.

9 각도기를 이용하여 각도를 잴 때에는 각도기의 중심과 각도기의 밑금을 각의 꼭짓점과 한 변에 맞추어야 합니다.

10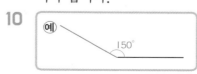

각도기의 중심과 각의 꼭짓점을 맞추고, 각도기의 밑금과 선을 맞춥니다. → 각도기의 밑금에서 시작하여 각도가 150°가 되는 눈금에 점을 표시합니다. → 각도기를 떼고, 자를 이용하여 변을 그려 각도가 150°인 각을 완성합니다.

11 직각보다 크고 180°보다 작은 각을 찾습니다.
①, ④ 예각 ②, ⑤ 직각 ③ 둔각

12 ㉠ 80° ㉡ 145° ㉢ 160° ㉣ 60°

13 삼각형의 세 각의 크기의 합은 180°이므로
85°+㉠+㉡=180°
㉠+㉡=180°−85°=95°

15 248×5=1240
248×50=12400

16 ㉠ 15988   ㉡ 9984
㉢ 14805   ㉣ 13770

17 (하루에 만드는 인형의 수)
=(한 사람이 하루에 만드는 인형의 수)×(사람 수)

18 ① 198÷20=9…18
② 228÷30=7…18
③ 318÷60=5…18
④ 428÷50=8…28
⑤ 738÷80=9…18

19 378÷18=21, 21×724=15204

2회 100점 예상문제
145~147쪽

1 ④   2 풀이 참조   3 풀이 참조   4 ③
5 풀이 참조   6 ㉡   7 풀이 참조   8 토끼
9 2마리   10 ④
11 ⑩ 체조와 승마를 체험해 보고 싶은 학생은 28−10−2−2=14(명)입니다. 체조를 체험해 보고 싶은 학생을 ☐명이라 하면 ☐+☐+2=14, ☐+☐=12, ☐=6입니다. 따라서 체조를 체험해 보고 싶은 학생은 6명입니다. ; 6명
12 풀이 참조   13 양궁   14 양궁
15 ㉠ 1131 ㉡ 1241 ㉢ 1411
16 ⑩ 1001에서 시작하여 ↘ 방향으로 110씩 커집니다.
17 5개   18 풀이 참조
19 6×100005=600030   20 17, 24, 17

풀이

1 모양은 변화가 없고 위치가 오른쪽으로 9 cm만큼 바뀌었으므로 ④ 도형은 ㉮ 도형을 오른쪽으로 9 cm만큼 밀어서 이동한 도형입니다.

2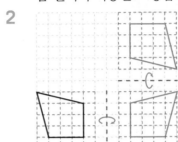

도형을 오른쪽으로 뒤집으면 도형의 왼쪽과 오른쪽이, 위쪽으로 뒤집으면 위쪽과 아래쪽이 서로 바뀝니다.

3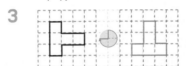

도형을 시계 방향으로 270°만큼 돌렸을 때의 모양은 도형을 시계 반대 방향으로 90°만큼 돌렸을 때의 모양과 같습니다.

4 화살표 끝이 가리키는 위치가 같으면 도형을 각 방향으로 돌렸을 때의 모양이 같습니다.

5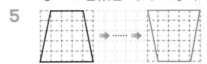

오른쪽으로 2번 뒤집은 모양은 처음 도형과 같으므로 왼쪽 도형을 시계 반대 방향으로 90°만큼 2번, 즉 180°만큼 돌린 모양을 그립니다.

6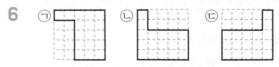

7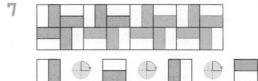

8 막대그래프에서 막대의 길이가 가장 긴 동물을 찾습니다.

9 세로 눈금 다섯 칸이 10마리를 나타내므로 세로 눈금 한 칸은 2마리를 나타냅니다.

10 ④ 동물 수가 염소보다 많고 햄스터보다 적은 동물은 양과 돼지입니다.

12

학생들이 체험해 보고 싶은 경기 종목

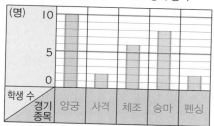

13 막대그래프에서 막대의 길이가 가장 긴 경기 종목을 찾습니다.

14 가장 많은 학생들이 체험해 보고 싶은 양궁을 선택해야 합니다.

16 백의 자리 숫자와 십의 자리 숫자가 1씩 커지므로 110씩 커집니다.

17 사각형이 1개씩 늘어납니다.

18

○ 표시된 사각형을 중심으로 오른쪽과 위쪽으로 1개씩 번갈아 가며 늘어납니다.

3회 100점 예상문제

148~150쪽

1 1000원　**2** 오백일만 구, 800107000　**3** ③
4 예 20억씩 뛰어 세기를 한 것입니다. 315억에서 3번 뛰어 세기를 하면 315억－335억－355억－375억이므로 구하는 답은 375억입니다. ; 375억
5 ㉠ 2 ㉡ 3 ㉢ 1
6 예 ㉡은 직각이므로 90°입니다. ㉠+45°+90°=180°이므로 ㉠=180°－45°－90°=45°입니다. 따라서 ㉠과 ㉡의 각도의 합은 45°+90°=135°입니다. ; 135°
7 45°　**8** (1) ㉢ (2) ㉡ (3) ㉠
9 842×15=12630 ; 12630 L　**10** ③
11 풀이 참조
12 예 오른쪽(왼쪽)으로 뒤집었습니다.
13 풀이 참조　**14** ②, ⑤　**15** 1, 5, 9
16 풀이 참조
17 예 획득한 메달 수가 가장 많았던 해는 2008년으로 31개를 획득했고 가장 적었던 해는 2016년으로 21개를 획득했습니다. 따라서 31－21=10(개) 더 많이 획득했습니다. ; 10개
18 40204　**19** 2772　**20** 3663÷33=111

풀이 ▶

1 100이 90개이면 9000이고 10000은 9000보다 1000만큼 더 큰 수이므로 1000원이 더 있어야 합니다.

3 숫자 3이 나타내는 값은
① 3000000　② 300000
③ 300000000　④ 3000000000
⑤ 30000000

5 두 변의 벌어진 정도가 큰 것부터 차례로 번호를 씁니다.

6 삼각형의 세 각의 크기의 합은 180°이므로
45°+㉠+㉡=180°
㉠+㉡=180°－45°=135°

7 ㉠+100°+80°+135°=360°이므로
㉠=360°－100°－80°－135°=45°

10 ① 150÷30=5　② 250÷40=6…10
③ 268÷70=3…58　④ 513÷60=8…33
⑤ 721÷90=8…1

11

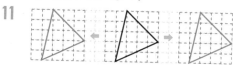

도형을 왼쪽과 오른쪽으로 밀어도 모양과 크기는 변하지 않습니다.

12 뒤집기 전과 왼쪽과 오른쪽이 서로 바뀌었습니다.

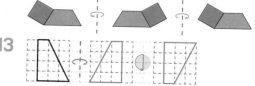

13

14 ① ② ③ ④ ⑤

16

여러 올림픽에서 우리나라가 획득한 메달 수

개최 연도 \ 메달 수	0	10	20	30 (개)
2004				
2008				
2012				
2016				

2004년도에 획득한 메달 수는 110－31－28－21=30(개)이고 가로 눈금 한 칸은 메달 2개를 나타냅니다.

19 2442에서 시작하여 110씩 커진 수가 오른쪽에 있습니다.

4회 100점 예상문제

151~153쪽

1 56394 ; 오만 육천삼백구십사
2 77441100 ; 칠천칠백사십사만 천백
3 ㉢, ㉠, ㉡   4 45°   5 ⑤
6 (1) 125° (2) 25°
7 예 35°+90°+㉡+25°=180°이므로 ㉡=180°
−35°−90°−25°=30°입니다. ㉠+90°+㉡=180°이
므로 ㉠=180°−90°−30°=60°입니다. 따라서 ㉠과
㉡의 각도의 차는 60°−30°=30°입니다. ; 30°
8 >   9 35
10 294÷15=19…9 ; 19다발, 9송이
11 풀이 참조   12 풀이 참조   13 풀이 참조
14 ㉠ 주사위 눈의 수 ㉡ 나온 횟수   15 풀이 참조
16 풀이 참조   17 풀이 참조   18 풀이 참조
19 400+2700=3100
20 예 220, 11, 20 ; 440, 22, 20 ; 660, 33, 20
; 880, 44, 20

풀이

2 큰 숫자부터 2개씩 차례로 씁니다.
3 ㉠ 6000080000000
㉡ 6080000000000
㉢ 6810000000
5 ① 예각 ② 직각 ③ 예각 ④ 예각 ⑤ 둔각
8 412×23=9476 > 180×45=8100
9 805÷23=35
10 꽃다발은 19다발이 되고 장미는 9송이가 남습니다.
11
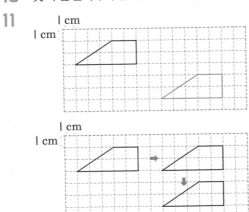

12
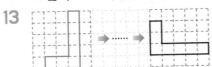

도형을 시계 방향으로 90°만큼 돌리면 위쪽 부분이
오른쪽으로 이동합니다.

13
위쪽으로 2번 뒤집으면 처음 도형과 같은 모양이
되므로 시계 반대 방향으로 90°만큼 돌린 도형을
그립니다.

15

주사위를 굴려서 나온 수

나온 횟수 \ 주사위 눈의 수	1	2	3	4	5	6

16
예 주사위를 굴려서 나온 수

나온 횟수 \ 주사위 눈의 수	3	1	6	2	4	5

나온 횟수가 같을 때에는 주사위 눈의 수가 작은
것부터 나타내는 것이 더 편리하지만 같은 횟수일
때는 어느 것이든 먼저 나타내어도 됩니다.

17

1001	1101	1201	1301
2001	2101	2201	2301
3001	3101	3201	3301
4001	4101	4201	4301

1001에서 시작하여 1100씩 커지는 수의 배열은
1001−2101−3201−4301입니다.

18 ■▲●■▲●■▲ ●
모양은 ■▲●가 반복되고 색깔은 빨강, 파랑이 반
복됩니다.

20 예 220÷20=11, 440÷20=22,
660÷20=33, 880÷20=44

5회 100점 예상문제

154~156쪽

1 32950000 또는 3295만　　**2** 7l억, 9l억

3 ⓔ 백만의 자리 숫자가 3인 부산광역시의 인구 수가 가장 많으므로 백만의 자리 숫자가 2인 대구광역시와 인천광역시의 인구 수를 비교하면 2481985<2946915이므로 인구 수가 두 번째로 많은 곳은 인천광역시입니다. ; 인천광역시

4 풀이 참조　　**5** (1) 50 (2) 65　　**6** 195°

7 ㉠, ㉣

8 ⓔ 하루는 24시간이고 매 시간 정각에 뻐꾸기 인형이 나오므로 뻐꾸기 인형은 하루에 24번 나옵니다. 따라서 l년 동안에는 365×24=8760(번) 나옵니다. ; 8760번

9 9, 15, 9, 6l2, 6l2, l5, 627　　**10** 20그루

11 ㉡ (○)　　**12** ②, ③

13 ⓔ 오른쪽으로 뒤집고 시계 방향으로 90°만큼 돌렸습니다. 또는 위쪽으로 뒤집고 시계 반대 방향으로 90°만큼 돌렸습니다.

14 ㉠ 선수 수 ㉡ 개최 도시　　**15** 50명

16 풀이 참조　　**17** 풀이 참조　　**18** 8, 2

19 l8　　**20** 100000l×22=22000022

풀이 ▶

1　100만이 32개이면 32000000,
　10만이 9개이면 900000,
　만이 5개이면 50000이므로
　32950000입니다.

2　두 번 뛰어 세어 십억의 자리 숫자가 2 커졌으므로 l0억씩 뛰어 세기를 한 것입니다.

4
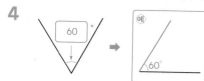
　왼쪽 각의 크기는 60°이므로 자와 각도기를 이용하여 크기가 60°인 각을 그립니다.

5　(1) ▢°=90°−40°=50°
　(2) ▢°=130°−65°=65°

6　사각형의 네 각의 크기의 합은 360°이므로
　㉠+85°+㉡+80°=360°,
　㉠+㉡=360°−85°−80°=195°

7　㉠ 40000 ㉡ 4000 ㉢ 4000 ㉣ 40000

10　간격 수는 456÷24=l9(개)이고 도로의 처음에도 한 그루를 심어야 하므로 나무는 모두 l9+l=20(그루) 필요합니다.

11　도형을 왼쪽으로 뒤집으면 도형의 왼쪽과 오른쪽이 서로 바뀝니다.

12

15　가로 눈금 2칸이 선수 l00명을 나타내므로 가로 눈금 한 칸은 50명을 나타냅니다.

16
ⓔ 소치 동계 올림픽에서 획득한 메달 수

17
ⓔ 소치 동계 올림픽에서 획득한 메달 수

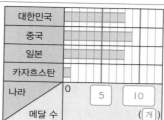

18　두 수의 곱셈의 결과에서 일의 자리 숫자를 쓴 것입니다.

×	2001	2002	2003	2004	2005
ll	l	2	3	4	5
l2	2	4	6	8	0
l3	3	6	9	2	5
l4	4	8	2	6	0

19　l44에서 시작하여 2로 나눈 결과가 오른쪽에 있습니다.

20　l0l, l00l, l000l……과 같이 0이 한 개씩 커지는 수에 22를 곱한 수는 2222, 22022, 220022……와 같이 0이 한 개씩 늘어납니다.

6회 100점 예상문제

1 1000, 100, 10 **2** 1조 900억, 1조 1100억
3 9 **4** (1) 둔각 (2) 예각 **5** ⓒ **6** 75
7 (예) 사각형의 나머지 한 각의 크기는 360°-120°
-90°-100°=50°입니다. 따라서 ㉠=180°-50°
=130°입니다. ; 130°
8 풀이 참조 ; (예) 414×50=20700이므로 2070을
왼쪽으로 한 칸 옮겨 쓰거나 20700이라고 씁니다.
9 (예) 40×7=280, 280+6=286이므로 어떤 수는
286입니다. 286÷50=5…36이므로 몫은 5, 나머
지는 36입니다. ; 5 ; 36
10 10 ; 16 **11** 풀이 참조 **12** ③, ④
13 밀어서, 뒤집어서 **14** 풀이 참조
15 ㉠ 바이킹 ⓒ 청룡 열차
16 ㉠ 회전목마 ⓒ 범퍼카 **17** 바이킹, 청룡 열차
18 1880, 1980 **19** 풀이 참조
20 1+2+3+4+5+6+7+8+7+6+5+4+3+2+1
=8×8

풀이

1
- 10만이 [1000] 개인 수
- 1억 ─ 100만이 [100] 개인 수
- 1000만이 [10] 개인 수

2 100억씩 뛰어 세기를 하는 규칙입니다.

3 백만, 십만, 만의 자리 숫자가 같고 백의 자리 숫자
가 9>2이므로 □ 안에는 8보다 큰 숫자 9가 들어
갈 수 있습니다.

4 예각: 0°보다 크고 직각보다 작은 각
둔각: 직각보다 크고 180°보다 작은 각

5 ㉠ 130° ⓒ 150° ⓒ 90° ㉣ 85°

6 65°+40°+□°=180°
□°=180°-65°-40°=75°

7
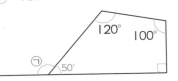

㉠+50°=180°이므로 ㉠은 130°입니다.

8

```
        4 1 4
    ×     5 8
    3 3 1 2
  2 0 7 0
  2 4 0 1 2
```

10 가장 큰 수는 706, 가장 작은 수는 69이므로
706÷69=10…16입니다.

11
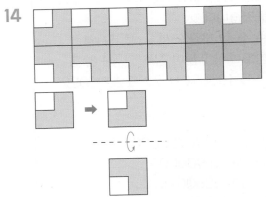

도형을 위쪽으로 뒤집고 아래쪽으로 뒤집으면 처음
모양과 같습니다.

12 왼쪽 도형의 위쪽 부분이 왼쪽으로 이동했으므로
시계 반대 방향으로 90°만큼 이동한 것이고 시계
방향으로 270°만큼 이동한 것과 같습니다.

14
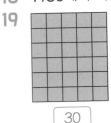

17 두 반 학생들이 합하여 가장 많이 타고 싶어 하는
놀이 기구인 바이킹과 두 번째로 많이 타고 싶어
하는 청룡 열차를 정합니다.

18 1730에서 시작하여 오른쪽으로 50씩 커집니다.

19

30

2개에서 시작하여 4개, 6개, 8개……씩 늘어나는
규칙입니다.

20 값이 8×8이 되는 식은 가운데 수가 8인 덧셈식입
니다.

수학

정답과 풀이

선생님이 강력 추 천하는

개념+
PLUS
단원평가